穿越非洲战火

何泗记 著

中共党史出版社

图书在版编目(CIP)数据

穿越非洲战火/何泗记著.—北京:中共党史出版社,2017.1
ISBN 978-7-5098-3817-4

Ⅰ.①穿… Ⅱ.①何… Ⅲ.①非洲—现代史—通俗读物
Ⅳ.①K405—49

中国版本图书馆 CIP 数据核字(2016)第 186710 号

出版发行:中共党史出版社
责任编辑:潘　鹏
复　　审:吴　江
终　　审:汪晓军
责任校对:龚秀华
责任印制:谷智宇
责任监制:贺冬英
社　　址:北京市海淀区芙蓉里南街6号院1号楼
邮　　编:100080
网　　址:www.dscbs.com
经　　销:新华书店
印　　刷:北京盛通印刷股份有限公司
开　　本:152mm×230mm　1/16
字　　数:184 千字
印　　张:16
印　　数:1—4050 册
版　　次:2017 年 1 月第 1 版
印　　次:2017 年 1 月第 1 次印刷

ISBN 978-7-5098-3817-4
定　　价:32.00 元

写在前面

在当今世界上，从事外交工作是令人羡慕的职业。谈起外交，浮现在人眼前的便是西服革履、温文尔雅、觥筹交错、洋车豪宅。然而，外交官们的清苦、艰辛、危险，乃至流血牺牲的另一侧面，却鲜为人知。

笔者曾在中国驻外国大使馆工作 21 年，其中，法国四年，几内亚、卢旺达、刚果（金）和中非共和国 17 年。20 世纪 80 年代末 90 年代初，在西方资本主义的和平演变攻势下，东欧剧变，苏联解体，倍受鼓舞的西方国家转而向非洲大肆兜售其多党民主“灵丹妙药”，导致诸多国家历史沉渣泛起、部族矛盾加剧、社会危机日深、经济濒临崩溃。加之，西方大国出于自身利益背后挑唆，致使非洲国家内部和国家之间爆发大规模战争和武装冲突，数十万生灵惨遭涂炭，数百万难民背井离乡、颠沛流离。笔者亲历了卢旺达大屠杀、刚果（金）战争和中非战乱，对生与死、战与和、安与险、苦与乐以及战乱外交有着别样的体悟。现如实记录，愿与读者分享。

周恩来指出，中国外交官是“文装解放军”。钱其琛认为，“外交是一条特殊的战线”。希望本书能对此说做少许印证。

何泗记

2015 年 12 月 1 日

目录

历险卢旺达

经历血雨腥风

总统罹难

1993年4月的一天，我从中央外事工作领导小组办公室暨国务院外事办公室综合司处长的位置上，被派任中国驻卢旺达共和国大使馆一等秘书兼研究室主任。当时，办公室的同事们除为我被外派感到庆幸和高兴外，还对卢旺达地处何方感到好奇。有人随即打开世界地图，用尺子从非洲南部往北推，既而又由北往南捋，硬是寻不到卢旺达。第二天上班时，一位同事高兴地告诉我说："昨晚，我终于从地图上找到了你要去的地方，那是非洲中部一座海滨城市。"弄得我哭笑不得。原来，他把安哥拉首都罗安达当成卢旺达了。

上述插曲表明，卢旺达的版图是多么狭窄，其国名是多么陌生。然而，一年后的1994年4月6日晚，随着卢旺达首都基加利上空的一声巨响，卢旺达便一夜成名天下知，成为全世界聚焦的热点。

1994年4月6日的夜里，我在睡梦中数度被枪炮声惊醒，在半睡半醒中，心里闪过一丝"枪声有异"的念头，但因平时夜间也有零星枪声，故没有深究，又进入梦乡。7日清晨，激烈的枪声又一次把我惊醒，我一骨碌从床上跃起，打开了收音机。卢旺达国家广播电台正在播放国防部公告。播音员用异常低沉的声音说：昨晚8时半，卢旺达总统哈比亚利马纳少将、布隆迪总统恩塔里亚米拉等十余人，在参加了于坦桑尼亚首都达累斯萨拉姆召开的地区安全首脑会议后返回基加利时，座机在基加利卡农贝国际机场上空被火箭击落失事，机上人员无一生还。公告要求全体卢旺达公民在这悲痛时刻保持镇静，等候新的命令。我顿时明白了昨晚彻夜枪响的原因，深感事态严重。我匆忙穿好衣服，将消息告诉住在隔壁的使馆会计梁克山、赵婉华夫妇。这时，天已大亮，枪声、炮声一阵紧似一阵。按平时习惯，我们该驾车到使馆吃早饭，然后上班。现在，从远处到房前，从山上到山下，到处都有枪声，尤其是使馆所在的山顶上，清脆的枪声不断地传下来，听得我们心里突突乱跳。我急忙拨通使馆电话，请示该如何办。办公室主任朱瑞洪在电话中说："路上非常不安全，使馆周围也有危险，请你们就地坚持。"我们三人只好吃下第一顿方便面。饭后，我们在院子里碰到卢旺达雇员迪斯马斯。他带着哭腔对我说："哈比亚利马纳总统

中国驻卢旺达大使馆，基加利地标性建筑，被列入卢旺达旅游地图

死了，卢旺达怎么办？”我理解迪斯马斯的心情。迪斯马斯与哈比亚利马纳总统都是卢旺达西北边境省份吉塞尼人，是同乡，平时对哈比亚利马纳非常崇拜。哈比亚利马纳是典型的卢旺达北方人，身材高大，一表人才，是非洲国家元首中少有的美男子，出生于1937年3月8日，胡图族，信奉天主教。1962年6月27日，第十六届联合国大会通过决议，结束比利时对卢旺达和布隆迪的“托管”。同年7月1日，两国宣布独立，分别成立卢旺达共和国和布隆迪王国。胡图人卡伊班达出任卢旺达共和国总统。1973年7月5日，军衔为少将的哈比亚利马纳，率国民警卫军发动政变，推翻卡伊班达总统，宣布成立卢旺达第二共和国。哈比亚利马纳独占共和国总统、政府首脑和国防部长的宝座，权力远超被推翻的卡伊班达。接下来，哈比亚利马纳又在1978年、1983年、1988年连任总统。1993年8月4日，卢旺达政府与武装反对派卢旺达爱国阵线在坦桑尼亚北部城市阿鲁沙签署“卢旺达和平协定”。1994年1月，哈比亚利马纳出任无实权的卢旺达过渡期总统。

哈比亚利马纳上台以来，执行温和的民族政策和经济政策，国内一度紧张的胡图族、图西族矛盾渐趋缓和。但是，哈比亚利马纳在意的还是维护自身和本部族的利益，出于巩固胡图族统治阶层地位的目的，以卢旺达人口众多、国土狭小为由，总是拒绝因多次种族冲突逃往邻国的图西族难民返回卢旺达，致使流落国外的图西族难民在居留国政府支持下，组成卢旺达爱国阵线（简称“爱阵”），并于1990年10月1日“携枪返国”，发动了持续三年的内战。那时正是20世纪80年代末90年代初的东欧剧变、苏联解体之后，西方国家强行向非洲兜售多党民主。1990年6月，在法国拉博勒召开的法国非洲首脑会议上，法国总统密特朗宣布，今后法国将政治民主化作为扩大合作的条件。这就是西方所谓经援与民主化挂钩的政策。哈比亚利马纳总统出于自身利益抵制了这一政策。但是，当10月1日卢旺达“爱阵”军队向政府军大举进攻，卢旺达政府十万火急需要法国政治、经济、军事援助时，集党政军大权于一身的哈比亚利马纳总统再也招架不住，于10月13日急忙宣布卢旺达实行多党制，紧接着于1991年6月10日颁布新宪法，开放党禁。1992年4月，卢旺达组成以共和民主运动等反对派人士为总理、外长的多党联合政府。哈比亚利马纳被迫退役并于1993年3月30日辞去总统党——全国民主和发展共和运动主席职务。从此，他失去了一呼百应、我行我素的权力和地位，不得不在外有武装反对派施压，内有文装反对派捣乱的夹缝中求生存。很多熟悉哈比亚利马纳的人都感叹，他这几年过得真的很艰难，变得既憔悴又苍老。迪斯马斯了解哈的过去和现在，对他的骤然死去怀有悲伤、惋惜而又无可奈何的复杂感情，也是可以理解的。

过了一会儿，迪斯马斯的眼神由悲哀转为愤怒，狠狠地说："在卢旺达，谁能有火箭可击落飞机？政府军没有，'爱阵'也不一定有，只有联合国卢旺达援助团（简称援卢团）中的比利时军队有。对，击落总统专机的肯定是比利时军人。"事后了解到，这也是卢旺达普通百姓的看法。我在住处的院子里转悠了半天，想打听更多消息。然而，四周都住着美国、比利时人，他们也不清楚详情，仅猜测枪声最密集的地方可能是议会大厦，因为那里住着"爱阵"一个600人的精锐保安营。我不得要领，只好返回屋里准备第二顿方便面。

午餐是正餐，我、梁克山、赵婉华分头准备。两位男子汉到菜地拔了几根莴笋，削皮的削皮，摘叶的摘叶。小赵说，冲突不知何时结束，方便面也许会吃上十天半个月，要搞点新花样，于是做成炒方便面。正当我们品尝这"美味佳肴"时，院子外面突然响起一阵急促刺耳的枪声，接着听见汽车疾驶声，随后轰隆一声巨响，震得厨房兼餐厅顶上的铁皮瓦噼啪作响。我们猜想出了大事，让迪斯马斯打听究竟。迪与周围邻居的当地雇员咕噜了一阵后，回来告诉我们说：有人看到援卢团一车士兵在路口拐弯处向乘吉普车的四名卢旺达政府军人开火，卢军人被击中后开车逃离，车子撞在路旁水泥电线杆上翻倒，三死一伤。我们从门缝向外张望，看见门前的柏油路上血迹斑斑，一辆军用吉普车翻倒在路旁，距我们住处约20米远。这是在我们住处附近半年内的第二次流血事件。这一年的1月，我们一位邻居，前部长图西族人恩古基驾车到自家院子门口等待开门时，事先等在一旁的一个青年从车窗往其奔驰车后座抛进一颗手榴弹。恩古基重伤被送进医院救治，该青年却乘摩托车绝尘而去。

第三顿方便面餐结束时，天色已近黄昏，我们三人聚集在我那宽敞的房间里透过大玻璃观看远处的战火。看到天边美妙迷人的晚霞不时被刺眼的枪炮火光无情地击碎。那枪声阵阵、炮声隆隆、火光闪闪的地方，正是会议大厦所在山头。我们马上意识到，那是政府军向大厦内的“爱阵”保安营发动进攻。望着那映红了半壁天空的熊熊烈火，听着震耳欲聋的轰鸣声，我们纷纷议论：大战的序幕已经拉开。

深夜，枪炮声逐渐稀落。我们紧张了一天的神经也松弛下来。沉闷、提心吊胆和糊里糊涂地度过了这一天，我感到特别累。但是，我辗转在床，夜不能寐，预感到卢旺达内战将再次爆发。

早在三年半以前，1990年10月1日拂晓，1000多名流亡在乌干达的卢旺达图西族难民武装在“爱阵”领导人弗雷德·卢维盖马率领下，从乌干达南部进入卢旺达境内，突然向政府军发起猛烈攻击。政府军猝不及防，节节败退。哈比亚利马纳总统四处求救，法国、比利时、扎伊尔均伸出援手。法军、比军迅速抵达基加利布防。扎伊尔总统蒙博托与哈比亚利马纳亲如兄弟，岂能袖手旁观？扎军与卢军并肩作战，“爱阵”军队很快退出卢旺达领土。此后，“爱阵”军以乌干达南部为根据地，对卢旺达实施打了就跑的游击战术，弄得卢旺达政府军和哈比亚利马纳总统疲于奔命。此时，比利时政府因受国内舆论牵制而撤军。扎伊尔军队也返回本国。只有法军600人以保卫外国侨民名义驻扎基加利。

卢旺达交战双方谈谈打打，打打谈谈，小战斗一直不断。其间，交战双方曾在坦桑尼亚、乌干达、布隆迪、扎伊尔等邻国和非洲统一组织（非洲联盟的前身，简称“非统”）调解下，在扎伊尔的巴多利特、金沙萨和坦桑尼亚的阿鲁沙等地进行过谈判，陆续达成关于实行法治、分享权力、整编军队和解决难民问题等议定书。其中，1993年1月9日签订的关于分享权力的议定书规定：和平协定签署后，建立全国过渡政府和过渡议会，负责国务，直至多党民主大选结束；在过渡期内哈比亚利马纳仍任总统，但对内阁的决定无否决权。该议定书还规定，过渡政府除总统外设21名部长：武装反对派“爱阵”五名，含副总理和内政部长；总统党全国民主和发展共和运动五名，含国防部长；文装反对派共和民主运动四名，含总理；文装反对派社会民主党三名，自由党三名；中立派基督教民主党一名。还规定了各党派在过渡议会中的席位分配。1993年8月3日签署的关于组建新的全国武装部队的议定书规定：将拥有四万人的政府军与1.5万人的“爱阵”军合并组成新的全国武装力量；新的军队人数为1.3万人，宪兵6000人，警察3000人；在新的武装力量人数上，政府方面占60%，“爱阵”方面占40%；营级以上军官各占50%，而且在兵种和正副职之间实行对等原则。双方还同意由“非统”与联合国合作筹组、派遣国际维和部队，以保证双方执行和平协议并负责两派军队遣散和组建新的全国武装力量的协调工作。

1993年1月，由于以哈比亚利马纳总统为首的当权派对草签的分享国家权力和军队合并协议不满，认为参加与“爱阵”谈判的政府代表、反对党共和民主运动政治局委员恩古林齐拉外长让步太多，卢国内发生了胡图族与图西族、总统党与反对党之间的冲突，数百图西族人受害。“爱阵”军队以此为由，在2月从乌干达南部大举攻入卢旺达北部，迅速攻克北方重镇鲁亨盖里和比温巴，战斗一度在距基加利37公里的鲁林多激烈进行。因法军在基加利布防，“爱阵”军始终未敢贸然进攻首都。随后，政府军组织反攻，收复鲁亨盖里和比温巴。但是，“爱阵”军已经巩固了靠近乌干达边境的卢旺达北部根据地。1993年8月4日，在国际社会舆论和“爱阵”军武力胁迫下，哈比亚利马纳总统与“爱阵”主席卡尼亚伦圭在坦桑尼亚阿鲁沙正式签署“卢旺达和平协定”，又称“阿鲁沙和平协定”，宣告持续三年的卢旺达内战就此结束。“协定”确认了过去达成的实行法治、分享权力、整编军队和解决难民问题等议定书和有关协议，规定了双方自签字之日起停止一切敌对行动，并在37天内建立起全国过渡政府和过渡议会，从而进入和平过渡时期。过渡期为22个月。过渡期开始六个月后进行地方选举，最后举行全国多党大选。国际社会对“协定”的实施普遍持乐观态度。联合国安理会在1993年10月5日通过第872号决议，决定在卢旺达分期部署援卢团，进行维和行动。1994年初，根据“协定”，法军撤离卢旺达，“爱阵”军队一个600人的保安营进驻基加利国民发展议会大厦，以保护其即将参政的领导人。

1993年5月，卢旺达总统哈比利亚马纳（右一）和卢旺达爱国阵线主席卡尼亚伦圭（左二）在卢旺达北部基尼希拉举行停火谈判。图为两人步出谈判厅会见新闻媒体

想到这些，我意识到，这次战争与以往不同。过去是在北方进行，现

在战斗在首都展开，而且是因哈比亚利马纳总统之死引发。战争的一方积30余年流落异国他乡受苦受难的旧恨，另一方怀总统突遭谋害的新仇，相斗必定惨烈。

第二天凌晨，激烈的枪声划破沉睡的夜空把我从梦中惊醒。我考虑必须立刻做三件事：第一是从电台广播中收听哈比亚利马纳死后政府及军队动向；第二是与使馆联系请示下一步行动；第三是给一位卢旺达朋友打电话，了解情况。使馆的指示简单明了：局势依然紧张，就地坚持，不必来馆。从卢旺达电台广播中得知，7日，卢政府军高级军官召开紧急会议，决定采取五项措施：一是恢复和稳定全国局势；二是号召政治家负起责任，尽快成立拟议中的扩大过渡政府；三是成立以宪兵参谋长恩丹迪利伊马纳少将为主席、高级军校校长鲁萨蒂拉上校为副主席的全国危机委员会处理日常事务；四是呼吁百姓镇静，不要煽动，否则予以镇压；五是各省视情况采取安全措施。我的那位朋友叫恩塔津达，是卢旺达国内最大反对党共和民主运动的中上层人士，任外交部政治和行政事务顾问。4月5日，他赴吉塞尼出差

中国驻卢旺达大使馆内景。院内饲养的数只野生“皇冠鹤”，久而久之，也颇通人性

前，我们曾电话相约8日相聚。现在，我多次打电话联系，其家里的电话始终无人接听，我非常担心。他家就在炮火连天的那个山头，与议

会大厦相距不远。如果他不辞而“别”，我感到悲哀和惋惜。恩塔津达原是大学教师，1991年实行多党民主制后弃教从政，投到以拟议中的扩大过渡政府候任总理图瓦吉拉蒙古为主席的共和民主运动阵营，后来就任现职，成为卢旺达外交合作部五巨头之一。

第五餐方便面下肚后，我们三人一起商量如何破门入仓“盗取”粮食。卢旺达是位于非洲中东部赤道以南的袖珍小国，面积26338平方公里，人口却多达750万。境内地势西高东低，多山地和高原，有“千丘国”雅号。中西部海拔1500米至2000米，遍布浑圆山丘。东南部海拔1000米以下，多湖泊、沼泽。因为地处南纬二度左右，海拔低的山沟和草原气候炎热，多蚊虫、毒蛇、萃萃蝇，还有诸多热带疾病。卢旺达人都选择在中西部的山腰或山顶上建屋居住。那里气候宜人，四季如春，也正是因此之故，卢旺达人口出生率和成活率均高于其他非洲地区。卢旺达农民大部分各家散居，村庄较少。当询问本地人家住何方时，最好不要问“你是哪个村的？”而要问“你是哪个山头的？”首都基加利就是以“中央高地”为中心，在数个山头上分布着居民。中国大使馆与总统府、国防部、外交部及美国、法国、比利时使馆等同在“中央高地”顶部。我们住地与使馆同在一个山头，使馆在山顶，我们在半山腰。住地原是大使官邸，后因房屋破旧，院子狭小，改为一般外交官住房，馆员称之为“老官邸”。由于住的人少，原大使会客厅就成了使馆粮食仓库，里面储存的白面、大米真不少。因为卢旺达是战乱地区，根据外交部指示，使馆应有一定粮食储备，以应付突发事件。

正在计议是破门还是撬锁时，一阵电话铃声吸引了我们。电话里传来朱瑞洪的声音：“你们尽快收拾行李，打开仓库准备好粮食，让雇员到菜地里多弄点新鲜蔬菜，十分钟后来接你们。”听到这个好消息，我们乐得笑逐颜开。是啊！两天担惊受怕的“软禁”生活就要结束了，我们即将返回大家庭，怎么不乐呢？我们赶快准备粮食和行李。几分钟后，大门口传来几声汽车喇叭长鸣。我们仿佛第一次听到如此美妙动听的声音，三步并作两步奔向门口，打开关闭了两天的大铁门。使馆的小皮卡和一辆卢旺达政府军的小轿车开进小院来。我们以飞快的速度往车上装粮食和蔬菜，五分钟后，一切准备停当。我们给迪斯马斯留下一小纸箱方便面、一小袋大米，互道再见后就出发了。小车队共四辆汽车。在前面开路的是卢军人开的小轿车，里面坐着两名荷枪士兵。我开着奥迪80紧随其后，梁克山开雷诺21居第三。殿后的小皮卡由黄舍骄大使的司机周德林驾驶，朱瑞洪在旁保驾，车上站立一名肩扛榴弹炮、威风凛凛的卢军士兵。不知是紧张还是兴奋，我紧握方向盘的手沁出汗珠。小车队迅速通过空空荡荡的街道向山上爬。我目光偶尔扫过往日车水马龙的街区，只见户户关门，家家闭户。巡逻的卢军士兵见我们有军人前呼后拥，未加阻拦。不到十分钟，我们就安全抵达大使馆。车队一驶入使馆大门，我们就犹如凯旋的战士，鸣笛以示庆祝。一时间，使馆的同志几乎全体出动热烈欢迎我们胜利归来。随员李献增的爱人孙曼高兴地说："这下可好了，你们被困在那里，真令人揪心。"

这时我才知道，使馆为了解救我们，找国防部、援卢团均未奏效。最后，经馆员孙一平提议，使馆领导亲自出面找到使馆邻居、黄舍骄大使的好友、卢军高级军校校长、卢旺达危机委员会副主席鲁萨蒂拉上校。使馆人员到他家时，他正在国防部参加国家危机委员会会议，其夫人热情接待。听使馆同志讲明来意后，夫人面有难色，但想起她家的卫兵可用，就给鲁上校打了电话。鲁上校马上同意。于是，夫人把仅有的七名卫兵一分为二，三名守家，四名带上枪支、榴弹炮，开一辆军车随使馆人员护送我们脱险。听完这段故事，我不禁热泪盈眶，深深为同志们的关怀，为鲁上校全家对中国人民的友情所动。

大开杀戒

回到大使馆后，我对事变后使馆的工作有了全面了解。4月7日晨，临时代办陆曙东召开紧急会议，决定成立应变领导小组，会议还研究了卢旺达全国形势和我们应采取的应变措施。随后，将卢旺达此次突发事件有关情况和使馆应变措施报告中国外交部并通知大使馆经济商务参赞处（简称“经商处”）和中国各援助卢旺达专家技术组、医疗队及中卢两国互利合作项目有关单位。当日晚，陆代办又主持召开党员大会。会议号召：每位共产党员在危机关头要发扬党的优良传统，起好先锋模范作用；要动员群众、宣传群众、稳定人心，边坚持工作边组织应变。党员们决心临危不惧、坚守岗位、经受住生与死的考验。我安抵使馆后，立即投入工作，任务是跟踪和研究错综复杂的卢旺达形势。此工作的重要性有两个：一是及时向国内传递信息，为国内领导机关了解形势做出决策提供材料和建议；二是为使馆领导指导使馆和各专家组工作提供依据。

此时，我才得知，形势比我想象的要严重得多。刚回到大使馆，一位当地朋友就告诉我：反对党社会民主党主席、农牧部长恩扎穆朗巴奥，第一副主席恩岗古，第二副主席加法朗加，反对党共和民主运动政治局委员、新闻部长鲁超戈扎，反对党自由党第一副主席、劳工和社会事务部长恩达森戈瓦，国家宪法院院长卡瓦鲁岗达以及外交部办公厅主任哈伍吉马纳等多名反对党高官被总统卫队捕杀。尤其令人触目惊心的是，共和民主运动政治局委员、年仅41岁的卢旺达历史上第一位女总理乌维兰吉伊马纳7日清晨就成了总统卫队的狩猎目标。当时，女总理在援卢团部队十名比利时士兵掩护下从私人官邸逃进联合国开发计划署驻卢旺达代表处，但还是被抓获。据说，她在中国大使馆附近的一处兵营里被活活打死，尸体于8日下午才被抬出兵营掩埋。十名比利时保镖亦无一幸免。共和民主运动主席、拟议中的扩大过渡政府候任总理图瓦吉拉蒙古却比她幸运得多。4月7日上午7时，图还与乌通了电话。12时左右，一辆援卢团的装甲车把图接走。随后，图从援卢团转到“爱阵”大本营穆林迪，再赴比利时首都布鲁塞尔，成功地逃避了与女总理相同的厄运。然而，却有32位亲人为他当了替死鬼。

乌维兰吉伊马纳1953年出生于卢旺达南部布塔雷省尼亚鲁亨盖里县，胡图族，是卢旺达著名的反对党人士。1992年4月，卢旺达成立第一届多党过渡政府时，乌任中小学教育部长。不久，就因其言辞激烈反对哈比亚利马纳，招致20余名身份不明的人闯入家中对其威胁、毒打。在卢旺达政局处于战与和转换的重要关头，她于1993年7月17日接替与哈比亚利马纳严重不和的本党第一副主席恩桑济亚勒米就任多党过渡政府第二任总理。1993年8月4日，各方签署的“卢旺达和平协定”规定，37天后成立有“爱阵”参加的扩大过渡政府和过渡议会，22个月后举行全国大选，两军合并组成新的国民军和国家宪兵部队。然而，在此后半年里，总统派与以“爱阵”为首的反对派就扩大过渡政府部长人选、过渡议会议席再分配等额外问题发生尖锐对立。总统党和各反对党各自使出浑身解数，谈判、对抗、威胁、利诱、分化、瓦解以及打拉和暗杀交替使用，实际上是在争夺对未来22个月过渡政局的控制权和未来大选的操纵权，这对双方都生死攸关。乌维兰吉伊马纳处在此风口浪尖上，自然成了总统派的眼中钉肉中刺，早就有人欲置之死地而后快。残酷的是，十名比利时军人也成了她的陪葬。

三年战争期间，比利时先是出兵帮助卢旺达政府军对抗“爱阵”，后又中途撤离，赢得“爱阵”的好感，但遭到总统派领导人和百姓的猜忌。法国的情况则与比利时相反。1993年10月，联合国安理会通过决议向卢旺达派出维和部队，定名为联合国卢旺达援助团。11月，援卢团正式开始执行使命。因“爱阵”坚决反对，法军没有参加援卢团，比利时却派400多军人作为该团成员来到卢旺达。4月6日事变发生时，以加拿大籍将军达莱尔为司令，以加纳、孟加拉、比利时军人为主的援卢团已有1700多人。主要部署在基加利和“爱阵”军、政府军之间的军事缓冲区。比利时军人负责基加利中心区的治安。哈比亚利马纳罹难，总统卫队、卢军士兵以及普通百姓都认为是比利时军人所为，因此袭击比利时军人的事件不断增多。当时，援卢团也没有接到主动自卫的授权。援卢团的比利时军人作为乌维兰吉伊马纳总理的保镖，别说是十名，就是再多两三倍也难以幸免。

大凡杀戒一开，便难以收拾。上杀反对派头面人物，下杀反对派的中下级骨干以及平民百姓，直杀得阎王为之颤抖。

战火重燃

4月7日凌晨，“爱阵”在卢旺达北部穆林迪的大本营宣布，为制止大屠杀，“爱阵”武装力量将兵分三路南下，矛头直指基加利。内战之火正式点燃。8日，为应付时局，卢旺达国民发展议会议长、总统党政治局委员辛迪古布瓦博根据宪法就任代总统，组成以共和民主运动强硬派领导人康邦达为总理的临时政府。在局面混乱不堪的情况下，临时政府无力指挥作战，无意也无法制止屠杀。“爱阵”则斥之为血腥政府、刽子手政府，拒绝承认，拒绝与之接触，更拒绝停火和谈。

卢旺达的部族矛盾根深蒂固。在2.6万多平方公里的卢旺达国土上，生活着750万人口，共分三个部族。胡图族占85%，图西族14%，特瓦族1%。胡图人大约公元2世纪从乍得湖、尼日尔河流域一带迁入，世代从事农耕。有人形容，胡图人身材矮敦短粗、肤色黝黑。图西人公元10世纪后，从埃塞俄比亚和索马里半岛相继迁来，以游牧为生。据说，图西人身材瘦高苗条、肤色较浅。特瓦人是卢旺达土著民族，世代生活在森林里，以狩猎为生。特瓦人成人身高仅1.4米左右，在中非共和国、刚果（金）等国又被称为俾格米人。16世纪时，图西人建立了封建王国并逐步统一了卢旺达全境。图西贵族通过“放牧契约”制定了对胡图人和特瓦人的封建保护制度，宣称国王是牛群和土地的唯一所有者，也是最高保护人，从而将广大胡图人和特瓦人降为农奴。有胡图族朋友曾对我说：“过去，所有的文学作品或民间传说中提到的‘老爷’准是图西人，‘家丁’或‘仆人’总是胡图人。”殖民主义入侵前，胡图人和图西人尚能和平相处，不同部族混杂居住，讲同一种语言即卢旺达语，信仰基督教或拜物教，而且异族经常通婚。

中非的俾格米人，成年人只有1.40米高。图为何泗记等人前去看望并为他们带去火柴、肥皂、糖果等

1885年西方殖民主义大国在柏林召开瓜分非洲的会议，卢旺达与布隆迪、坦噶尼喀一起被划为德国势力范围。1889年三国成为德属东非洲。1916年比利时军队占领卢旺达和布隆迪。第一次世界大战德国战败，卢旺达和布隆迪成为国际联盟的委任统治地。1922年7月国

际联盟根据凡尔赛和约，将卢旺达和布隆迪委托给比利时统治，卢旺达和布隆迪成为比利时殖民地。德国和比利时在卢旺达均实行间接统治，利用原有图西贵族的姆瓦米封建专制政权实行对广大胡图人的统治。

20世纪50年代，非洲民族独立运动风起云涌。部分图西贵族和知识分子纷纷要求实现卢旺达独立。胡图族上层分子也开始对图西贵族长期把持行政和经济部门不满，要求废除图西贵族特权，胡图人应享有平等权利。比利时殖民当局为延续其殖民统治，遂支持胡图人反对图西贵族。1959年，卢旺达许多地方发生胡图农民暴动。比利时殖民者挑起两族的激烈冲突，造成严重流血事件。殖民当局以恢复秩序为名进行镇压。大量图西人遭屠杀或逃亡邻国。“爱阵”军队司令保罗·卡加梅将军当时年仅两岁，是匍伏在父辈的背上逃往乌干达的。1962年7月，卢旺达独立后，胡图人总统卡伊班达对图西族实行报复和排斥政策，使两族矛盾更加尖锐。1963年、1967年和1973年，卢旺达又先后发生三次大规模流血冲突，大批图西人逃往国外。据卢旺达官方统计，流亡在邻国的图西难民50多万，其中，乌干达30万，布隆迪20万，坦桑尼亚5万，扎伊尔1万。图西难民多次要求回国均遭拒绝。两族矛盾似乎不可调和。

长期以来，为应付国内政治、经济和社会危机，以哈比亚利马纳为主席的全国民主和发展共和运动组织成立了下属的工会、青年和妇女组织。其青年组织冠名为“Interhamwe”，音译为“英特哈姆埃”（卢旺达语意为“同志”），由一些忠于总统的胡图族激进青年组成。在这次部族仇杀中，这些青年成为总统派民兵和种族大屠杀的急先锋。Interhamwe因此臭名昭著。此外，由胡图族极端人士组建的地下广播电台“千丘电台”，在时局混沌、人人自危的时刻煽风点火，摇旗呐喊，为大屠杀推波助澜。4月6日爆发的这场卢旺达事变，疾风暴雨般地席卷全国，变成全国性的大仇杀，这是国际社会始料未及的。连原来相处和睦的普通图西人和胡图人，也一下子变成了势不两立的仇人。在一些地方，人数上占优势的胡图人在胡图族极端分子驱动下，用大砍刀、长矛、棍棒袭击屠杀图西人，连老人、妇女甚至吃奶的小孩子都不放过。已经通婚的，丈夫或妻子必须亲手把图西族丈夫或妻子杀掉，否则全家都被杀死。外国侨民，甚至包括中国人，也都面临着死亡的威胁，经历着一次血与火的洗礼。

这是一个中国人亲身经历的故事。4月13日上午8时左右，数百胡图人手持大砍刀、长矛、铁棍、弓箭团团围住基布耶省马班扎镇中国路桥公司吉基路项目组驻地附近一个小村庄。这村庄的胡图人和图西人一直相处得很好，他们共同抵御外来侵犯，同仇敌忾挫败了来犯者的图谋。但是，小村庄最终难逃劫运。4月14日上午，从村庄四周突然冒出数千人，将村子里三层外三层地包围，一场恐怖的大屠杀在中国路桥公司工程技术人员面前展开。围攻村庄的人发出原始人一样的喊叫声，杀死了村子里的全部图西人和部分保护图西人的胡图人，烧毁了他们的房屋，顷刻间把村庄夷为平地。有一户距中国专家住地仅50米的图西人较富裕，房子也盖得结实牢固。他们闭门不出，围攻的人用大砍刀、石块砸门窗，一些人爬上房顶揭瓦片，向屋里抛投火把。突然，房主人从里面抛出两颗手榴弹，随着“轰轰”两声巨响，十几个人倒在血泊中，尸体碎片飞进中国专家院内，殷红的鲜血也渗进来。最后，这户图西人全部服毒自杀。围攻的人点燃这户图西人的住房，在熊熊大火中，他们边舞边喊，房顶上的人又蹦又跳，以示庆祝。然而乐极生悲，好几个人掉进大火中。直至中午时分，大部分围攻的人渐渐散去，但仍有数百人不肯走。他们围堵住中国专家住地大门，索要车辆和挖土机，说是要送他们自己的伤员和掩埋同伴尸体。更有人挑起事端，要中国人交出图西人雇员。这时，翻译走出大门，义正辞严地对他们说："我们中国人在卢旺达20多年，一直与你们友好相处。我们是来为卢旺达人民的幸福修路架桥的，从不介入你们的内部矛盾，请你们理解。我们没有发现院子里有图西人，如有，你们再来。"至此，围攻的人才慢慢散去。待外面平静下来，中国人才审慎地走出大门。放眼望去，在碧绿的原野上，在附近的山坡上和公路旁，留下了一具具尸体，有一位被杀死的母亲怀里紧抱着被杀死的孩子。有的尸体四肢都被砍掉了。据说，之所以这么残忍，是因为胡图极端分子妒忌图西族人手脚修长。的确，图西族男女长得漂亮，手臂长、腿细长，个子苗条高大。不少图西姑娘都嫁给了西方有钱有势的大人物。"这也是西方国家都同情或支持卢旺达爱国阵线和图西人的原因之一。"一位胡图族官员朋友对我如是说。想不到在这次大仇杀中，长得漂亮也是受到残害的因素之一。

恩古比马纳是个30多岁高高瘦瘦的图西人，为中国公司做了十几年的帮厨工，工作勤快。4月6日后，因工程停工，所有当地人都被辞退，恩古比马纳返回村子。他在村里人缘好，又非本地人，很多人不知道他是图西人。事变后，有时，他也头上、身上扎着芭蕉叶，手提棍棒参加巡逻。几天后的一个傍晚，他遍体鳞伤，血流满面，头上两道一寸来长渗着鲜血的深沟，被打断的右胳膊一块骨头外露着，浑身鲜血淋淋地站在中国医生面前请求救治。他向医生诉说了自己的遭遇：这天早上，十几个手持大砍刀的暴徒冲进他的住处，抢走了他所有的东西，又对他刀棍相加。他急中生智，把手里仅有的2000多卢旺达法郎（约200卢旺达法郎合一美元）抛撒在地，利用暴徒们忙着抢钱之机，急忙钻进附近的咖啡园，然后潜入中国专家大院求救。中国医生为他包扎处理伤口，给他服用了止血、止痛、消炎的药品，固定了骨折的右胳膊。然后对他表明，中国人要撤退，无法留下他，要他趁夜色逃走。几个中国工程技术人员给他化了妆，脱下自己的衣服换下恩古比马纳身上的血衣，找来一顶草帽给他戴在头上盖住伤口，送给他一个工具包，里面装些吃的，还给了他3000卢旺达法郎。深夜2时左右，中国人当着多名卢旺达人的面，将可怜的恩古比马纳送出后门，他很快消失在夜幕中。他们心中唯有默默祝愿他能够碰上好运，平安地活下来。

平安脱险

卢旺达形势日益紧张。援卢团下令调回部署在卢北部军事缓冲区的部队。原负责基加利治安的援卢团部队也悄然消失，取而代之的是卢政府军。继十名比利时士兵被杀后，外国侨民死亡的消息也不断传来。从4月8日起，法国、美国、比利时纷纷表示要派兵保护撤侨。9日，由于卢旺达临时政府拒绝接纳，800名比利时伞兵只好飞往布隆迪首都布琼布拉。美国的360名海军陆战队员也在布琼布拉接侨。只有法国军队400多人被允许降落在基加利卡农贝机场。法军旋即开辟从机场到市中心的安全走廊。外国侨民拖家带口驾车前往各国驻基加利大使馆集中，然后改乘大轿车在法军保护下通过安全走廊前往机场。撤侨行动既紧张又迅速，仅两天多时间，法国不仅撤走了自己的600多名侨民，还运走了其他国家及卢旺达本国逃离的人，其中包括哈比亚利马纳总统遗孀及家人，乌维兰吉伊马纳总理的丈夫和五个孩子。侨民和难民一部分撤往中非共和国首都班吉，一部分直接飞往欧洲。10日，比利时军人也获准降落基加利保护撤侨。与此同时，陆路撤退也在加紧进行。9日和10日，数百名美国、德国、瑞士及其他西方国家侨民乘各种车辆抵达布隆迪布琼布拉。至11日晚，大批外侨基本撤完，比利时、法国、美国、德国大使也趁机“撤之夭夭”。比利时大使随南回到布鲁塞尔后仍心有余悸地对记者称，“连我的生命都受到威胁”。

在各国撤侨期间，联合国安理会多次就卢旺达局势、援卢团的去留开会磋商。安理会还在是扩大援卢团授权、增派军队，还是援卢团维持现状、任务改为护侨和保护难民，或者援卢团仅留200人、任务是调解停火三种方案之间踌躇之际，11日，援卢团文职人员也大部分转至地处东非高原的肯尼亚首都内罗毕。12日，比利时政府单方面宣布，400余名比利时籍援卢团官兵全部撤离卢旺达。

由于卢旺达政府军与“爱阵”军在议会大厦发生激战，地处战区的中国大使馆经商处、以中国人为主的卢旺达水泥厂驻基加利办事处以及中国成套设备进出口总公司基加利专家招待所暨机械管理站，自8日起与使馆失去电话联系。9日，使馆接到远在卢旺达、布隆迪和扎伊尔三国交界处的卢旺达水泥厂中方总经理巩法堂的电话。巩法堂说：“基加利办事处中国人员住处自7日起断水断电，枪弹纷飞，同志们处境危险，要求到使馆避难。”我们表示欢迎。原来卢旺达水泥厂驻基加利办事处（简称“基办”）所在山头与大使馆所在山头相邻，却无法沟通，只好舍近而求远，请巩法堂总经理居中联系。当晚10时左右，两辆面包车匆匆开进使馆大院。这是“基办”以刘春玉主任和供销部经理张健为首的七位同志到了。我们在热烈欢迎之余，连忙打听他们是否吃了豹子胆，在此非常时期竟敢夜闯封锁线，冒险“归队”。这里又是一个动人的小故事。巩法堂总经理征得使馆同意后，马上把电话打到“基办”卢方副主任哈迪马纳家中，请求他设法护送中方人员安全到达中国大使馆。哈迪马纳副主任立刻将此重任交给其在卢旺达国防部工作的妻子——一位上尉女军官。于是，当两辆从前线撤下来的坦克驶入基加利兵营时，便接到国防部命令，“立即前往卢旺达水泥厂基加利办事处执行任务”。我们的同志就是在这两辆坦克的护送下“投奔”大使馆的。

4月10日上午，经商处田德宝、赵鹏两位参赞冒险乘车来到使馆，讲述了那里的危险情况。几天来，经商处成了名副其实的战场：枪弹如雨，炮声震耳，子弹穿墙入室。宿舍距食堂仅数步之遥，来往其间也只能趁枪声间歇，借树丛掩护猫腰猛跑。同志们在惊恐之中度过了数天日难进食、夜不能寐的生活，身体和精神都十分疲惫。考虑到那里的危险情况，我们几个人商量后决定由陆曙东代办主动表示欢迎他们撤来使馆。他们留下一套对讲机，约好联络时间就告别返回了。当天下午，经商处全体人员安全撤到使馆。这样，原来只有十几人的大使馆已增至30多人。更为重要的是，大使馆的领导力量加强了。由于黄舍骄大使4月初回国休假，直接参与卢旺达事变后中国外交部对驻卢旺达大使馆工作的领导，使馆方面以临时代办陆曙东为首，田、赵参赞再加上办公室主任朱瑞洪、一等秘书姚礼庆和我参与讨论决定问题。我们群策群力、团结一致，应付事变。11日，地处基加利北大门卡布耶镇的中国卢旺达稻米合营公司中方技术组组长沈洪发和翻译史行通等九位同志也几经波折安全撤进使馆。使馆大院增至40多人。由于接待条件所限，只好夫妇分居，打地铺住集体宿舍。男同志住大会客室，女同志住小会客室。大使馆食堂接纳40多人也是前所未有。为了松弛大家过于紧张的神经，使馆领导小组决定：取消正常的上下班规定；晚上可以自由娱乐，看电视，打台球。

4月10日、11日，基加利形势更趋紧张。“爱阵”军队虽说被政府军挡在北方，但小股人马已经化装进城了。他们在城里拦劫政府军军车，伏击巡逻队，据传有时也干些杀人放火的事。政府军的报复措施也不含糊。一天黄昏，我们饭后在院子里散步，突然一阵枪声自使馆后面传来，把我们吓了一跳。经当地雇员贝尔曼打听，原来是国际红十字会的人从战场上抢救下十多个“爱阵”伤病员送到医院，政府军士兵跟踪追击，把“爱阵”伤病员击毙在病床上。

4月12日早上9点半左右，天还是灰蒙蒙的。我像往常一样，手拿袖珍收音机一边听新闻，一边在院子里散步。我信步走到主楼前，猛然看见街上热闹非凡，大小数十辆汽车一字形摆在大使馆前面的马路上，男女老幼、大包小包塞满车厢。我赶快走到门口，询问雇员到底发生了什么事。雇员贝尔曼和波斯科每天随时隔墙与过往的军人聊天，消息十分灵通。波斯科急得忘记了应有的礼仪，向我劈头盖脸地说："你看临时政府都要撤了，你们这么多人还留在这里等死吗？"有感于他的真诚，我不但不怪他，反而十分感激地点点头。由于事态严重，我急忙向陆代办报告。随后，使馆召开了各部门领导和各专家组长紧急会议，并根据国内指示做出决定：一、除留守人员外，使馆原定撤退的第一、第二批人员与在基加利的全部中国人一起从陆路撤往布琼布拉，当日12时出发；二、赵鹏任撤退大军总指挥，朱瑞洪为前锋；三、迅速通知外地各专家组，视情况自行决定撤往坦桑尼亚、布隆迪或扎伊尔；四、请外交部通知中国驻卢旺达邻国各大使馆为我们撤退人员提供方便。撤退通知下达后，大家既紧张又兴奋，还带有一点激动。顿时，同志们忙成了一团。收拾行李的，备车加油的，往车上插国旗的，交接工作的……我作为留守人员也跟着大家鞍前马后着实忙了一阵，甚至把我所能拿出的所有饼干都送给了撤退的同志，以防他们在路上长久耽搁而断粮。在准备过程中，大家互相帮助、团结友爱、临危不惧，我看在眼里，喜在心头。尤其令我感动不已的是，在这前途未卜，似是生离死别之际，很多同志想到的是别人。在忙乱之中，贾莉、耿记、老官邸时期的战友梁克山夫妇、孙一平等都要了我爱人张秀玲在北京的电话，说一到北京就给她打电话慰问。他们的友好情意令我终生难忘。11点，中国路桥建设总公司在基加利的人员除七位留守外全部从距使馆数百米的住地分乘几部车赶到大使馆。

11点20分，陆代办主持召开全体撤退人员大会，宣布使馆关于撤退使馆人员和中国援助卢旺达各专家组人员的决定及撤退组织机构和纪律。赵鹏任总指挥，朱瑞洪负责车队开道并对外交涉，田德宝夫人、专家招待所所长王津荣负责车队内部联络。赵鹏总指挥强调这次撤离是军事化行动，宣布了几条纪律：一、一切行动听指挥；二、轻装撤离，不带笨重行李；三、不惜财物，确保人身安全；四、途中不得与武装人员或难民争吵；五、紧闭车门、车窗。此外，还要求各车准备买路钱和物品，强调了遇到“爱阵”军人或两军交火情况下的注意事项。朱瑞洪宣布了撤离人员的编队。会后，总指挥严格检查了各车车况，个别人多带一些个人物品也被动员卸下车。

中午12点，这是多么平常的一个钟点，每个人每天都要度过一次。可是今天，这个钟点非同一般。我不知道是喜是悲，是激动还是担心，但是不管是什么感觉，反正它还是到来了。随着使馆大铁门的开启，大使馆的丰田车由朱瑞洪驾驶出去了，标致505由厨师冯金和驾驶出去了，经商处的两辆奔驰车出去了，随后，我们远征军的汽车鱼贯而出。我站在门口与远征的勇士们互道珍重、挥手告别。一辆、二辆、三辆……一共14辆，我心里数着。望着最后一辆车在视线里消失，我心里默默地想，他们走了，是走向安全之处还是走入危险境地？天哪，他们是要经过战场、经过屠杀场啊！我搜肠刮肚力图找到一个恰当形容远征军出发这一壮举的词，突然两个字在我脑子里闪过——“悲壮”。作为大使馆跟踪和研究卢旺达形势的负责人，我深深懂得他们征程的艰难凶险。当时，由于战事紧张，机场虽在政府军手中，但国际民航班机早已停飞，接侨撤侨的法国、比利时军队及军用飞机已返回数千公里外的欧洲，空中撤退已不可能。唯一的出路是走陆路。自4月7日以来，卢旺达政府机构已不起作用，我们原有的朋友七零八落、不知去向。外交使团纷纷撤离，援卢团因担心政府军袭击将兵力收缩到其总部周围。我们只凭听电台广播了解形势。只知道外省局势很乱，杀人如麻，真实情况不得而知。我们曾考虑请援卢团护送，但担心遭政府军攻击。如果请政府军保护，又害怕受到“爱阵”军人攻击。最后，我们决定凭借中国的五星红旗，凭借中国人在卢旺达的形象，同时也靠点运气，去闯那龙潭虎穴。在这样的情况下，我们的远征军依然雄赳赳气昂昂地出发，能不悲壮？送走了大部队，心情一放松，我顿觉双腿有千斤重，再也迈不开步，只好坐在篮球架下休息。数分钟后，几个留下的同志迈着沉重的脚步走向食堂。

12点半，一辆小皮卡车开进使馆大院。首先下车的是一位50来岁的女同志，我不认识。随后跳下车的是以唱京剧闻名于卢旺达中国人圈中的中国土木工程公司基加利办事处经理张伟大。那位女同志是他的爱人。说来也巧，张伟大经理春节期间回国开会，4月5日携夫人返回基加利。第二天晚上，政府军和“爱阵”军就用枪战为他们“洗尘”。他们住在山沟里，两边山头相互对射的声音为他们增添不少“热闹”的气氛。因为那时候还没有手机，有线电话又已中断，从7日至12日，使馆人员曾多次冒险前往联络都被枪弹挡回。而他们却闹中取静，镇定自若。12日清早，经卢旺达军人朋友的指点，我们的同志终于从另一条山路摸进他们的山沟，碰巧他们正在宰猪做红烧肉。使馆人员告诉他们，卢旺达形势艰险，可以撤到使馆暂住。他们因收拾行李、处理事情耽搁了一些时间，等他们到来时，撤退的大部队已出发半个小时。我们当即决定让他们一行五人追赶撤退大军。这才发现他们卡车的汽油不足，而使馆备用的两大桶汽油已被大部队抽光了，我只好让雇员从我们的车子上抽。让他们灌满油箱后还带上一桶备用。雇员贝尔曼嘴噘得老高，担心此后我们的车子因缺油而趴下。灌油、卸行李、蔬菜和猪肉，往车上插五星红旗和象征中立的白旗，一阵忙碌又过去了半个小时。中午1时整，他们出发了。我们叮嘱他们，遇有盘查就说是前面大部队的一部分，因事掉了队。我为那位张夫人惋惜和

卢旺达首都基加利市分布在数个山头上，是名副其实的非洲山城

庆幸。惋惜的是，千里迢迢来到卢旺达，没有来得及欣赏一下卢旺达蓝蓝的天、青青的山、绿绿的水，甚至连美丽迷人的山城基加利也没顾得上好好看上一眼就“拜拜”了；庆幸的是，她来了七天，就整整体验了六天的战争生活，而且进行了“胜利大逃亡”。

下午，我们做了两件事：一件是陆代办电话请中国驻布隆迪大使馆做好接待准备工作并派人到卢旺达、布隆迪两国边境迎接撤退大军；一件是田德宝电话通知中国建材工业对外经济技术合作公司在尚古古省的卢旺达水泥厂技术组，在基本古省的中国医疗队、基本古医院工程项目组、卢瓦玛加纳水稻组以及中国路桥建设总公司吉塔拉马—基布耶、吉塔拉马—姆卡米拉公路工程项目组的同志根据情况自行决定撤退事宜。随后，我们焦急地围在电话机旁等候来自中国驻布隆迪大使馆的消息。傍晚8点还未见动静，我们再也按捺不住，主动拨通了电话。对方通报：大队人马已于下午7时到达两国边防检查站，中土公司张伟大经理的车子也在那里赶上队伍；人员财产毫无损失，只是“基办”同志开的一辆黄牌照面包车是卢旺达政府公车被扣下。听到这里，大家既高兴又激动，一块悬石算是落了地。正常情况，从基加利到布琼布拉只需四个小时，大部队却多花了五个小时于晚上9点才到达布琼布拉。可见征程艰难。

是啊，征程是艰难的。12点整，赤道上空的骄阳火辣辣地照射着千丘之国，似是上苍有意将卢旺达所发生的一切暴露在阳光之下，展现在世人面前。撤退队伍50余人乘坐的由14辆轿车、面包车、越野吉普车组成的车队踏上南撤之路。车队由朱瑞洪领头开道，使馆本部、经商处、各专家组的车上都挂着一面五星红旗，右边按国际惯例挂着一面表示中立和非武装的白旗。领头车的后盖上还蒙着一面硕大的五星红旗。每个单位的负责人领到一部对讲机，便于随时与指挥车保持联络。基本上每部车配备一名翻译。车队离开使馆就碰到一道道路卡。街道两边站满了手持大砍刀、长矛、木棒的民兵和荷枪实弹的军警。车队后方及右前方枪声阵阵，炮声隆隆。车队缓慢前行，车窗旁闪过熟悉的街道和房屋。经过六天六夜的战斗，这里已是一片狼藉。打坏的军车歪在路旁，街道两边是横七竖八的尸体，有的血肉模糊，有的已开始腐烂。远处有几处房屋正冒着浓烟，低矮的门窗敞开，好像主人都已逃离或被消灭。两旁的百姓知道是中国人，都向车队挥手致意。但是，车队每过一道路卡都要经过严格检查，往往车辆刚启动又碰上路卡或军警。一次，车辆刚过路卡，一个当兵的手持一把利剑朝坐在副驾驶座上的沈洪发猛刺过去，剑尖已碰到车窗玻璃，只好停车接受这个人的检查，让他拿走他索要的财物。城区的枪炮声越来越密，同志们很焦急，恨不得插翅飞过这一道道路障。可是，卢旺达人逃难的车辆也夹在车队中，任何一辆车接受检查，整个车队都得等候。平时出城只需五分钟，车队足足走了一个小时。

车队离开市区，又碰上当地的难民队伍。难民们扶老携幼，成群结队，头顶草席和包裹，脚踏塑料拖鞋或不合脚的大皮鞋，冒着烈日艳阳，挂着浑身的汗珠沿着公路南逃，有时延绵数公里。中国车队离开市郊，把难民队伍甩在后面，驶入山凹中，再也听不见枪炮声了。前面的车辆突然停下，赵总指挥下车步行通知各车打开车窗，开启尾灯相互提醒，准备快速前进。车队在曲折宛转的沥青公路上加速南下，途中不时有满载军人的车辆迎面开来，北上参战。车队穿过无数S形弯道在山坡上起伏，开道车后盖上那幅巨大鲜艳国旗上的五颗星在烈日照耀下闪烁着金色的光芒。这一面硕大的国旗，指引着整个车队胜利向前，让每位乘客感到温暖与安慰，消减着大家异国他乡逃难的恐惧，坚信伟大祖国护佑着自己。从基加利到布隆迪边境共193公里，车队接受了数十个哨卡的检查。经过五个多小时的延宕和颠沛，终于抵达卢旺达和布隆迪的边境。

一条流淌不息的小河将群山分割给卢旺达和布隆迪两国。两岸青山在夕阳下显得分外绚丽。经历战争苦难的人们渴望着彼岸的安宁。车队停下办理卢旺达出境手续时，张伟大等五人赶到了。“基办”的一部面包车由于挂黄色的政府车辆牌照，被扣留在边检站，不给收据，也不留只字片语。这辆车上的人只好改乘使馆殿后的备用面包车继续赶路。经过一个多小时的被刁难和勒索，同志们终于过了边境桥，他们迫不及待地扯下每辆车上的白旗，唯有鲜红的五星红旗在傍晚的风中飘扬。他们又花费近一小时办理布隆迪入境手续。值得庆幸的是，由于战乱，我们的人均未办卢旺达出境和布隆迪入境签证，有的甚至连护照、通行证都没有，两国边防人员仍允许他们过境，这已是法外开恩

小难民罗伯特与母亲逃亡数日，饥累交加，骨瘦如柴

了。中国驻布隆迪大使馆早已派人在边境接应。车队在布隆迪边境一侧的山岗上停下，大家正好吃些干粮。他们站在山岗上回首对面卢旺达的山山水水，依恋之情油然而生。六天六夜的紧张心情彻底消失，大家纷纷庆幸从枪林弹雨中成功撤离。13日，根据使馆指示，远在卢旺达、布隆迪边境地区的巩法堂等中方专家也撤到布琼布拉。

湖北省第三建筑工程公司与湖北省国际经济技术合作公司合作承揽的中国援建卢旺达基本古医院扩建工程总投资2855万元人民币，工期20个月。项目施工地离首都基加利125公里。1993年2月15日全面开工，当年11月已完成主体工程。截至1994年4月6日，基本完成内外装修、内外水电管线安装。项目组一心想赶在5月底完成土建工程，争取提前竣工。没想到风云突变，一夜之间便面临撤出工地的无奈选择。从4月7日起，工地已无卢旺达人上班，卢旺达全国戒严，商店关闭，机关瘫痪，企业停工。当晚，大使馆通知项目组：卢旺达形势严峻，“爱阵”已在北部结集兵力分三路向基加利进军，要做好应变包括撤离的准备。8日，项目组与经商处电话中断。大使馆指示有事可以直接联系，并指示如果与使馆电话联络中断，项目组可审时度势，自行决定组织撤离。12日下午5时，田德宝自使馆打电话告：项目组和医疗队（由内蒙古派出，共十人）同时撤离，卢瓦玛加纳水稻组即日向基本古靠拢，同时撤到坦桑尼亚。并且交代，因护照均在使馆经商处保存不能送到每人手中，撤退时要带上技术援助证，过边境后请给中国驻坦桑尼亚大使馆打电话联系，国内将通知驻坦使馆接应。

由湖北黄冈地区国际经济技术合作公司派出的以王宇华经理为首的卢瓦玛加纳稻区专家组七人，4月7日晨接到使馆电话。告知卢旺达总统遇害，卢国防部长宣布全国处于紧急状态，可能爆发大规模内战，要求做好紧急应变准备。几天来，大家心情郁闷，一直担忧的战争真的到来了，出国时的种种梦想瞬间黯淡下去。大家忧心忡忡，谈论着形势和前景，均表示“要死我们七个人死在一块”。11日下午，稻区的卢方干部全部撤走，更增添了专家组的危机感。12日下午，使馆经研究正式通知：专家组第二天一早撤往基本古，与医院项目组、医疗队会合，一起撤往坦桑尼亚。傍晚，卢方几个工人惊慌失措地到专家组住处躲避。王经理担心杀人狂会搜查中国人寓所，危及同志们人身安全，允许他们在院子里一个角落躲一夜。卢方司机是一位非常忠实勤劳的小伙子。他见中国人在收拾行李，哀求说：“带上我们一家吧！我老婆生小孩才三天，我们不能死在这里。”考虑到旅途的艰险和卢旺达图西、胡图两族的仇恨，专家组也无奈，只能艰难而又坚决地回绝了他们的要求。13日早10时，水稻组冲破重重关卡抵达基本古市，与医疗队、医院扩建工程项目组安全会师。随后王宇华经理又驱车往见基本古军区司令，用三万卢旺达法郎换取了一纸出境通行证。

鉴于13日10时25分与使馆的电话联系中断，同志们思想处于高度紧张状态。水稻组王组长、医疗队贾队长和基本古医院扩建项目组长邓延庆于下午召开紧急碰头会。经过半小时讨论，大家一致认为，与使馆通讯中断，形势危急，应立即撤离。在这紧急关头，医院项目组还有人愿意留下，他们不顾个人安危，表示一定要干完工程再走。项目领导小组研究后认为：留下一部分人员也有难处，工地停电又断水，现存当地货币不多，食盐、食品仅能维持半月，难以坚持下去；另外，居住的简易房防弹性能差，防流行病、瘟疫更难，同志们的安全没有保障。因此，一致决定全撤，项目组34人分两批撤退。14日清晨，第一批与水稻组、医疗队一起出发，留下共产党员十人作为第二批撤。这样做的主要考虑是如果第一批人员撤退失败仍可返回营地。两批人员均由邓延庆负责带队。项目组临危不乱，沉着应付突发事变：在匆忙撤离前仍集中了现场器材，包括汽车、推土机、装载机、医疗设备等，做了适当技术处理；委托基本古医院院长、基本古水电局、驻军司令分别关照财产和房屋；给保卫人员增发工资，结算发放工人工资。他们为保卫国家财产做出了最大努力。14日早6时30分，专家组试图与使馆联系未果。7时，第一批39人（邓延庆和翻译后返回接第二批人员，不计算在内）准时出发，车队朝着坦桑尼亚方向开去。

刚出基本古城不远就碰上一个哨卡，卡位无人，前面邓延庆的小轿车冲了过去。哪知从卡子20米以外的小房子里蹿出一伙军人边追边拉枪栓，这时邓延庆的车子已跑出七八十米。这伙军人放弃追赶，掉转枪口对准其余车辆。几个军人围住领头车辆，翻译放下车窗玻璃，出示通行证并递上中国烟酒。他们拒绝接受，伸手要钱。王组长严肃地对这伙穿着政府军军装的人说："我们是贵国政府请来帮助建设的专家，因你们国家战乱，我们暂时撤离，等形势稳定，我们还要回来。我们有司令部通行证，你们不能如此无礼！"这批家伙只好收下烟酒放行。但他们还是围住了最后两辆车，用枪口对准司机，用枪托敲打车身，大叫"法郎戈！""法郎戈！"最后我方甩下十几条毛毯，数瓶名酒才算脱身。一共被敲诈20多分钟。从基本古到坦桑尼亚边境约60公里，共六个卡子，车队被敲诈六次。有几次军人发了火，要开枪射击，幸亏车队以财物开道，避免了悲剧。车队耗去两个多小时总算到了两国边境。在边境站翻译办手续期间，其余人员坐在边境河岸等待。这条名为卡盖拉的河流是卢旺达、布隆迪和坦桑尼亚三国的界河，注入坦桑尼亚、乌干达和肯尼亚三国共享的非洲最大湖泊和世界第二大淡水湖维多利亚湖，同时也是世界最长河流——尼罗河的上游源头。浑浊的河水载着一具具尸体从上游漂下来。这些尸体姿势各异，有的衣衫褴褛，有的赤身裸体，有的死无全尸，其状惨不忍睹。这给撤退中的中国专家以巨大的心灵震撼：一定要珍惜和平，远离战争！经过长时间艰难交涉，近11时，卢旺达边境站终于允许第一批39人出境。按事先安排，邓延庆和翻译又返回基本古接第二批人员。下午3时许，全部人员通过卢旺达边境。迈过边境河上的铁桥，一脚踏上安宁的坦桑尼亚国土，一股脱离险境的巨大快乐袭上心头。同志们都情不自禁地热烈握手、拥抱、欢呼！

长期生活在和平环境的51名中国援外人员，刚逃离战祸又陷入苦海。坦桑尼亚西北部是辽阔的热带草原，交通不便、道路破败、气候炎热、干燥少雨、人烟稀少、蚊蛇肆虐，是热带病高发地区。白天烈日当头、汗流浃背，无水可进、口渴难忍；夜晚女同志睡车厢，男同胞就寝于卡车底下或天当被地当床，忍受着蚊虫的叮咬。他们真正体会到了在非洲原野上风餐露宿、饥渴交加的难民生活。司机们尤为辛苦，一天赶路十七八小时，极度疲劳。沿途两次差点驶出公路翻车，轮胎爆裂四只。途中经过铁路站，不得已抽出20人改乘火车。经过三天三夜的长途跋涉和苦难折磨，撤退人员于16日下午分别乘坐汽车和火车全部安全抵达坦桑尼亚首都达累斯萨拉姆，受到中国驻坦桑尼亚大使馆的热烈欢迎和热情接待。经国内和使馆安排，5月2日凌晨，撤退人员乘波音飞机胜利抵达北京首都机场。

最令使馆领导牵肠挂肚的是分散在卢旺达西部各工地上的中国路桥建设总公司的工程技术人员的安危。中国路桥公司从承包中国经援项目——基加利到基本古120多公里公路开始，在卢筑路架桥20余年，为卢国的公路建设立下汗马功劳。美丽的袖珍山国卢旺达，地处非洲腹地，气候温和，风景独特，境内风光旖旎的火山山峰、碧波荡漾的高原湖泊、世界珍稀动物卢旺达大猩猩等吸引着大批西方游客，被誉为“非洲的瑞士”。在景色绚丽的基伍湖东岸小城基布耶，湖边矗立一块木牌，上面赫然写着“日内瓦”三个大字。为发展旅游业，卢旺达政府十分重视这个内陆小国的公路运输，投巨资修建公路。在已建成的1100多公里沥青公路中，中国路桥公司承包和承建的有500多公里，占50%以上。在卢旺达的中国人中间，流传这样一个故事：联邦德国开发署通过世界银行投资修建从基加利到鲁亨盖里的高等级战略公路，由中国路桥公司中标承建。由于资金雄厚宽松，道路修建得结实漂亮，质量上乘，赢得一片赞誉。不明就里的卢旺达官员多次在德国大使面前称赞中国人这条路修得好。这位大使很是愤懑，遂向其国内建议：今后此类投资工程必须由德国公司承建，否则，就会造成德国出钱、中国名利双收的结果。由于业务量大、业绩突出，中国路桥公司卢旺达办事处和南也门办事处成为当时该公司海外最大、最赚钱的两个机构。

卢旺达素有“非洲的瑞士”美誉。图为位于基布耶市基伍湖畔著名的茅草饭店

4月6日卢旺达悲剧突发时，路桥公司共有60余人分布在基加利和吉塔拉马—基布耶、吉塔拉马—姆卡米拉沿线50多公里的建筑工地上。基加利办事处总经理兼吉基路项目经理曹茂勋根据使馆的指示，通知路桥各单位首先要保证人员安全，在此前提下，最大限度抢救和保护好国家财产。曹茂勋经理带领项目组一批人员奋战两天两夜，将吉基路的各种机械设备全部抢运回基布耶省马班扎镇驻地大院。另一批人则四处采购食品，做留守和撤退两手准备。4月9日，路桥公司位于基加利北部一条山沟里的仓库遭全副武装军人抢劫，十名中国人被迫放弃仓库撤到基加利办事处大院，并随使馆于12日撤往

布隆迪。4月13日，吉基路项目组第一批19人从马班扎撤往布琼布拉。同日，项目组与基加利办事处联系中断，事态非常严重，因为这是项目组与使馆和国内总公司联络的唯一渠道。在第一批撤走后不到一小时，便发生暴徒围攻并于第二天血洗住地附近小村庄事件。项目组图西族雇员不断向中国人求救，有的被胡图人追杀。14日下午，负责向驻地水管供水的胡图人比齐马纳村长因保护图西人被杀，改由其十来岁的儿子罗贝尔向驻地供水。局势在不断恶化。在逐个征求意见后，当晚，曹茂勋经理在马班扎驻地召开紧急会议宣布第二批撤退名单，共13人。另外留下九人坚守岗位。按照领导要求，女同胞和年纪大的同志应先撤。但符合撤退条件的项目组保健医生、交通部北京交通医院医生侯巧凤却坚决要求留下来，理由是如果留守人员中偶然有人受伤，可以进行抢救。她的要求得到曹茂勋批准，也成为留守九人之一。15日清晨，挂着红旗和白旗、载着第二批撤退人员的汽车徐徐开出驻地大院，沿着第一批撤退的路线向布隆迪开去。他们走后，几千平方米的大院只剩下留守组九人。往常由众多人员的吵嚷声、机械的轰鸣声、汽车的喇叭声汇成的交响曲突然消失了。大院内死一般的寂静，加上墙外尸横遍野的惨景，时紧时松时近时远的枪炮声更增加了院子的恐怖气氛。自4月13日与基加利办事处中断联系后，项目组的同志每天24小时轮流值班守在报话机旁呼叫。16日中午，忽然从嘈杂的报话机里传来基加利办事处青年工程师祝建军的声音："我是基办，我在布隆迪。"留下的九人听到这一消息像走失的孩子突然见到父母一样呼啦一下围着报话机，静静地倾听小祝那微弱的断断续续的声音："总公司、大使馆让你们立即全部撤出，要把人员的安全放在第一位。请曹总做出决定。"

留守组九人团团围坐在曹茂勋身旁。曹茂勋半天一言不发，熬红的双眼不停地眨动。他难啊！路桥总公司在卢旺达有上千万美元的家当；基加利有三条路的承包工程已经落实，刚刚开工；吉塞尼的一些小工程正在落实；总额3000万美元的吉基路30多公里的承包工程已走上正轨……这些是路桥总公司上上下下多少同志苦心经营奋斗的成果，现在却要丢弃这一切，怎叫人不心痛！曹茂勋再也无法压制自己的感情，失声痛哭。周围的同志也痛哭流涕。大家都要求将自己留下，保护国家财产。机械工程师曾德庆、技术工人宋尚才等还当场立下字据："本人自愿留下保护设备，如果牺牲，请转告家属不要向国家提出什么要求。"当曹茂勋经理的撤退命令传达到吉姆路项目组时，报话机里传来该组11位同志的一片哭泣声。项目经理贾德民带着哭声向曹茂勋恳求："我们不能走，我们一走，这里的财产全完了。"此时的曹茂勋又何尝不想留下来！但总公司、大使馆明确指示，要把人的安全放在第一位，他必须毫不含糊地执行，必须把还留在卢旺达的20名同志全部安全带出去。紧张的撤退准备工作全面展开。为了减少设备损失，曹茂勋带领大家对设备进行保护性处理。根据可能遭受破坏的难易程度，将汽车码放在中间，四周放装载机，外层堆放推土机等重型设备，并拆去了电瓶、油管、电路，让这些设备暂时成为一堆废铁。还将贵重物品如图纸资料、电脑及其他零配件、轮胎和生活物资装入集装箱双层叠放，再用电焊焊接起来。经过两天两夜的苦战，他们把能做的防护工作都做了。吉姆路的同志也采取了相同的措施。经过这番"坚壁清野"，曹茂勋还不放心，又冒着生命危险前往基布耶省城会见省长和宪兵司令，要求他们保护中国人的财产。省长表示战争期间，局势难料，个人无能为力。宪兵司令仅答应保证炸药库安全。返回住地后，曹茂勋又与项目组的卢旺达雇员签订协议书，请他们作为代理人管理中国公司的财产，并预付了数十万卢旺达法郎工资，并允诺战后再付报酬。

4月18日凌晨5时半，项目组与撤退到布隆迪的基加利办事处最后通话。告知项目组第三批撤退人员6时出发，请通知中国驻布隆迪大使馆中午12时到卢旺达、布隆迪两国边境迎接。随后又与吉姆路项目组的贾经理通话："曹总指示你们，务必于19日前撤出，确保人身安全。"然后关闭了报话机和自用发电机，拆除了电瓶，破坏了电路。6时整，项目组最后九人分乘三辆悬挂白床单的汽车启动了，十几位曾经与中国人共同工作的卢旺达朋友站在大门口向他们挥手告别。卢旺达朋友哭了，中国人也哭了。撤退人员的车辆不敢走大路，那是两军必争之地，只好走山路。山路很窄，曲曲折折，每隔二三十米就转一个弯，路面坑坑洼洼，汽车颠簸得很厉害。山路也不平静，一路上枪炮声不断，到处可以看到烧毁的房屋，有的还冒着烈火浓烟。道路两旁是横七竖八的尸体，散布着熏人的气味。车队小心翼翼地在山路上盘旋，常常为躲避前面发生的枪战而停下来。由于路况太差，中间那辆拉给养的小敞篷车上的两只汽油桶被颠裂了，汽油溢出来，如不及时处理会污染其他物品和发生危险。车队被迫停下，将剩下的汽油加入汽车油箱。正准备重新开拔，突然从草丛中钻出几十个手持凶器的当地人，把他们团团围住。经过半个多小时的纠缠，当地人的欲望得到满足，才让道放行。经过卢旺达南部与布隆迪接壤的布塔雷省省会时，又发生了一件令人揪心的事。车队被一群军人围住，他们逐一检查了中国人所带的物品。撤退时，项目组要携带60万卢旺达法郎回国。为了防止被抢劫，决定将这笔款放在侯巧凤大夫的随身药箱里，因为卢旺达人和所有非洲人一样非常尊重医生。谁承想这些军人一定要检查药箱。侯大夫是个胆大心细、机智果断的人。她紧张得透不过气来，却满脸堆笑、大大方方地打开药箱，从里面掏出一瓶瓶药来，还故意嘟嘟囔囔地报着药名和用途，但每次取药都巧妙地把装钱的药盒拨开。最后，她装作不经意地从里面掏出一大盒清凉油，分给紧盯着检查药箱的军人。很多卢旺达人喜欢中国的虎牌清凉油，认为能治百病。清凉油果然有奇效，军人们手一挥，表示检查完毕，边摆弄清凉油边说："Docteur（医生），OK！"就这样，车队闯过了道道险关，于12时左右通过了卢旺达边境，进入布隆迪领土。

4月24日早7时，载着从卢旺达撤出的137人的波音767包机腾空而起，冲向蓝天，飞向我们伟大的祖国。

难民拖家带口在难民营外等候安置

现在唯一让我们惦念的是身处战区的基加利专家招待所暨机管站的三位同志。他们二男一女，仅一位能讲几句卢旺达语。4月7日他们得到经商处电话通知："做好应变准备，随时待命。"随后就失去联系。他们的山头离议会大厦仅数百米，属"爱阵"军的势力范围，战场把我们无情地隔开了。招待所负责人王津荣随其爱人田德宝参赞撤至使馆后曾数次与使馆同志驾车冒着枪林弹雨前往联系未果。国内也多次指示要千方百计寻找、解救他们。后来我撤到肯尼亚首都内罗毕时，听说他们也来到内罗毕，住在中国驻肯尼亚大使馆经参处招待所。我不禁喜出望外，急忙乘车登门拜访。劫后重逢的生死战友分外激动。张振海操着天津口音讲述了他们名副其实的历险故事。

事变后，他们的大院成了枪炮靶子试验场，枪弹、炮弹有时如暴风骤雨倾泻在院子里，炸塌了房屋，打破了玻璃，有的臭弹至今还埋在院子里。他们经常躲在楼梯下面的角落里，因为那里面积小又比较牢固，安全系数大。为了及时了解卢旺达形势，他们收音机不离手，希望能从BBC、美国之音中文广播或卢旺达电台中得到一鳞半爪的消息。由于收音机质量不高，而且声音不敢放大以免招来“爱阵”士兵，他们能听到的消息有限。就这样，他们在危险、恐惧、焦急盼望中度过了不知多少个日日夜夜。一天上午，紧闭着的大院铁门被砸开，进来几个全副武装的“爱阵”士兵，叽里呱啦地讲了一通。从眼神、手势、表情上判断，他们三人明白“爱阵”要占用大院作兵营，要求中国人离开。他们无法抗拒，只好草草收拾了一下，分别开着两辆奔驰车，在“爱阵”军人的“护送”下前往附近的援卢团总部驻地。他们锁好车，把钥匙交给援卢团并要了收据。然后，在援卢团庇护下，在中国援建的和平体育场内当起了难民。在那里两天多，他们目睹了卢旺达难民、外国侨民以及援卢团本身撤退时的紧张、刺激、混乱和扣人心弦的场面。他们还吃过联合国难民署的救济饼干，喝过救济矿泉水，亲身体验了国际难民的滋味。第三天，援卢团一位孟加拉籍军官通知他们乘援卢团军用飞机撤离。看到他们两手空空，便派一队孟加拉士兵乘车护送回招待所取行李。张振海说：“一看见这位军官佩戴的手枪我就乐了，那是中国制造。我在军队时特别熟悉这种武器。”张比划着与军官谈起来，一把手枪把他们因语言、国籍不同而阻隔的感情拉近了许多。在援卢团帮助下，他们终于搭上了联合国的军用飞机。难民们虽然成了被排列着的“沙丁鱼”，但总算有了逃命的希望，可以深深地舒一口气了。飞机急促地在跑道上滑行，也许是超载，也许是起飞太急，离地时飞机猛烈颤抖，但最终还是垂直升空了。到达内罗毕机场后，他们身无分文，语言不通，在那里着急徘徊。还是一位外国妇女慷慨解囊给了几个硬币，他们才得以给中国驻肯尼亚大使馆打电话。由于他们既无护照又无身份证件，在机场盘桓了一天多还不能出关。在这种情况下，他们还在自问："驻卢旺达使馆领导只让我们待命，我们却擅自来到了内罗毕，这样做对吗？如果肯尼亚不让入境，我们还是回卢旺达吧。"这是些多么好的同志啊！

撤离屠杀现场

攻防互换

“爱阵”的前身——卢旺达全国统一联盟，1979年由流亡在乌干达的卢旺达图西族难民组织成立。1987年，该联盟在欧洲开会，发表政治纲领称：“如果有200万难民在国外，卢旺达就永无和平可言。”认为只有实行民主和法制，难民才能回国，才能实现民族和解。同时决定改名为卢旺达爱国阵线，打破部族界限，吸收胡图族和特瓦族难民参加，以争取国内外的广泛支持。1988年，“爱阵”在美国开会，认为“解决卢旺达难民问题的最好办法是回国”，而“武装回国可能是他们的最终选择”。1990年10月1日拂晓，卢旺达图西族难民武装从乌干达南部攻入卢旺达北部边境，揭开了卢旺达内战的序幕。断断续续历时三年多的内战，“爱阵”军队从最初的1000多人发展至15000人，战斗力也大为增强。

与卢旺达的图西族相似，乌干达西南部靠近乌、卢边境地区的安科莱族也以游牧为生，肤色浅，瘦高，聪明睿智。有人说两族实际上是同一部族，也有人说是近亲。乌干达总统约韦里·穆塞韦尼出身于安科莱族，其领导的乌干达爱国运动、人民解放军、全国抵抗运动早年均以乌西南部为基地进行游击战争。由于近亲近邻或同种同族等原因，一批卢旺达图西族难民青年很早就参加了穆塞韦尼的游击队，并成为游击队甚至乌干达全国抵抗军骨干。他们希望穆塞韦尼夺取政权后帮助他们返回祖国。据称，“爱阵”领导人弗·卢维盖马是乌干达全国抵抗军1986年1月攻克首都坎帕拉的前线总指挥，后来成为乌干达军队副司令、国防部副部长，被授予少将军衔。接替卢维盖马的“爱阵”军司令保罗·卡加梅曾与穆塞韦尼一起受训于莫桑比克，是穆从林游击战发起人之一，曾担任乌干达军队安全情报系统负责人。穆塞韦尼夺取政权后，积极支持卢旺达图西族难民打回老家去，慷慨地向卢旺达爱国阵线提供各种援助。

1994年4月7日清晨，“爱阵”总部在卢旺达北部基地穆林迪发表公告宣布，为恢复首都秩序，制止种族屠杀，已命令其军队南下作战。公告声明：“爱国阵线对政权毫无兴趣。”经过长期充分准备的“爱阵”军队兵分三路南下，西路攻打鲁亨盖里，中路指向比温巴，东路挺进穆塔拉。政府军进行了顽强抗击。在鲁亨盖里，政府军曾一度将“爱阵”军逼退到乌干达境内。16日，临时政府提升战功赫赫的鲁亨盖里军区司令比齐蒙古上校为少将并任军队总参谋长，顶替4月6日与哈比亚利马纳总统同机失事的恩萨比马纳少将。西线、中线是山区，易守难攻，是政府军长期经营的根据地，也是政府军大部分官兵的故乡。子弟兵在家乡作战，自然勇气百倍。然而，东线穆塔拉战区则不妙。那里是地势开阔平坦的热带草原，高质量的战略公路从乌干达直通基本古，易攻难守，适于大兵团作战。“爱阵”军司令、年仅37岁的卡加梅少将采取避实就虚、声西击东的战略战术，把重兵压在东线。战争一开始，正当中、西线战斗正炽之际，“爱阵”大军就突破了穆塔拉防线，长驱直下，迅速占领基本古省卢瓦玛加纳。就在14日中国基本古医院项目组、医疗队和卢瓦玛加纳水稻组50多名专家乘车撤到坦桑尼亚的第二天，“爱阵”军占领了距首都仅120多公里的基本古省城，对首都基加利、临时首都吉塔拉马形成侧翼包围。

与外线的攻防态势相反，在基加利，政府军在进攻，“爱阵”军在防守。但是，在外线，防守方政府军战线太长，进攻方“爱阵”军选择余地大，操有主动权。在基加利，战争主动权虽然在政府军手里，但它需要对付的是“爱阵”军精锐保安营的600名勇士，需要进攻的是设防坚固、独处山顶、易守难攻的议会大厦，进攻路线上毫无选择余地。这是一块难啃的硬骨头。卡加梅的策略是把钉进政府军腹地的这颗钉子钉牢，给临时政府、政府军和胡图群众形成巨大精神压力，牵制大量政府军兵力。因此，4月6日晚上8点多，张振海在招待所楼顶上观察到议会大厦的异常举动并非“爱阵”保安营在准备撤退，而是在调整部署，加强防守。战争期间，该保安营非常活跃，在固守大厦的同时，派便衣小组进城袭击政府军，与城外渗透进来的“爱阵”军人相互呼应，相互支援。临时政府就是在东线战斗失利，首都又有“爱阵”小股部队骚扰、威胁的情势下，于12日被迫匆忙迁都吉塔拉马的。相比之下，政府军在基加利虽操有主动权，但战略战术简单被动。4月6日晚出事后，据说拥有800人左右、装备精良的总统卫队及政府军在追杀反对派头面人物的同时，猛烈围攻议会大厦，试图一举歼灭或赶走“爱阵”保安营。他们同时采取断水断电等措施，企图逼其撤退，并在途中追击。由于总统卫队和政府军长期养尊处优，又没有作战经验，对付非武装人员信心十足，碰到比自己还强硬的对手就胆怯了。“爱阵”保安营高踞议会山，傲视群雄，竟没有人敢真正向上仰攻。政府军只是从老远的地方打枪放炮而已。正因为政府军进攻乏力，围剿无术，保安营才得以化装外出，补充给养，越战越强。由于政府军对议会大厦不能速战速决，等到“爱阵”外围主力部队进入基加利周围，与政府军争夺城外各制高点时，政府军对议会大厦“爱阵”

保安营的围剿战斗实际上已告失败。

“爱阵”军队在基本古得手后，继续向基加利省的广大农村地区推进，矛头直指临时首都吉塔拉马和南部城市布塔雷，进而从东、南两面形成对基加利、吉塔拉马的巨大军事压力。

俗语说：“两军相争，勇者胜。”这话有道理，但也不全面。高昂的士气是取胜的基本条件，要取得战争的胜利，还必须战略战术运用得当，有先进的武器和良好充足的后勤供应。据我观察，卢旺达内战中双方军队冲锋陷阵、拼刺刀这种激烈的战斗场面并不多见。多数情况下，双方只是隔着相当距离向敌方阵地鸣枪放炮，威吓敌方。待某一方弹尽粮绝时，就会胆怯，就会落荒而逃。这就是说，在双方装备人数差不多的情况下，后勤供应就成了战斗胜负的决定性因素。1990年以前，卢旺达享受了近30年和平，其政府军仅5150人，其中陆军5000人，空军150人。1990年10月1日“爱阵”军队从乌干达发动进攻后，卢旺达内战断断续续三年多。期间，在法国的武装和训练下，卢政府军发展到4万人。虽然纪律、士气、刻苦耐劳精神逊于“爱阵”军，且哈比亚利马纳总统罹难后，军队内部出现主战与主和两派，全军团结受到影响，但士气高昂的主战派人数不少于“爱阵”军的15000人。一个不可否认的事实是，5月16日，联合国安理会通过对卢旺达武器禁运决议，实际上切断了卢政府军的武器、弹药供应，对其非常不利。为鼓舞士气，卢旺达政府广播电台不断用卢语广播弹药储备情况。战争开始时据说有180吨，17天战争消耗了30吨。按简单数字推算，至7月20日，卢旺达政府军将弹尽粮绝。后来的事实证明确实如此。

留守艰险

早在4月12日前，中国国内就已批准了使馆撤退和留守人员名单。

留守人员是代办陆曙东、经商参赞田德宝、一等秘书姚礼庆、随员李献增、庞占华和我。加上一等秘书吕岳于4月10日腰椎间盘突出老毛病复发，其爱人饶良俐留下照顾，共留使馆八人。根据国内指示，由陆、田和我组成留守领导小组。事实上，姚礼庆一直参与重要问题的讨论与决策。

12日中午12时，撤退队伍上路后，我们的留守生活正式开始。

在那段兵荒马乱、形势危急的日子里，使团撤，朋友逃，援卢团联系中断，报纸、杂志绝迹，唯一的消息来源就靠收听卢旺达国内和西方大国国际广播电台的新闻广播。因此，我们与收音机结下了不解之缘，宿舍、办公室、食堂、会议室、电话机旁甚至公共厕所，到处都摆放着它。这还不算，人一离开这些地方，手里还拿着一个袖珍收音机。为了扩大信息来源，避免疏漏消息，以便去粗取精、去伪存真，做出正确判断，我们几个懂外文的干部犹如亲临战场的将士，分别负责卢旺达广播电台、美国之音、英国BBC、法国国际广播电台、德国和南非广播电台的收听工作，重要消息休想逃过我们的耳朵。每晚8点半听完法国电台广播后，我们就一起做筛选、分析、综合工作，然后由我执笔向国内报告。开始阶段，每天一小报，数天一总结，几乎天天弄到晚上12点以后。第二天6点，忙碌的一天又从睡眼蒙眬中开始。在那许许多多难忘的夜晚，有过多少次，我刚拿起笔便觉得脑子里一片模糊，或者写到一半，思路再也无法清晰，眼皮似有千斤重量。我便索性顺势伏案打盹，或者干脆回宿舍，蒙头酣睡，醒来后再干。的确，经过多天的折腾，我们实在太累了，震耳欲聋的枪炮声也无法阻挠我们进入睡眠之中。

大队人马安全撤离后，我们留守人员心情逐步平静下来，随即采取一些措施，准备长期坚持。首先是安全措施。大使馆馆舍建造于卢旺达国内稳定的和平时代——1985年。当时，设计和建造者没有考虑到卢旺达也有动乱的一天。因此，主楼大门、会客室、办公室和馆员宿舍全部都是毫无防护的大玻璃门窗，别说无法抵挡枪弹炮弹，就连小石子也能一击即破。同时，使馆馆舍建于基加利中央高地顶部，与总统府、国家广播电台、国家电视台、国防部、外交部、基加利兵营、高级军校为邻，是战争双方必争之地。由于条件所限，我们因陋就简，就地取材，将多余的床垫子、大立柜、棉被，挡在临街的窗子上。虽然作用有限，但精神得到稍许安慰，求得晚上能睡个安稳觉。有的同志还准备晚上一有情况就往床底下、桌底下钻。另一项措施，就是想方设法将五星红旗悬挂在主楼楼顶最高处和大使官邸楼顶，以告示卢旺达军人和群众：这里是中华人民共和国的神圣领土，是中国的财产，任何人不得侵犯。再就是生活规律调整。事变以来，为了让同志们思想轻松一些，也为了节约粮食、蔬菜、水、电、煤气，每天只进食两餐。现在考虑到人员较少，而且要长期坚守阵地，身体健康是本钱，我们恢复了每天三餐，作息时间与战前一样，让大家尽量有常态生活的感觉。同时还要设法解除大家的后顾之忧。战争爆发后，国内广播电台、电视台、报纸连篇累牍报道卢旺达残酷悲惨的景况，卢旺达的知名度猛然提高，甚至国内的地方小报也刊登卢旺达的消息，引起馆员家属的关注和担心。为了让家属们放心，也为了使留守同志能安心在使馆坚持，允许每人利用大使馆的通信设备往国内打一次长途电话。那时候，卢旺达通信十分落后，手机尚未面世，因特网更是天方夜谭，馆员们与国内家属的联系更多靠外交信使每月一次携带的信件。战争爆发后，卢旺达长途电话已中断，信使也不再来，馆员与国内家属的联系已无法进行。我们在主楼一层电话机旁贴了一张条子，写上每位留守同志家属的姓名、电话号码，以便一旦有人与国内通话，就请国内通话人顺告其他留守人员家属：使馆一切正常，留守馆员安然无恙。我爱人就曾多次接到电话：“你姓张吗？我是×××，使馆要我转告你，你爱人平安无事。”不少打电话的人甚至连我姓甚名谁都不知道！在这段紧张危险的日子里，不但我们留守人员结下了深厚的战斗友谊，就连国内家属之间的感情也贴近了许多。她们不断相互联系、传递信息、相互勉励和安慰。尤其令我难忘的是，4月14日，我爱人所在单位中华全国妇女联合会国际联络部张静副部长、国际联络部办公室全体同志及我爱人张秀玲、女儿何存集体向我发来电传表示慰问。她们的支持更加坚定了我继续战斗的决心。实际上，一人一次的长途电话我并没有打，希望坚持到最需要的时候再用。

我还接到卢旺达唯一一位华侨周晓婷女士的电话，询问卢旺达和基加利的形势。她与卢旺达籍丈夫这次碰巧被困在基加利，其住处周围在杀人，枪炮声也很密切，她不知如何办。我告诉她，形势十分紧张，一定要设法逃出基加利。她说要有国防部的通行证才行。我请她利用中国人的身份，凭着中国人的形象和中国护照闯出去，如果实在不行，就到中国大使馆暂时躲避。放下话筒，我心里十分不平静。周晓婷是广西人，才22岁。据说，原来在老家广西南宁做些小买卖。两年前与在广西农学院学习的卢旺达留学生拉鲁纳结婚来卢。拉鲁纳在中国卢旺达稻米合营公司的一个稻区当卢方经理。他们住在尚古古省布加拉马县靠近水泥厂的地方。周家里雇了两个女工帮助带年仅一岁的小女儿和做家务。每人月工资才800卢旺达法郎。周自己则开个小售货店，卖些日常小百货。她不懂法文，但卢旺达语说得很溜。小日子虽不算很富裕，但过得平静惬意。没想到现在陷入危险之中，她小小年纪能应付得了吗？她远在广西的家人还不知怎样为她担忧呢！但是不管怎么说，几天过去了，她没有再来电话，也没有来使馆求助。我从心底里祝福她与家人早日脱险。战后得知，周晓婷带着孩子与其丈夫随卢旺达难民流落到布隆迪、扎伊尔，后与拉鲁纳走散。周最终栖身于设在赞比亚的难民营，在国际人道组织帮助下来到中国驻赞比亚大使馆申请回国。中国驻赞比亚大使馆请求驻卢旺达大使馆核实周的身份。恰好战前周女士来使馆为其女儿在中国护照上加注时曾留下结婚证复印件，其身份得到确认。相信周晓婷大难不死必有后福!

一天，我原住处——老官邸的雇员迪斯马斯从邻居处打来电话说：他已经断顿了，又没处买粮；而且，每天夜间有武装匪徒前去骚扰，要求他打开仓库，否则将放火烧掉。考虑到那里的实际情况，我们决定冒险去看看，并给相邻的老官邸、老使馆、老商务处的看门人送些粮食。三面国旗、三小袋大米准备停当，我开着奥迪80与田德宝出发了。刚出门，我们就真正体会到三步一岗、五步一哨和群众有无穷无尽的创造性的含义。卢旺达军人和百姓的路障遍地都是，有的在马路中间摆几块石头或砖头，有的放一些树枝，有的干脆把路旁的树木砍倒，有的用破瓦罐、废铁条、破箩筐设障。这些平时谁也看不上眼的玩意儿，现在却身价百倍，象征至高无上的权力。只要看到它们摆在道路中央，你就知道要停车接受检查了。当然，这些都是土办法，最正规的路障还是军队的。他们使用长型“狼牙棒”，一不小心就足以令汽车趴下。有的军人把我们的外交官证看了又看，不明白是何

1994年3月，何泗记居住在中国驻卢旺达大使馆老官邸，战争初期受困于此，战后，此处被洗劫一空

物，经过我们耐心解释方恍然大悟，歉意地笑着摆手让我们通过。这是些刚从前线换下来的兵，不大懂城里的事。

我们过关越卡好不容易接近了老官邸。这时另一番景象猛然出现在我们面前。一群群手执长矛、砍刀、铁条和木棍，腰缠麻绳，头扎芭蕉叶或红布条的人突然从路边草丛中、房屋后面蹿出来，把我们的车子团团围住。他们对路旁倒下的尸首却视而不见，置之不理。骤然看见这些“民兵”“赤卫队”，我们大吃一惊，恐其对己不利。待仔细一看，我乐了。原来他们都是住处附近的看门人、花工，平时我们相处很好。此刻他们也认出了我，像久别重逢的老朋友，热情地向我们问好，并主动向岗哨介绍我们，协助放行。另一些人赶忙去唤迪斯马斯。车到门口，迪斯马斯已经回来了。我把米给了他，并告诉他：“匪徒再来纠缠，就说这是中国大使馆的财产，是受国际法保护的，钥匙在中国人手里，他们不肯拿出来。”他一一记住了。我正想把带来的国旗交给他，突然看见大门上挂着一面破旧的中国国旗，心中暗叹迪斯马斯的机警。这是一面退役的国旗，在这危难时刻，迪斯马斯竟然来了个旧物利用，居然把它视作保护神，用它来保护老官邸，保护他自己。迪斯马斯是个大智若愚的人，平时沉默寡言，不善言辞。由于他的名字与卢旺达前总理相同，一次他在使馆搞完招待后乘我开的车返回老官邸，我跟他开玩笑：“现在你是迪斯马斯总理，我是你的司机。”他嘿嘿一笑，不无骄傲地说：“这附近的人都知道我的名字。”我和田德宝回到使馆后，再也没有接到迪斯马斯关于匪徒要抢劫的电话。据说，迪斯马斯后来随卢旺达政府军退到扎伊尔东部城市戈马，淹没在百万胡图族难民之中。我们重返卢旺达恢复大使馆后，再也没有他的消息。

随着“爱阵”军队在战场上不断推进，屠杀行动也加剧了。卢旺达文装反对派共和民主运动政治局委员、前外交合作部长、前阿鲁沙和平谈判政府代表团团长恩古林齐拉，曾逃过了大屠杀的第一冲击波，这次却未能幸免。很多国际人道主义组织都已撤离。据报道，国际红十字会的当地雇员惨遭杀害的有30多人，这是该会成立70多年以来遭受的最大人力损失。这时，基加利周围的战斗更趋激烈，除议会大厦方向外，城市四周山头都有枪炮声。不久，“爱阵”军攻占了基加利郊外的第一制高点雅利山，那里是卢旺达广播电台、电视台的转播站。总统旅馆所在的山头雷贝罗山曾数度易手。另外，“爱阵”军还打到了位于基加利市的子午饭店周围。其大炮已向我们所在的中央高地轰击。有一次，他们集中火力炮击使馆北边不远的“千丘电台”和南边的高级军校。两个目标都被击中，建筑物严重受损，多人死伤，在使馆都能闻到火药味。我们这些勇士们躲在主楼和食堂之间的走廊里逗乐说，“爱阵”军千万别让新兵打炮，不然“差之毫厘，谬以千里”，炮弹就会落到我们头上了。我们还学会了凭炮弹在空中飞行的呼啸声判断其方向和离我们的远近。有时听到炮声呼啸而过，却没有爆炸声，大家便异口同声地欢呼：“臭弹，臭弹！”

撤离艰辛

战争爆发以来，由于局势混乱，联合国安全理事会在援卢团的去留、规模与使命等问题上举棋不定。4月20日，为避免无谓伤亡，援卢团孟加拉籍300多人、加纳籍200多人撤至内罗毕。21日，安理会决定该团保留270名军人和90名观察员。在这种形势下，中国领导机关判断卢旺达交战双方停火无望，战争将继续下去。考虑到战争和瘟疫可能对留守人员安全造成威胁，外交部指示我们制订撤馆方案。4月23日，我奉命陪同吕岳夫妇先行撤离。早在我们大部分人员从陆路撤往布隆迪的第二天，即4月13日，一位修女就给中国大使馆打电话，告知基加利往南走的道路已被封锁。也就是说，陆路撤退已行不通。过了三天，基加利的电话通讯全部中断。现在，借道援卢团在基加利和肯尼亚首都内罗毕之间搭建的空中走廊，乘坐援卢团军用飞机撤往内罗毕是留守组撤离的唯一选择。我们一边报请国内通过中国常驻联合国代表团与联合国秘书处交涉，请其通知援卢团协助，一边自己设法与该团就地联络。经过一番周折，我们有幸与同在一个山头的该团驻千丘饭店的联络官接上关系。他们答应24日派装甲车来使馆接送我们到机场。当晚，如释重负的我举办了一场个人卡拉OK演唱晚会。晚会进行了两个多小时，气氛热烈，可惜演员和观众都是一个人，那就是我自己。第二天也就是24日，我们等了一整天，连装甲车的影子也没望见。25日下午2时左右，天下着毛毛细雨。我终于含泪告别了朝夕相处的战友，也向两位忠于职守的卢旺达雇员贝尔曼和波斯科告别。我默默地看了一眼正在飘扬而且永远在我心中飘扬的我们的保护神——鲜艳的五星红旗，依依不舍地离开使馆，姚礼庆开车把我们送到离使馆不远的千丘饭店。

千丘饭店的名称，源于卢旺达的别称“千丘之国”，原是卢旺达首屈一指的高级饭店。1993年1月，国务委员兼外交部长钱其琛访问卢旺达，就曾在此下榻。现在，它已没有往昔宁静、整洁、高雅的格调，显得杂乱、肮脏。自4月6日事变以来，它成了外国和卢旺达难民收容站。很多难民从卢全国各地汇集到这里，暂住一时，然后赴机场。25日前后，500余人避难其中。这里断水多日，饮用水是由饭店和援卢团人员每天去远处的一个水塔取用，是比利时红十字会照看的。我们抵达时，适逢工作人员收集塑料桶，准备去取饮用水，现场一片混乱。其他用水，只好从游泳池抽取分配，游泳池眼看就要干涸。大厅和走廊泛着一股令人作呕的怪味。人人面孔惊恐冷峻，沉默无语。为维持众人的生存，饭店实行战时配给制，一日两餐，每餐每人一份盒饭。我们好容易找到援卢团驻千丘饭店的正副联络官，他们是分别来自津巴布韦的詹姆斯上尉和刚果的阿尔法上尉。两位军官的祖国都是中国在非洲的全天候友好国家，因此，他们对待中国人诚挚友好。我们在一楼大厅的过道里安顿下来，把随身带来的棉被铺在地上，让吕岳枕着手提包躺下。詹姆斯上尉手持对讲机，一边陪我们聊天，一边保持与其总部的联络。

1993年10月，何泗记在千丘饭店

约莫过了一小时，联合国蓝盔部队的装甲车从总部开到饭店，我们冒雨上车。这是联合国军的装甲车，车上的乘客也可以组成个小联合国。司机和枪炮手来自突尼斯，护送我们的还有津巴布韦、刚果和塞内加尔军官。我坐在车上，四面都被钢铁包围着，头顶上飘着蓝色的联合国旗。钢铁只能包住我的躯体，却无法禁锢我的思绪。过去，我从电视上看到这种装甲车在索马里、波黑土地上奔驶，没想到今天自己也成了车上的乘客。我想到了伟大的祖国，想到了中国驻联合国代表团，如果没有他们的关怀，我们就不可能得到这种国家元首、外交使节也难以享受的“待遇”。想着，想着，我似乎觉得车顶上迎风飘扬的不是联合国的蓝旗而是庄严鲜红的五星红旗。装甲车上，除司机、枪炮手座位外，只有两张像公园里常见的背靠背那样的座椅，最多能坐六人。那位塞内加尔军官戏称，如果像罐头盒里的凤尾鱼那样，车上也能挤坐八个人。在行进中，我们很难通过几个很小的玻璃孔和通气眼观察外面的情况，但从车子的颠簸程度估计，装甲车是择小路奔机场的。援卢团显然认为走大路须经过战区，安全无保证。

40分钟后，装甲车驶进了基加利卡农贝国际机场，在贵宾室前停下。送我们的援卢团人员热情地帮助将行李搬进贵宾室，并将我们“如数”交给联合国军机场联络官后挥手告别。我们刚把吕岳安排在长沙发上躺下，正在替他盖被子，突然“轰”的一声巨响，一颗炮弹在我们附近爆炸。没等醒过神来，更大的爆炸声在我们头顶上响起，伴随着一连串玻璃破碎的声音，呛鼻的灰尘和硝烟涌进屋来。我们抬头一看，炮弹就在十米左右远的上方爆炸，灰尘和浓烟正在腾升和扩散，一个水泥支架被炸飞，候机楼的钢化玻璃被震碎一大片。就在我们惊魂未定之际，援卢团加纳籍士兵一个个从震碎的玻璃门下框荷枪弯腰钻进贵宾室来躲避。看到他们的狼狈样，我们暗笑这些当兵的从未经过战阵，遇到危险还不及我们这些文职人员来得镇静。

正当我们准备择地休息时，联络官匆忙把我们带离危险区，在楼

为防止瘟疫流行，难民们只能排队取用非常稀缺的经消毒的饮用水

下一间被闲置的航空公司办公室安顿下来。这时我们才了解到，虽然机场仍由援卢团控制，但卢旺达敌对双方分别占据了机场两侧的阵地，他们相互对射的炮弹，稍有偏差就会落到机场来。随着夜幕的降临，我们当天撤离的希望破灭了。惊魂稍定之后，我们打趣说，刚才两发炮弹是为欢迎我们到机场来而放的“礼炮”。在国际交往中，欢迎国家元首鸣礼炮21响，副元首和政府首脑19响，我们是名不见经传的一等秘书，只能享受两响的外交“礼遇”。傍晚，望着援卢团士兵喝着从内罗毕运来的矿泉水，吃着从内罗毕送来的盒饭，惹得我们肚子里的馋虫不断蠕动。我们只好把自己关在仅十余平方米的小屋里消费自带的矿泉水和饼干。12日，我把自己的饼干都送给了首批撤离的同志们。这次随身只带了仅有的半包，而且不知道什么时候才能到达内罗毕，因而得留有余地省着用。我只吃了三四块，权当晚餐。

何泗记在卢旺达战乱前的基加利卡农贝机场候机楼

餐后，我“巡视”了一下被誉为卢旺达对外窗口的基加利卡农贝国际机场候机楼。这是比利时帮助建设的，设计新颖、风格独特、外形美观。楼内水磨石铺地，略显豪华。非洲红木的座椅和楼梯扶手凸显高雅。高大的玻璃门窗，宽敞明亮、整洁大方。如今战乱时期，它已失去昔日的辉煌。门窗百孔千疮，大厅垃圾成堆，厕所污秽不堪、恶臭刺鼻，难以驻足。我们隔壁房间光是逃难外侨遗弃的衣服鞋袜就足有一尺多厚，一片狼藉。尽管候机楼内有100多全副武装的蓝盔部队“保护”着我们这三个“高级难民”，因前途未卜，心存担忧，我们仍几乎整夜未合眼。我们把仅有的一条棉被铺在地下给吕岳当床，但没有盖的。饶良俐和我则坐在椅子上，通宵达旦与非洲蚊虫做不懈斗争。

由于东非高原的夜间寒气侵袭，吕岳的老寒腰病第二天又加重了。我们进退两难。进，不知当天是否有飞机，即使有，能否顺利搭乘上？吕岳因病不可能再在机场过夜。退，返往使馆，谈何容易？我们首先得向援卢团驻机场联络官陈述理由，因其讲英语，我无法用英语说清楚要退回使馆的理由。联络官需用对讲机与其总部联系请示，总部要与其驻千丘饭店的联络官对话，后者再设法与使馆联系。使馆会同意我们撤回去，因而打乱撤馆步骤吗？援卢团同意用他们那为数不多的装甲车再把我们送回去？想到这里，我焦急万分，真正尝到了热锅上蚂蚁的滋味。当联络官肯定当天有两架飞机来往于基加利—内罗毕之后，我才心情稍安。26日，老天爷一扫几天来阴雨沉闷的天气，基加利像往常一样烈日当空，万里无云。来到停机坪，心情豁然开朗，我暗自祝愿好天气会给我们带来好运气。10时一刻，一架标有UN-CANADA的迷彩军用大飞机降落机场。我们喜出望外，待其卸完货物，我们便迫不及待向前运动。谁知联络官的话给了我们当头一棒：“飞行员以事先无通知为由拒载。”飞机无情地关上了“后屁股”，朝着蓝天扬长而去。看到我们失望的样子，联络官连忙安慰：“10时50分另一架飞机将到达，我无论如何也要将中国朋友送上飞机。”我们顶着赤道高原的骄阳，在候机坪上等候。百无聊赖，我与身边援卢团一位乌拉圭籍军官聊了起来。他告诉我们，从基加利市到机场的大路上，在靠近议会山一带，大路两旁躺满了尸体，绝大部分是平民，有的重叠数层，无人敢收尸掩埋。真是尸横遍野，血流成河啊！

10时45分，援卢团另一架军用飞机抵达。像前面那架一样，飞机不熄火。从内罗毕运来装水用的黄色塑料桶顺着飞机喷出的气流从机后倾泻而出。我们顶风而立，盼望那些黄桶赶快卸完，盼着联络官给我们带来好消息。不一会儿，看到他在飞机后面向我们招手，我们精神大振，力量陡增，迅速提上行李迎风狂奔。我们终于从供坦克、装甲车上下的宽敞车道上登上飞机。在机组人员帮助下，我们捆好行李，又将自己捆绑在绳索编织的座位上。这时飞机已在跑道上滑行，刹那间，它猛地一震，像离弦的箭，直飞蓝天。我低头注视腕上的表，时针正指着11点。也就是说，1994年4月26日上午11时整，我们成功“逃离”灾难深重、战火正浓的非洲中东部美丽的山国卢旺达。

1994年4月26日，在基加利卡农贝机场，何泗记（左）与吕岳（右）夫妇登上飞往内罗毕的联合国军用飞机

我们离馆后第二天，即26日，使馆就断了水，再坚持下去已无可能。于是，5月初，留守组第二批撤退人员，李献增、庞占华在田德宝带领下以同样的方法，走相同的路线撤到内罗毕。留下临时代办陆曙东、一等秘书姚礼庆做最后的收尾工作。5月10日，作为世界各国留在卢旺达的最后两名外交官，陆与姚也撤至内罗毕。那天一早，他们按预约时间等在使馆门口。不承想政府军与“爱阵”军在机场附近激战。从上午8点等至11点半，援卢团才派人通知，马上来装甲车接人，

并解释说，刚与交战双方谈妥，下午1点半至2点停火半小时，让援卢团飞机降落和起飞。装甲车载着他们经过战区赴援卢团司令部——中国援建的和平体育场饭店，再换乘一辆吉普车前往机场。下午1点35分，从机场东方上空传来隆隆的飞机马达声。一架墨绿色的四螺旋桨运输机很快对准跑道降下来。飞机尚未停稳，尾部的舱门已徐徐启动。给养卸下后，他们和其余三位乘客立即被推上飞机。与五位乘客同行的还有一具援卢团加纳籍士兵经化学处理、被真空尸体袋密封着的遗体。1点55分，飞机离开卢旺达领土。至此，中国驻卢旺达使馆和分布在卢旺达境内14个住地从事经援、互利合作的工程技术、企业管理、医务工作人员共228人，全部从硝烟弥漫的战火中撤出卢旺达。虽然步履艰难，危险重重，但无一人伤亡。

我和吕岳夫妇抵达内罗毕后受到中国驻肯尼亚大使馆全体同志的热烈欢迎和周到照顾。4月30日，使馆代办谢志衡夫妇、陈平初大使的夫人杨宗英盛情邀请我们参加使馆的“五一”聚餐联欢晚会。大家纷纷举杯，对我们胜利撤退表示祝贺，对我们所经受的危险和困苦表示慰问。我们途经毛里求斯时，曾在黎巴嫩经过十年战争考验的驻毛里求斯大使杨一怀夫妇，对来自战火熊熊的战场和种族屠杀场的我们寄以特别同情，特意委托刘士义参赞设便宴为我们洗尘压惊。北京首都机场边防、海关、卫检等部门听说我们来自卢旺达，都大开绿灯放行。所有这一切，令我们这些在枪炮声中度过20多个惊心动魄日日夜夜的人深切地感到祖国可敬可爱、同胞可亲可近。这种温暖的亲情，将永远留在脑海中。

胜者王败者寇

干预无效

留守组于4月底5月初撤出卢旺达后，卢旺达政府军与“爱阵”军的攻防战仍在继续。胡图族强硬派和总统派民兵，在战场上占不到便宜，便对胡图族温和派与图西族群众实施更疯狂的报复。面对卢旺达的混乱局面，国际社会一筹莫展。由于援卢团军人不断遇袭伤亡，各出兵国纷纷自行撤军。4月21日，联合国安理会决定援卢团从1700名军人减至270人和90名观察员。此决议招致非洲国家普遍不满，认为此举只会使局势更加恶化。随着卢旺达悲剧的扩大和迫于国际舆论的压力，安理会又于5月17日决定将援卢团军人增至5500人。但是，由于美国等西方大国态度消极，愿意派兵者寥寥，增援部队迟迟不能组建。6月15日，非统秘书长萨利姆宣布有八个非洲国家愿派兵赴卢旺达维和，但均未付诸行动，理由是西方各国不愿提供必要的装备和后勤支持。

在这种情形下，6月中旬，法国政府发表声明：“法国已决定向卢旺达边界地区派遣必要的军队。这些部队将同一些非洲国家和西方国家的军队联合行动，执行任务，直至联合国卢旺达援助团开始行使联合国安理会授予它的权力。”6月18日，法国政府发言人宣布，法国将向卢旺达边界地区派遣一支人道干预部队，行动代号为“绿松石”。密特朗总统声称：“即使其他西方国家不参与，法国也准备单独干！”6月22日，联合国安理会以十票赞成、五票弃权通过决议，同意法国向卢旺达派遣2500人的部队，进行为期两个月的人道主义干预行动，军事行动由法国指挥，经费由法国负担。当晚，法国外交部发表公报，要求其欧洲和非洲伙伴参加“绿松石”行动，称其目标是“人道主义的，时间是有限的”。法国总理巴拉迪尔称：“在任何情况下，我们的部队都不会深入卢旺达领土内去采取行动。”国防部长莱奥塔尔在法国电视一台宣布，法军将于翌日进入卢旺达开始人道主义性质的军事干预。此时，法军已部署在扎伊尔与卢旺达交界的边境城市戈马和布卡武，“美洲虎”战斗机也离开中非共和国基地飞往扎伊尔基桑加尼市，以支持地面部队的行动。

6月23日，法军进入卢旺达后，行动十分谨慎。他们建立起一个人道主义安全区，它占卢旺达全国领土的五分之一，接纳100多万难民。在安全区内，法军建立一座野战医院和数个保护图西人的难民营，例如，有8000名图西族难民的尼鲁齐齐难民营等。法军一直在靠近扎伊尔边界的吉贡戈洛、尚古古和吉塞尼等省活动，没有深入到更东部的地区，以免直接卷入卢旺达冲突。对法国的人道主义干预行动，联合国秘书长加利和卢旺达临时政府表示支持和欢迎。“爱阵”则坚决反对。当时“爱阵”已控制卢旺达一半国土，并正在加大对政府军的压力，以便一举夺取胜利。他们担心法军介入会使即将到手的成果化为乌有，因此态度强硬地指责法军是侵略者，称“如在战区相遇将毫不犹豫地向他们开枪”。非统内部意见不一：53个成员国中32个支持“绿松石”行动，塞内加尔还派300军人参加；有些成员国则认为这是一种“新殖民主义”行动。

法国出兵后在卢旺达两头不讨好：“爱阵”谴责法军保护大屠杀的罪魁祸首，要求交出胡图族领导人；胡图人临时政府和民众则埋怨法军支持不力，未能帮助他们取胜。事实上，卢旺达冲突成为国际上的烫手山芋，各国唯恐避之不及，法国此时毅然出兵，主要目标有两个：第一是重塑法国的法语非洲国家保护人的形象，暗示它们一旦出现麻烦，可指望得到法国的帮助。第二是支持卢旺达胡图族政府军对抗“爱阵”军，让两者在战场上平分秋色，促成和平谈判，用政治手段解决卢旺达问题，阻止英语势力向法语地区渗透。然而战争局势，让法国很难如愿。卢旺达政府军群龙无首，指挥乏力，又遭武器禁运，缺少武器弹药，因而节节败退；“爱阵”军则后勤无忧、士气高昂、步步紧逼，于十天后攻占首都基加利。

连密特朗总统也不得不承认大局已定，“爱阵”必定胜利。处境尴尬的法国，一方面派使者与“爱阵”秘密接触，表示“‘爱阵’不是法国的敌人，法国不谋求遏制她可能取得的胜利”；另一方面宣布8月中旬从卢旺达撤出全部法军。尽管联合国和美国一再要求法国暂缓撤军，等待援卢团部队接替法军在人道主义安全区的人道干预任务。但是，法国仍坚持从7月29日起开始正式撤军，到8月21日全部撤完。法国撤军期间，数十万害怕新政府报复的胡图人再次掀起涌入邻国扎伊尔的新难民潮。“绿松石”行动虎头蛇尾，徒劳无功。

“爱阵”获胜

4月12日，卢旺达临时政府从基加利迁往中西部的吉塔拉马后，政府军在战场上已处于守势。15日，“爱阵”军占领东部城市基本古。然后，“爱阵”军从北面和东面威胁基加利。经过两个多月激烈争夺，“爱阵”军队于7月4日攻占基加利和西南部重镇布塔雷，控制了全国三分之二的领土。基加利的失陷给政府军士气以沉重打击，临时政府和政府军陷入一片混乱，纷纷逃往法国建立的人道主义安全区躲避。鉴于卢旺达胡图族政权大势已去，法国不得不于7月11日承认“爱阵”获胜并宣布撤军时间表。7月17日，夺取临时政府控制的最后一座城市吉塞尼之后，“爱阵”宣布巴斯德·比齐蒙古为卢旺达总统，福斯坦·图瓦吉拉蒙古为总理。18日，“爱阵”部队司令保罗·卡加梅宣布卢旺达战争已经结束。

7月19日，卢旺达新政府在基加利宣誓就职。新政府是一个以“爱阵”为绝对主导的政府。“爱阵”政治局委员比齐蒙古任总统。军队司令卡加梅少将任副总统兼国防部长。卢旺达支持“爱阵”的温和派胡图人领袖图瓦吉拉蒙古任总理。“爱阵”主席卡尼亚伦圭出任副总理兼公职部长。“爱阵”政治局委员桑达雄加出任内政部长。在22人的内阁成员中，“爱阵”占九人，其余均属拥护“爱阵”的党派和独立人士。前总统哈比亚利马纳领导的全国民主和发展共和运动被指对屠杀平民负有责任被排除在外。7月20日，新政府在基加利举行的首次会议上，做出的第一项决定是取消注有部族出身的身份证。这是一种民族和解姿态。“爱阵”发言人称，由于在屠杀中所扮演的角色而应受到审判的胡图族极端分子不超过400人。据国际传媒报道，至2002年，卢旺达已关押1994年大屠杀嫌疑犯12.5万人。为加速审判、处理大量在押犯，2006年6月，卢旺达启动“民间传统司法”，即让民间团体进行甄别。

在世界各大国中，美国是最先承认卢旺达新政府的。在“爱阵”攻占基加利并控制全国三分之二国土，宣布将成立民族团结政府之时，美国政府于7月15日宣布：断绝与卢旺达胡图族政府的外交关系，关闭卢在华盛顿的大使馆，限令使馆工作人员五天内离开美国；拒绝胡图族政府代表利用卢旺达政府在美国的任何财产，谋求取消卢旺达胡图族政府在联合国安理会的席位。美国国务卿克里斯托弗在记者招待会上称："我们正在采取适当的外交步骤结束他们在华盛顿的代表权，而将让我们有机会与卢旺达新政府一起工作，希望帮助在那里成立联合政府。"7月28日，美国率先承认卢旺达新政府，并于次日宣布派兵赴卢执行人道主义保护任务。随后，世界各国和国际组织或公开宣布或事实上承认了卢旺达新政府。

饥饿的难民们等待发放食品

悲剧探源

1994年4月到7月的百余天内，卢旺达处于大规模流血冲突和部族屠杀的腥风血雨中。这个人口只有750万，而面积仅2.6万余平方公里的非洲小国，在这100多天中竟有50多万人丧生，200多万人逃往国外，200多万人在国内流离失所。卢旺达国内冲突极大地震惊了世界。人们不禁好奇："卢旺达到底怎么了？"

中国有句古语叫"冰冻三尺，非一日之寒"。卢旺达悲剧是长期酝酿而成的，原因主要有四个。

1994年4月至7月，在卢旺达大屠杀中，有50多万人丧生。图为人们处理尸体现场

第一个原因是部族矛盾尖锐。历史上，卢旺达的胡图人和图西人混杂而居，没有特定地域，彼此相安无事。第一次世界大战后，比利时取代德国成为卢旺达的新殖民者，并采取一系列措施扶植图西人的统治。20世纪50年代末，非洲民族独立运动蓬勃兴起，一些图西族知识分子和王族成员谋求争取民族独立。比利时殖民者为维护殖民统治，转而支持一心要推翻图西人君主统治的胡图人，引发1959年大批胡图农民暴动。两族相互杀戮，造成严重流血冲突，数以万计的图西人逃亡邻国，由此埋下了两族矛盾的祸根。1963年、1967年和1973年又先后发生三次部族间的大规模冲突，大量图西人逃往国外。流亡国外的图西难民一直要求返回家园，但是均被拒于国门之外，这加剧了两族之间的矛盾。前总统哈比亚利马纳承认，自“1959年革命”以来，胡图人和图西人从未和谐相处过。他说：“我们拒绝少数人部族单独掌握国家领导权，但是这场革命走了样，并被理解为决心消灭图西人。”哈比亚利马纳强调两族是平等的，表示要实行地区和部族平衡政策，欢迎流落国外的难民回国。但是，他言行不一，部族主义和地方主义常被当作维护统治和党派斗争的武器。三年内战中，两族更加对立，屡次爆发部族屠杀。

第二个原因是经济危机加剧。卢旺达是非洲内陆小国，91%的人口务农。农业生产落后，耕作方法原始，基本上靠天吃饭，更谈不上多种经营和发展现代农业。农民生活十分困苦，大部分以香蕉、木薯果腹。国内没有大型工矿业，仅有少量小型加工企业，各类日常生活用品均靠进口。国家财政收入主要靠咖啡、茶叶、除虫菊和少量锡、钨出口以及国际援助。1980年至1991年，卢旺达国民生产总值增长率平均每年为0.5%，大大低于人口增长率，因此，人均国民生产总值每年下降2.6%。特别是80年代末90年代初，卢旺达自然灾害频繁，全国约三分之一的地区因洪灾和虫灾而饥荒蔓延。加之国际咖啡价格暴跌，出口收入减少三分之二。1990年，卢旺达出现前所未有的经济危机，财政赤字倍增，卢旺达法郎贬值40%。经济危机使各种矛盾更加尖锐。另外，卢旺达生产力发展水平低下，社会发展也严重滞后。居民分散居住在成千上万个山头上，交通闭塞，形成一个个封建的小社会，地方主义、部族主义大行其道。不仅胡图人和图西人之间相互为敌，就是胡图人之间也尖锐对立。这种状况反映在政治上就是争权和仇杀。

第三个原因是多党民主激发各种矛盾。正当卢旺达政府穷于应付“爱阵”的武力进攻之时，又受到西方掀起的多党民主浪潮冲击，不得不两面出击。1992年4月，卢旺达组成多党制联合政府，反对党在内阁20个席位中占据十席，政府总理和

卢旺达民间艺人在基伍湖畔表演文艺节目

负责与“爱阵”谈判的外交部长等关键职位均由同情“爱阵”的反对派人士出任。各党派代表着不同部族、不同地区和不同宗教的利益，他们置国家安全和稳定于不顾，整天为自身利益争吵不休、勾心斗角。多党政治不仅使卢旺达政府软弱无力，缺少权威，而且让本来是政府和“爱阵”之间可以通过谈判解决的矛盾，由于各种政治派别之间、派别内部之间的明争暗斗，局势混乱复杂。卢旺达所有矛盾和对抗往往通过政党间的冲突和较量反映出来。事实证明，多党民主并未给卢旺达带来民主、稳定和繁荣，而是加剧了内乱。美国《纽约时报》也承认，政治自由化导致了卢旺达那种极其可怕的部族大屠杀。

第四个原因是国土窄小人口爆炸。卢旺达是世界上人口出生率最高的国家之一。妇女一生平均怀十胎，成活率为83%。1962年卢旺达独立时，人口300万，到1993年，卢旺达人口已增至750万，即30年间人口翻了一番。1991年11月，卢旺达人口密度为每平方公里272人。1965年至1990年间，卢旺达年平均人口增长率为3.3%，远高于0.5%的经济增长率。由于卢旺达纯属耕作落后、生产力低下的农业国，2.6万余平方公里的土地难以养活飞速膨胀的人口，常发生农民争夺土地的冲突，失去土地的便沦为难民。农民本身不欢迎国外难民回国与他们争抢本已十分紧缺的土地。这也是政府不能落实许诺难民回国的原因之一。

卢旺达悲剧给发展中国家以重要启示：只有建立强有力的中央政权，搞好民族团结和发展国民经济，国家才能稳定、发展和繁荣，人民才有和平、安全和富足。

重返基加利

坚守阵地

卢旺达是中国的全天候朋友。1962年7月1日，卢旺达独立时，周恩来总理和陈毅副总理兼外交部长曾致电祝贺并予承认。由于种种原因，卢旺达没有立即与中国建交，但是也不像有些非洲国家那样与台湾“建交”。九年后的1971年11月12日，中华人民共和国与卢旺达共和国建立正式外交关系。自此，卢旺达便一心一意与中国发展友谊与合作。虽然贫穷，但是，它在台湾当局的“银弹外交”面前从未有过丝毫动摇。

1994年5月初，留守组最后一批人员撤离、中国驻卢旺达大使馆关闭后，外交部为了更好地了解和观察卢旺达局势，派遣已撤回国内的一等秘书姚礼庆赴中国驻布隆迪大使馆临时工作，专司跟踪卢旺达形势之职。7月，“爱阵”攻占基加利不久，台湾当局就派其“外交部”杜某携一名助手进入基加利，求见“爱阵”新政权的实权人物卡加梅少将，兜售其以“金钱换外交”计策。得此信息后，姚礼庆奉命会见卢旺达副总统卡加梅。姚阐明中国政府对台湾问题的原则立场。他着重强调：卢旺达如果同台湾当局建立外交关系，是对全体中国人民的挑衅，中国政府不得不采取中断外交关系、中止经济援助、撤走援助专家等措施，届时两国之间业已存在的友好合作关系将不复存在。卡加梅听完阐述后表示，他确实接待过台湾派来的代表，但尚未同意他们的建议。他说，卢旺达新政府将以卢旺达国家利益为重、以卢中友谊为重。9月，利用卡加梅副总统赴纽约出席联合国大会之机，台湾当局雇用的掮客盛邀卡加梅赴宴。席间，该掮客引诱说："卢旺达战后缺钱，只要允诺与台湾建交，马上就可签发支票。"卡加梅未作承诺。

保罗·卡加梅1957年10月23日出生于吉塔拉马省，其家族是图西族望族。卡加梅表姐罗萨莉是卢旺达国王米塔拉三世的妃子。卡加梅1959年随父母流亡乌干达。在乌干达中学毕业后追随约韦里·穆塞韦尼，是穆塞韦尼丛林游击战最早的15名战友之一。1987年，已成为乌干达总统的穆塞韦尼任命卡加梅为乌北部地区特别军事法庭负责人。1988年，卡加梅担任乌干达军队安全情报部门负责人，同时参加了卢旺达爱国阵线。1990年初，卡加梅受穆塞韦尼派遣，赴美国利文沃思堡军校学习参谋与指挥课程。同年10月中旬，"爱阵"武装部队司令卢维盖马阵亡，卡加梅中断在美国的学习返回乌干达，临危受命担任"爱阵"军事领导人。1994年7月，"爱阵"军队攻占基加利，卡加梅出任副总统兼国防部长。1998年出任"爱阵"主席，2000年任卢旺达总统，2003年8月，在卢旺达战后首次多党民主大选中高票当选总统。卡加梅深受毛泽东军事思想影响。他生活简朴，为人正直，治军严厉，要求军人对百姓秋毫无犯，在乌干达军队任职时就经常亲自监督向士兵发放生活用品。卡加梅夫人系流亡布隆迪的卢旺达图西族难民，曾就读于肯尼亚大学，操流利的英语、法语和卢旺达语。卡加梅夫妇有两个子女。

卡加梅被美国《时代》周刊评为2009年全球100位最有影响力的

1996年6月9日，卢旺达总统比齐蒙古访华，副总统兼国防部长卡加梅（左一）到基加利卡农贝机场送行

人物，排名第24位。他带领卢旺达走上了民族和解、经济社会快速发展的道路，创造了“非洲最成功的发展故事”，也成为“非洲最成功的改革家”。2009年9月，卡加梅获得“克林顿基金会全球公民奖”。卢旺达被世界银行评为2010年全球改革最快的国家。卢旺达政府奉行男女平等政策，积极鼓励女孩子接受教育，特别支持女性参政。卢旺达议会中50%以上议员为女性，成为世界上女性议员比例最大的国民议会。卡加梅因此获得“非洲两性平等奖”。有人评价称，卡加梅是非洲革命家、军事家、政治家、改革家。

卡加梅也是中国人民的好朋友。他1995年3月以副总统兼国防部长身份访华；2001年11月以总统身份访华，出席中卢建交30周年庆祝活动；2006年11月，来华出席中非合作论坛北京峰会；2007年5月对华进行国事访问。

由于卢旺达战火基本熄灭，为继续发展两国友谊和固守外交阵地，姚礼庆奉命从布琼布拉奔赴基加利进行恢复大使馆的工作。8月4日，他与中国路桥建设总公司基加利办事处的四名同志结伴而行，安全抵达中国驻卢旺达大使馆。此时，基加利断水近四个月，他们靠从布隆迪带来的饮用水和干粮度日，偶尔也到当地农贸市场高价采购食品。老天下雨时是他们最快乐的时刻，他们可以用塑料盆桶盛接雨水备用，也可以乘下雨之机露天淋浴，洗涤赤道高原骄阳赐予的汗臭和污垢。随后不久，黄舍骄大使便率新老馆员陆续返馆开展工作。

当时，摆在黄舍骄大使和全体馆员面前的三大任务是：第一，尽快恢复大使馆功能，为馆员们提供正常工作、生活条件；第二，全力开展外交活动，结交新政府各方面人士；第三，马上恢复和拓展两国经援和互利合作以及其他领域的合作。三大任务的近期目标是坚守和巩固外交阵地。

要顺利完成第一项任务，在非洲一些穷小国家，和平时期要做到都不容易，更何况在渡尽劫波后的卢旺达。战后的卢旺达，水、电供应很不正常，商品奇缺，粮食和蔬菜稀少，燃气时断时续。除使馆本部外，经参处、商参处、老官邸、老使馆旧址都被洗劫一空。我曾“巡视”事变时住过的老官邸，那真是惨不忍睹！原来的粮食仓库已空空如也，我的卧室除一张大“两头沉”办公桌无法搬出门外，其余都荡然无存。连马桶盖、电插座、地毯都不翼而飞。值得庆幸的是，使馆本部却保存完好，这在整个基加利属一大奇迹。因为，毗邻中国大使馆的美国、法国、俄罗斯、比利时等国大使馆都惨遭洗劫，与我们的老官邸境况相似。

1995年9月，黄舍骄大使（左二）在中国驻卢旺达大使馆举办的《中国改革开放成就图片展》开幕式上迎接客人

当首批复馆人员第一次打开紧闭着的使馆大铁门进入使馆大院时，均为那里的景况所惊呆：战前饲养在院子里的三只皇

冠鹤仍在修整齐整的大草坪上悠闲迈步，寻啄小虫，数只乌龟仍在水池边静静地晒太阳；使馆主楼和同院的大使官邸大门上依旧挂着我们撤退时挂上的大锁，车库里数辆奔驰轿车完好无损。看到此情此景，同志们心情激动。据看守使馆的当地雇员贝尔曼和波斯科报告，无论是前政府军人还是“爱阵”军人或当地老百姓，路过使馆，看到屋顶上飘扬着五星红旗，都知道这是中华人民共和国大使馆，无意进入抢劫。只有两次例外：一次是前政府军一队军人进入院内，强行借走停放在那里的一辆中国路桥公司的面包车，乘车逃跑前出具了借条；一次是获胜的“爱阵”军人进入院内，借走一辆使馆的皮卡车，以便追击前政府军，也出具了借条。记得复馆后不久，黄舍骄大使在使馆宴会厅宴请美国、法国、德国等国大使。这些见多识广的大使们从进入大使馆会客厅开始就露出惊讶的目光，不停地打听：“这些地毯、家具都是战前的？”“这豪华吊灯也不是刚刚安装上去的？”“所有的装饰都是战前的，您敢肯定没有重新装修过？”当得到黄大使的肯定答复时，他们还在不断摇头，认为不可思议。自此，中国在卢旺达官方、军方和民间享有无可比拟的威望和尊重成为基加利外交界的美谈。

1994年8月4日，中国驻卢旺达大使馆首批复馆人员进入使馆大院时，看到战前饲养的野生皇冠鹤依然在草坪上嬉耍

正因为有使馆本部这个复兴基地，才使其他方面的恢复工作进展顺

利。经商处、路桥公司等单位的先遣人员都是先暂住使馆，等他们的原办公地点和住处修缮恢复后才搬走。使馆办公室的同志积极有为，与卢旺达水、电、燃气公司新领导人联系交涉，使我们成为特供单位，优先保证供应。至于汽油、粮食之类，一有机会就大量采购、储备，实在无法解决便远赴布隆迪、乌干达、肯尼亚采购。就这样，我们终于度过了那段艰苦岁月。

第二项大任务即结交新政府各方面人士，我们既有优势，也面临挑战。优势是，中国在非洲有着良好信誉和巨大影响，卢旺达新领导人大部分长期居住在与中国友好的乌干达、坦桑尼亚、扎伊尔、布隆迪等国，直接或间接接受过中国的军事或其他培训，对毛泽东军事思想心存敬佩，对中国怀有亲近感。挑战是，他们极少直接接触中国官方，对中国知之不多，尤其是他们忙于应付国内外重大挑战，无暇顾及与我们交往。我们积极出席卢旺达官方组织的各种大型活动，增加与他们的接触，并见缝插针寻找机会与他们私下交谈，必要时正式拜会。待其国内局势稍微稳定，中国领导人便于1995年3月和1996年6月先后邀请副总统兼国防部长卡加梅和总统比齐蒙古访华，中国和卢旺达的友好合作关系得到进一步巩固和发展。

要实现短期内恢复经济、卫生援助和互利合作项目这第三项大任务，难度最大。战后初期，卢旺达安全形势很糟，武装袭击时有发生，地雷、炸弹隐患重重；外地中国人原住所都惨遭洗劫、一无所有；基本古医院扩建项目器材损失殆尽，路桥公司两个筑路项目的工地和设备遭受严重破坏；生活用品、物资奇缺。然而，我们的技术专家和医务人员就是在卢旺达战争的废墟上开始恢复工作的。没有蔬菜，自己种；没有电力，自己发电；没有燃气，自备柴火；没有设备、药品，中国医生因陋就简，自备药品。在克服诸多意想不到的困难和危险后，中国大使馆和专家、技术人员、医务人员胜利完成了第三项任务。

1996年6月9日，何泗记代办夫妇到基加利卡农贝机场为访华的比齐蒙古总统送行，总统与代办握手告别

但是，也为此付出了血的代价。1995年初，路桥公司一位工程师傍晚时分遭武装分子袭击身亡。据同行的幸存者回忆，当时他们两人下班后从工地步行回住处，因天色已晚，数名武装分子错将身材高大的受害者当成西方白人，连开数枪。这是自卢旺达1994年4月事变以来死亡的唯一一名中国人。

台湾当局除走官道外，还利用民间渠道进入卢旺达。卢战火刚熄灭，台湾一个由“政府”资助的人道主义组织便出资20万美元，参与法国某人道救助组织在卢旺达支助战争致残者安装假肢活动。该台湾人道主义组织派一男二女赴卢旺达工作。当时，卢战火硝烟未尽，暗杀谋杀此起彼伏，安全形势仍十分严峻。卢旺达各地岗哨林立，严查过往车辆行人。由于法国与“爱阵”交恶，“爱阵”官兵对法国人尤为警惕，安全检查甚至到了刁难的程度。三个台湾人与法国人道主义组织人员乘车外出时往往被当成中国大陆人而受到免检优待。后来，每次外出，乖巧的法国人干脆让这三个台湾人坐在车辆显眼位置，岗哨一见，边敬礼边打招呼：“Hello，Chineses，OK！”忙不迭拉开栅栏免检放行。本来，这个所谓的台湾人道组织还打算利用台湾名人来卢活动，扩大宣传和影响，后来主动放弃。两个月后，三个台湾人对我们感叹说：“你们在卢旺达的影响太大，总部认为不必再投冤枉钱，命令我们尽快撤回！”

在战后卢旺达这场外交阵地争夺战中，我们大获全胜。

改朝换代

1994年4月至7月的卢旺达内战，彻底改变了卢旺达政治版图。执政30多年的胡图族政权土崩瓦解，在国外流浪30余年的图西族难民夺取了卢旺达统治权，实现了真正的改朝换代。但是，取得政权的“爱阵”领导人十分清楚他们面临的严峻形势。第一是前政府军存在严重威胁。近4万人的前政府军残部逃至邻国扎伊尔与卢旺达交界的戈马、布卡武地区，控制着那里约200万人的难民营。据说，难民营里还有类似具有政府职能的机构，管理难民和征取赋税即保护费。前政府军成建制地存在并在难民中招兵买马、紧张操练以图重振雄风。有人扬言：“图西族30年夺回政权，我们仅需三个月！”第二是民族矛盾依然尖锐。此时，国外约有200万胡图族难民。他们或直接参与了大屠杀害怕遭报复，或为前政府军政人员害怕追究责任，或受前政府军、胡图族极端分子阻挠不敢回国。国内尚有200万流民，大部分为胡图人，他们惧怕“爱阵”军队图西族士兵的过激行为，不敢返乡。在这些流民中盛传图西族士兵包围整个村庄，将胡图人追杀殆尽。我亲耳听到一位名叫金迪马纳的胡图青年咬牙切齿地发誓：“将来有机会还要杀图西人！”第三是经济已经崩溃。经过数月的战争破坏，本已贫穷落后的卢旺达满目疮痍、瓦砾遍地、国库空虚、一贫如洗。因此，如何向数百万群众提供起码的食品、药品、生活用品，迅速稳定国内局势，站稳脚跟，巩固胜利果实，是“爱阵”领导人必须考虑的非常紧迫的关键问题。

为安抚与缓和国内外胡图族群众的激烈对抗和恐惧情绪，更为树立民族团结的新形象以赢得国际社会的同情、支持和援助，“爱阵”领导人首先将一批胡图人推向政治舞台前沿。胡图人比齐蒙古曾留学法国和加拿大，态度谦和，温文尔雅，颇具学者风范。1990年10月“爱阵”攻入卢旺达前，比齐蒙古曾任卢旺达石油公司总经理。此后，因涉嫌暗通“爱阵”被迫逃往国外，成为“爱阵”政治局委员，现被推举为总统。胡图人图瓦吉拉蒙古为前政府最大反对党——共和民主运动主席，是“卢旺达和平协定”规定的过渡政府总理，现出任卢旺达新政府总理。“爱阵”主席、胡图人卡尼亚伦圭被任命为副总理兼公职部长。卡尼亚伦圭曾是哈比亚利马纳的亲密战友，是哈比亚利马纳1973年7月5日发动军事政变上台的主要功臣，成为哈政权的第二号人物，任内政部长。20世纪七八十年代，卡尼亚伦圭在哈比亚利马纳政权内是坚定的反对图西族难民回国者，曾亲率政府军与图西难民武装战斗，头部受重伤，因而在胡图族群众中有广泛影响。后来为哈比亚利马纳所猜忌，在得知哈下令秘密逮捕的消息时，卡尼亚伦圭星夜只身亲驾奔驰车仓皇逃往坦桑尼亚。胡图人桑达雄加是位学者，与哈比亚利马纳政见不同，战前在肯尼亚内罗毕流亡避难，后成为“爱阵”政治局委员，现被任命为新政府内政部长。这些胡图族政治人物的抛头

1996年10月，比齐蒙古总统（前左一）为基加利市卡奇鲁难民新村竣工启用剪彩

露面，为新政府赚取到良好声誉，国际舆论称之为“基础广泛的民族团结联合政府”。但是，政府的实权掌握在以副总统兼国防部长、“爱阵”实际领导人卡加梅少将为首的一批在乌干达成长的第二代图西难民高级军官手中。这些少壮派操英语和卢旺达语，不懂法语，此前也从未踏上过卢旺达的土地。

记得有一次我与外交部同事、时任联合国难民署驻卢旺达办事处高级官员杨育生驾车到一个十分偏僻的山沟考察，以便选择适当地点为当地居民修建清洁水供应点。所谓清洁水供应点就是挖一个蓄水池，将山沟里可能被人畜尸体污染的泉水引入，定时注入消毒清洁剂，净化后供村民饮用，以防止瘟疫流行。令我们惊讶的是，出面接待的村官全部讲英语，不懂法语。经询问，他们都是来自乌干达或坦桑尼亚的图西族难民。平时，我们到政府各部门办事，碰到讲英语的官员自然不必问，肯定来自乌干达或坦桑尼亚。碰到讲法语的，我就问他们是来自扎伊尔还是布隆迪，官员们被问得一脸茫然，反问道：“你是如何知道的？”我往往嘿嘿一笑，算是回答。其实，当时卢旺达新政权内部盛行一种风气，那就是不但国内的胡图人不可信任，就是国内的图西人也不能任用。“这些图西人是软骨头，否则怎么能在胡图人统治下生活了30多年而不被消

卢旺达马布耶难民营远眺。该难民营由联合国难民署帮助建立，由国际社会提供人道援助

灭？”某些图西高官总是这样想。因此，在政府机构里无论是高级官员还是普通官员几乎全部是从国外回归的图西难民。这种彻头彻尾的改朝换代给我们大使馆工作带来极大困难。

把“爱阵”中的胡图人推向政治前沿的策略，很快赢得赞誉与回报。就在新政府宣誓就职当天，美国五角大楼便宣布，正在考虑向卢旺达难民提供78架次飞机的救援物资，并表示愿意帮助扎伊尔扩建临近卢旺达边境的戈马机场，提供空中交通控制设备和车辆，以帮助国际机构对卢旺达展开人道主义救援。美国还愿意考虑帮助卢旺达人重建家园。美国带头，英国、德国、比利时、意大利、加拿大、法国等西方大国纷纷跟上。联合国和其他国际机构也不甘落后，联合国开发计划署、世界粮食组织、联合国粮农组织、联合国难民署、世界卫生组织、国际红十字会等向卢旺达提供了大量有效的人道主义援助。正是这些弥足珍贵的人道主义举动，帮助卢旺达新政权度过了最初那些难以想象的艰险岁月。

卢旺达马布耶难民营近景。难民营全部由塑料帐篷组成

1994年底，经过数月艰苦努力，“爱阵”新政权在平定内乱、安置流民、向百姓提供生活必需品、平息两族冲突尤其是胡图群众的不

满情绪等方面稍有进展，国内形势开始走向稳定。可是，1994年12月31日24时刚过，基加利全城突然响起暴风骤雨般的枪炮声。中国大使馆馆员们被这突如其来的事件所惊呆。大部分馆员都聚集在院子里，议论纷纷。15分钟后，枪炮声逐渐稀落下来，大家这才明白，这是“爱阵”军人以真枪实弹代替炮竹庆祝胜利，迎接新年！1995年元旦一早，消息传来，除夕夜的“炮竹”导致十余人死亡，数十人受伤，数名责任人受到惩处。这真是应了那句“乐极生悲”的民谚。

婚礼外交

1995年元旦前后，卢旺达掀起一浪又一浪的结婚高潮。基加利整日锣鼓喧天、彩旗飘扬、喜车穿梭、乐曲缭绕，成为一大景观。图西人是少数民族，他们有远大的抱负、坚强的意志和矢志不渝的精神。“爱阵”里的图西族难民为重返祖国整整奋斗了两代人。不少青年人决心“革命不成功绝不谈婚论嫁”。现在赢得胜利的主要是第二代难民，是一群二三十岁的年轻人，他们的带头人保罗·卡加梅年仅37岁。当时，源源不断的婚礼请柬送到大使馆，有政府高官的，有政党领袖的，有军队将领的，有商界巨贾的，也有平头百姓的，令我们应接不暇。黄舍骄大使认为卢旺达政权从上到下都是新面孔，这是结识新朋友、了解政治经济安全形势、扩大影响的大好时机，应抓住机遇进行“婚礼外交”。

我们根据不同对象，分派不同级别的官员参加各种婚礼庆典活动，并挑选景泰蓝或双面绣等中国精美传统工艺品赠送新人。我们的新婚礼品受到主人的热烈欢迎。很多新人都以能请到中国外交官出席婚礼仪式为荣。记得颇具名气的新婚佳人有“爱阵”主席卡尼亚伦圭、“爱阵”总书记鲁达辛格瓦、“爱阵”政治局委员兼新政府家庭、妇女促进部长伊妮雍巴小姐，还有图西族美女、身高1.80米、年仅28岁的卢旺达国家保险公司总经理露易丝小姐等。卢旺达图西族上层的婚礼仪式大体分为四大阶段。第一阶段是结婚登记，一般在婚礼前数天内在市政厅完成。仪式由市政府负责民政事务的副市长或市长主持，少数至亲至朋出席。仪式简单朴素，仅为完成行政法律手续。第二阶段是宗教仪式，一般在婚礼当天上午在教堂进行。卢旺达人45%信奉天主教，15%信奉基督教新教、5%信奉伊斯兰教，其余信奉原始宗教。图西族上层大部分信奉天主教或基督教新教。在现代外交实践中，各国派驻接受国的使节们须组成外交使团，使团长按递交国书的先后次序确定。然而，卢旺达将天主教皇的使臣——梵蒂冈神父大使确定为外国驻卢外交使团的永久团长，可见天主教在卢旺达具有特殊地位。卢旺达的宗教婚礼仪式与西方发达国家的接轨，程序和内容大同小异。除邀请大量亲朋好友出席外，还允许其他人员观礼。我们是无神论者，按有关规定，中国外交官员不参加外国的宗教活动。因此，我们也不参加新人在教堂举行的宗教婚礼仪式。第三阶段是盛大隆重的婚礼庆典，一般是当天中午至下午酌情在旅馆饭店大厅、公园、广场等公共场所举行。中国大使馆的外交官们主要是参加这项活动。第四阶段是婚宴，晚上在餐馆、旅馆、自家花园或餐厅举办。一般邀请新

1996年5月，卢旺达家庭、妇女促进部长伊妮雍巴访华，与张秀玲同游杭州西湖

人双方最亲近的长辈亲朋出席，含有庆祝、祝福和答谢之意。除个别外，我们很少赴宴。

记得家庭、妇女促进部长伊妮雍巴小姐的婚礼庆典办得隆重热烈，极具民族特色。庆典在与中国大使馆一路之隔的革命饭店大草坪上举行。场地中央搭设临时舞台，供乐队和歌舞艺员演出助兴。场地四周彩旗飘扬，场面上鲜花满地、欢歌笑语、热闹非凡。场内还专设贵宾席，供高官、使团和双方家长就座。由于持续时间长，草坪一角设有酒水台和自助食品、餐具。下午1时，卡加梅夫妇到场，庆典正式开始。由卢旺达国家广播电台、电视台的当红明星担任的男女司仪请卡加梅首先致辞。卡加梅用卢旺达语称赞伊妮雍巴的为人和功绩，对新婚夫妇表示热烈祝贺。顺便说一句，“爱阵”掌权后，在语言交流上遭遇尴尬。卢旺达的官方语言为卢旺达语和法语。然而掌权的核心圈子只懂英语和部分卢旺达语。如在公共场合讲法语，统治集团的核心人物听不懂，讲英语则大部分听众感到茫然，唯有讲卢旺达语，大家能普遍接受。但是，卢旺达语文字缺失、词汇简单，难以满足现代语言交流的需要。尽管如此，战后卢旺达语还是身价百倍，使用范围广泛、使用频率增大，大大促进了卢旺达语的发展。不久，卢旺达正式修改宪法，将英语增补为卢旺达官方语言，卢旺达外交部致各国使馆的照会均有英、法语文本。总统府、国防部等关键部门经常用英语与使馆交流，致使那些只懂法语不懂英语的使馆陷入困境，只得紧急要求国内增派或改派懂英语的外交官。卡加梅一通卢旺达语的赞扬，引起全场一浪高过一浪的掌声和欢呼声，然而我一头雾水，不知所云。幸好，邻座的邮电部长穆里冈代当义务翻译，我心情稍安。

伊妮雍巴34岁，出生于乌干达，父母是卢旺达图西难民。她在乌干达首都坎帕拉市麦克雷雷大学就读时投身“爱阵”的革命运动，任政治局青年委员。伊妮雍巴发誓革命不成功就不结婚。她身高1.70

1994年12月，在伊妮雍巴婚礼上，何泗记参赞与邮电部长穆里冈代交谈

米，身材修长，一双明亮的眼睛闪动着睿智坚毅。她不爱红妆爱武装，从不浓妆艳抹，留一式革命的平头，看上去像一位帅哥。伊妮雍巴的白马王子是“爱阵”军队的一名少校。他们堪称一对革命情侣。卡加梅宣布送新郎新娘两头牛两只羊作为新婚礼物。随后，双方家族长老和家长先后致辞祝贺。他们大致称赞“自己人”如何如何优秀、勤劳、能干，认为对方占尽了便宜。他们幽默的语言、滑稽的动作，常常引发满场欢笑，气氛轻松愉快。然后双方家庭代表竞相认赠牛羊数目，这是图西族作为游牧部族的传统风俗。如果是胡图人举办结婚庆典，恐怕就是认赠鸡鸭猪狗、木薯玉米了。仪式期间，穿插着丰富多彩的民族舞蹈节目或戏剧小品，令人眼界大开。下午5时左右，司仪宣布赠送礼品开始。霎时间，礼台前排起长龙，人们祝愿新人工作突飞猛进、生活安乐祥和。庆典结束时，穆里冈代邀我同饮用玉米、木薯、小米、香蕉依传统方法酿制的喜酒。喜酒放在一个高约一米、做工粗糙的大瓦罐里，罐口用芭蕉叶封好，两根芦苇秆穿透芭蕉叶直插罐底。我亲眼看见数十人通过这两根吸管吸吮里面的酒液。部长先做示范，我紧随其后也毫不犹豫地吸了两下，边咂嘴边言不由衷地称赞“好酒、好酒”！其实，那酒并不适合我的口味。

葬礼外交

葬礼外交是外交工作不可或缺的组成部分。它对逝者的接班人、对逝者的国家和人民产生积极影响，对进一步巩固和发展两国友好合作关系起着十分重要的作用。

我在卢旺达亲历的葬礼外交与上述情况有所不同。卢旺达改朝换代后，新当权者面临民族矛盾依然尖锐、前政府军威胁卷土重来和经济崩溃等挑战。面对危机四伏的国内外形势，图西族掌门人想到充分开发“种族灭绝大屠杀”资源这一策略。具体做法是，不断发掘受害者遗骸，举行声势浩大的“重新体面安葬”仪式。这样做可以一石三鸟。第一个目标是以“种族灭绝大屠杀”受害者的身份获取国际社会的同情、支持和援助。第二个目标是大规模声讨前政府军和胡图族民兵的罪行，为“爱阵”军越境赴扎伊尔征剿前政府军大造舆论。第三个目标是压制国内胡图族的不满与反抗，激发图西族民众的斗志。于是，驻卢旺达外国使节和国际组织代表是否出席这些仪式，被看作是对“种族灭绝大屠杀”和新政权的态度问题。我们参加过无数场葬礼外交活动。一些场面刻骨铭心。

战后卢旺达新政府的葬礼活动，是以隆重安葬“爱阵”前任领导人弗·卢维盖马揭开序幕的。1995年3月，经过紧锣密鼓的筹备，新政权在基加利中国援建的和平体育场，为弗·卢维盖马举行盛大隆重的葬礼。比齐蒙古、卡加梅、卡尼亚伦圭、鲁达辛格瓦、图瓦吉拉蒙古等军政要员悉数出席。能容纳2.5万人的体育场座无虚席，不少群众在走廊过道和场外站立观看盛况。卢旺达国家广播电台等新闻媒体全程跟踪报道。卢维盖马的棺木上覆盖着卢旺达国旗。此前，各党政军要员曾轮流为他守灵三天。仪式延续五个小时。卢维盖马最终被追认为共和国英雄，入葬烈士陵园。卢维盖马是流亡乌干达的图西族难民，长期率领一批图西难民青年追随乌干达现任总统穆塞韦尼打游击，曾为穆夺取政权立下汗马功劳，领受少将军衔，官拜乌国防部副部长。卢维盖马虽身居高位、生活舒适优裕，但是总有寄人篱下之感。长期以来，他胸怀返回祖国的远大抱负，带领滞留乌干达的卢旺达难民进行不屈不挠的斗争，逐渐成为他们的领袖。卢维盖马是“爱阵”主要领导人和图西族难民军司令。1990年10月1日凌晨，他亲率“爱阵”军越过乌干达与卢旺达边境，向卢旺达政府军发起攻击。不幸的是，越境后第二天就踩上地雷壮烈牺牲。卢的去世不但没有吓阻“爱阵”军人，反而激发了他们的复仇斗志。年轻的卡加梅接替他成为“爱阵”武装力量司令。卡加梅带领士气旺盛的“爱阵”军队经过四年征战，终于取得了政权。应该说，卢维盖马是卢旺达新政权的第一功臣，为他举行隆重葬礼顺理成章。

1995年3月1日上午，基加利上空乌云密布，天气闷热难熬。中国大使馆的外交官们正在伏案工作。突然，收音机里传来卢旺达国家广播电台播发的总统府紧急通知，称比齐蒙古总统邀请各国驻卢使节及各国际组织代表马上前往首都市郊参加一场活动。黄舍骄大使放下手头工作，立即出发前往。靠近目的地时，顿觉一股恶臭迎面袭来，沁入肺腑。黄大使就近下了车，朝着人声嘈杂、尘土飞扬的山坡上走去。越往前走，臭味越浓。比齐蒙古、恩库西（议长）、图瓦吉拉蒙古、外交合作部长加萨纳、多位部长和一些大使已站在一个长方形的大坑前正在查看什么。黄大使登上土墩靠近一看，一切都明白了。原来那是一个大尸坑，很多身穿黑塑料衣裤的人正在忙碌着，有的在挖掘、有的在喷消毒药水，有的忙着将骨肉模糊的东西装进塑料袋，有的在计数。恶臭就是从这里发出的。比齐蒙古开始讲话，慷慨激昂：“我知道有病菌，我知道会传染，但是我还是请各位实地看一看。这就是掩埋一年前遭屠杀的受害者的大尸坑。这说明'种族灭绝大屠杀'确实存在，是经过前政府冷酷策划的。"随后，外交部长请使团长讲话。使团长、梵蒂冈大使和副使团长、法国大使均未在场。礼宾司长只好请资深的黄舍骄大使作为外交使团代表和国际组织代表讲话。被恶臭熏得头昏脑胀、毫无思想准备的黄大使并无慌乱，他镇定自若，脑子高速转动组织腹稿。少顷，他提高嗓门，神情激动地表示："我对死难者表示沉痛哀悼，强烈谴责这场惨无人道的大屠杀。要避免历史重演，实现民族和解很重要。我们强烈呼吁国际社会竭尽所能，帮助卢旺达政府和人民进行战后恢复和重建。"

在此紧急情况下，黄大使还是机智地避开卢旺达新政府希望国际社会承认的"种族灭绝大屠杀"一词。所谓"种族灭绝大屠杀"是指有计划有步骤地以消灭某一种族为目的的大屠杀。第二次世界大战中，纳粹德国的希特勒对犹太人就犯下了"种族灭绝大屠杀"罪行并受到全世界人民的强烈谴责。然而，卢旺达发生的惨绝人寰的大屠杀虽有种族因素，但是很多温和派胡图人也遭了殃。况且，似乎也不是有组织有计划的以消灭图西族为目标的大屠杀。冠之以"种族灭绝大屠杀"，上纲过高，容易得罪大多数胡图族群众，不符合中国的外交政策和利益。同时，黄大使在代表世界各国和国际组织讲话，国际社会和联合国并没有将卢旺达大屠杀定性为"种族灭绝大屠杀"。如果黄大使随着卢旺达新政府的调门走，将招致国际社会的不满和指责。黄大使的机智表态虽未满足卢方的愿望，但无可挑剔，而使团同行则大为赞许。

1995年4月7日，卢旺达政府在基加利城郊的雷贝罗山上举行纪念"种族灭绝大屠杀"爆发一周年暨正式安葬受害者遗骸仪式。因为黄大使回国，我以临时代办身份应邀出席。顺便说明一下，战争期间，中国大使馆原有人员大部分调回国内或调往其他使馆工作。为了保持工作的连续性和便于恢复使馆工作，黄大使特意把我和姚礼庆留下，作为恢复大使馆的骨干力量。我仍为研究室主任，姚礼庆接替朱瑞洪任办公室主任。田德宝仍任经济商务参赞。1995年3月15日，钱其琛副总理以兼任外交部长身份任命我为驻卢旺达使馆政务参赞，接替另有任用的陆曙东。

雷贝罗山是块风水宝地，海拔1800多米，从山顶可鸟瞰美丽的山城基加利全景。战前，这里是总统山庄所在地，建有高档宾馆、游泳池和许多娱乐设施。给我印象最深的是那里驯养着世界珍稀动物卢旺达山地大猩猩。那东西是人类的近亲，身材高大、智力超群、脾气暴躁。当你喂它香蕉、白薯时，它显得和蔼可爱、善良温顺，如果感到受了骗，它就会用双手拍打得铁笼震天响并发出骇人的怒吼。这里是国内代表团和外国游客不可不到的旅游胜地。战争期间，此山是交战双方多次争夺的制高点。现在，一切已面目全非。展现在我眼前的是数十个新挖的墓穴，有单个的，也有集体的，占地一大片。

1995年4月7日，何泗记代办赴基加利市郊雷贝罗山出席纪念“种族灭绝大屠杀”爆发一周年暨正式安葬受害者遗骸仪式，途中山路窄小崎岖，行进缓慢

7日上午9时，军乐队为前导，比齐蒙古、卡加梅护着灵车上山来

了。走在前面的灵车是小卡车，载着遇害高官的单个棺木，后面跟着20多辆载重大卡车，每车装一至两个巨大木箱，里面是普通受害者遗骸。自4月5日以来，在基加利市城郊相继发掘了数个集体尸坑，共计6000余具遗骨。当局将遗骨分别装殓，停放在基加利体育场，由“爱阵”和政府高官日夜守灵。灵车上山后，工作人员将灵柩一一摆放在贵宾席前。棺木上摆满了鲜花，有人不断喷着香水。

10时，仪式开始。总统、副总统、联合国秘书长特别代表、军队将领代表、受害者家属代表和惨案目击者轮番讲话，大体是描述大屠杀经过、分析原因、谴责刽子手及策划者、要求报仇等。讲话持续两个多小时。我坐在离卡加梅不远的第三排，但无法集中精力听讲。山上闷热，我盼望有微风光顾。背后来风当然惬意，但机会较少；迎面风倒源源不断，然而尸臭与香水的混合气味让人翻肠倒胃，难以忍受。尽管难受至极，西服革履的外交使节们仍正襟危坐，目不斜视，更不做捂嘴掩鼻之类的失态动作。更令人佩服的是那些记者，有些还是20挂零的金发女郎。他们穿梭于各木箱之间，或拍照或摄影，有的甚至靠在木箱上写写画画，好像丝毫没有受到特殊气味的影响。他们的敬业精神确实使我深受感动！冗长的讲话过后，比齐蒙古象征性地为遇害的前总理乌维兰吉伊马纳下葬。根据经验，出席类似活动，从出发、到达、等待至仪式结束往往长达六七个小时，行前和仪式进行中最好限制食品和饮料进口，否则很难解决内急出口难题。

与大屠杀有关的另一次外交活动，我仍记忆犹新。1996年1月，中国外交部部长助理吉佩定和非洲司司长吕国增访问卢旺达。这是自1994年4月卢旺达动乱以来，中国部级代表团首次到访。卢旺达官方十分重视，比齐蒙古总统、卡加梅副总统、赫维盖马总理分别会见，外交合作部长加萨纳与吉佩定举行会谈。记得因航班衔接不好，英语翻译未及时赶到，吉佩定直接用英语与卡加梅进行会谈。事后，吉佩定向我们这些只懂法语不讲英语的人简述会谈内容。

尽管日程非常紧张，在安排参观项目时，卢方仍坚持让代表团参观“种族灭绝惨案纪念馆”。1994年战乱期间，在基加利省某地，一批图西族百姓被胡图族民兵追得上天无路、入地无门，不得已躲进当地一座基督教小教堂。追兵破门入室将数十名图西族百姓砍杀殆尽。卢旺达新政权上台后，屠杀现场原样保留，另在教堂旁搭建数间茅草房，把从全国各地搜集到的数千具骷髅、残骸置放其中并展出。这就是纪念馆的全部。

吉普车在高低不平的土路上颠簸了一个多小时，我们来到目的地。小教堂已家徒四壁、门窗俱无，屋顶破旧不堪，雨水和阳光可直接洒落地面。时正值小雨季，阵雨过后，骄阳当空，屋内蒸汽腾腾，尸臭令人窒息。小教堂厅内杂草丛生，砖头木棍散落一地，退了色的衣物裹着白骨随处可见，可以想象杀人者的残忍。更令人触目惊心的是，在茅草房陈列室简陋的“货”架上，摆满了人体各部位的骨骼，有些带着明显的被砍痕迹，有些有硬物碰撞或因外力而折断的印记。我还看到大小不一的各种骷髅头，从其大小来看有的生前也许不足十岁。此外，破损、龟裂的头骨也不少。有一块头骨，被一根粗长的铁钉钉破，铁钉已锈迹斑斑，惨状令我终生难忘。吉佩定在气味呛人、卫生条件极差、常人避之唯恐不及的陈列室里耐心地听着讲解，还不时提问。一直在冷眼旁观的卢旺达外交部礼宾官员津达不禁频频点头，中国高级官员的文明和素养，让他暗自惊叹和佩服。

留守金沙萨

冒险寻访卡比拉

临危受命

1998年3月，钱其琛副总理兼外交部长任命我为中国驻刚果民主共和国大使馆政务参赞。从1997年6月调离驻卢旺达大使馆回国到外交部非洲司上班，时隔仅九个月又被派出，真是异乎寻常。同事们戏称“板凳尚未坐热又出国了”。干部司主管小陈则表示同情：“噢，你又被派往艰苦危险的国家了。”是的，这次情况是有点特殊。主要是：1996年底从卢旺达调任驻扎伊尔共和国［后改名为刚果民主共和国，简称“刚果（金）”］的大使黄舍骄因健康原因回国休养。我因与刚果（金）新总统洛朗·德西雷·卡比拉（俗称“老卡比拉”）有段非凡经历被选为新任大使孙昆山的主要助手。上级期待此番人事调动有助于中国和刚果（金）的友好合作关系继续得到巩固和发展。

那么，我和老卡比拉到底有怎样的经历？且容我慢慢叙述。

1997年5月17日，扎伊尔共和国游击战领袖卡比拉和总统蒙博托第二次会谈流产，蒙博托无奈出走，卡比拉大军攻陷首都金沙萨。此前，我奉命以中国驻卢旺达共和国大使馆政务参赞的身份奔赴“解放刚果—扎伊尔民主力量联盟”（简称“解盟”）在扎伊尔东部解放区的临时首府卢本巴希，去完成与该联盟领导核心进行秘密接触的重大而艰巨使命。5月18日，“解盟”主席卡比拉在卢本巴希接见了我和驻卢旺达大使馆经商处随员史万里，表达了迫切与中国发展关系的愿望。我们顺利完成了任务。

这是卡比拉及“解盟”自1996年10月在扎伊尔东部起兵后，中国与其首次官方接触，深具意义。然而，我们这次出差东扎伊尔所遭遇到的艰难险阻，所体会到的酸甜苦辣，外人并不知晓。

扎伊尔共和国总统蒙博托自1965年政变上台后，执政长达32年。独裁统治使得政治腐败、社会动荡、经济凋敝、民不聊生。蒙博托及其家属贪污腐化、聚敛钱财、民心丧尽。1996年10月，以卡比拉为首的“解盟”在扎伊尔东部基伍地区揭竿而起，点燃了武装推翻蒙博托政权的熊熊烈火。在邻国卢旺达、乌干达支持下，“解盟”军队一路南下西进，所向披靡，于当年10月底11月初连陷南基伍、北基伍两省省会布卡武和戈马，扎伊尔政府军风声鹤唳、不战而逃。“解盟”大军于1997年3月占领扎伊尔第三大城市、上扎伊尔省会基桑加尼，4月夺取扎伊尔第二大城市、盛产铜矿的沙巴省会卢本巴希，随即将卢本巴希市确定为“解盟”解放区的临时首府。至5月初，“解盟”的解放区已占全国领土的二分之一。国际社会普遍认定：蒙博托已是日薄西山，卡比拉则旭日东升。为对扎伊尔未来政权施加影响，谋取市场、资源和战略上的利益，美国、英国、德国、加拿大以及与蒙博托关系极深的法国、扎伊尔原宗主国比利时等均纷纷派员与“解盟”接触。美国还特意派遣其驻扎伊尔使馆参赞，配以最先进的通信设备，随“解盟”总部活动。基于不干涉驻在国内政的原则，中国仅在刚果共和国首都布拉柴维尔与“解盟”的一般官员有所接触。根据迅速变化的扎伊尔局势，中国驻卢旺达大使馆于4月中旬提出派官员与“解盟”高层正式接触的建议。5月初，外交部指示驻卢旺达使馆设法与“解盟”核心接触，转达中国对扎伊尔问题的立场，对有关中国派兵参与蒙博托军队作战的谣言予以澄清，并表示与扎新政权巩固和发展关系的愿望。

中国驻卢旺达大使何金才对此十分重视，马上召开使馆高层会议，研究并决定派我和史万里奔赴卢本巴希执行接触使命。我们全馆动员做准备工作。内部工作是，印制何大使委任我为其代表的委任书，起草与“解盟”领导接触谈话口径备忘录。对外工作是，何大使亲自约见卢旺达外交部礼宾司司长斯蒂芬女士，我则拜会卡加梅的秘书玛丽小姐，请求卢方协助与“解盟”取得联系，使馆研究室主任陈凤莲等负责了解和解决空中交通问题。接到任务，我心里忐忑不安，深感此行不同以往：去一个战乱国度和地区，与一个尚不明敌友的武装团体领导人物见面，危险自不必说，关键是代表国家责任重大。有了些思想准备，我还做了些物质准备，还特意带上中国驻扎伊尔、布隆迪、坦桑尼亚、赞比亚、安哥拉等国大使馆的通讯录以及我在北京工作的爱人张秀玲的名片，以备遇险时呼救和通知家属。我在大使馆主管卢旺达和周边国家的形势调查与研究，对扎伊尔东部的形势比较清楚，但对那里具体的安全、交通、生活供应一无所知。加之4月中下旬，国际传媒和扎伊尔新闻界均恶意宣传、广泛报道了中国派遣400多军人参与蒙博托军队对“解盟”军队作战的假消息，我们对卡比拉及其亲信能否见我无十分把握。然而，何金才大使、经商参赞肖思炜和我都有共同的决心——不惜一切代价，争取在“解盟”大军攻取金沙萨前见到该联盟核心领导。

5月9日和10日，我们在基加利奔忙、等待了两天，企盼能租到基加利—戈马—卢本巴希的小型飞机，但一无所获。鉴于时间紧迫不能再等，11日晨，何大使、肖参赞和我共同商定：派经商处司机周统一开使馆吉普车，由研究室二等秘书吴增田陪同，我和小史自基加利出发赴卢旺达西北边境城市吉塞尼，设法通过卢旺达、扎伊尔边界进入扎伊尔北基伍省会戈马，再另谋抵达卢本巴希的良策。此前，我们还曾设想由坦桑尼亚或赞比亚进入扎伊尔，终因交通不便且路途遥远而放弃。同志们对我们此行十分关心，在使馆办公室主任张志信和馆员李家铎等协助下，我和史万里怀揣1.5万美元，另带少量饼干、矿泉水就匆匆上路。我们一行四人于当天中午通过吉塞尼边防站，抵达已在“解盟”控制之下的扎伊尔东部边境，但遇到意想不到的困难。胖得出奇的扎边防检查站长验过我们的外交护照和何大使的委任书后粗暴无礼地说：“中国派兵帮助蒙博托军队打我们，我们视之为敌方，你即为敌方代表。既然没有联盟主席卡比拉的邀请信，我无权放你们入境。”我求见北基伍省长，请他帮助联系，也遭到拒绝。我严正要求其马上向上级请示，并称第二天我们一定要入境。不得已，我们回到吉塞尼子午旅馆住下，将情况报告何金才。第二天一早，肖思炜来电话告：“昨晚，何大使请中国路桥公司基加利办事处的侯巧凤大夫以看病为由往见原吉塞尼军区司令恩戈加上校。恩答应请现任军区司令和卢旺达边境官员送你们过境进入戈马，请你们在旅馆等候。”至11时仍未见来人，我们便破釜沉舟退房结账，试图闯关入境。我们又一次面对黑矮胖子边防站长那张阴沉沉的脸，对其软硬兼施仍未奏效。我只好使出杀手锏威胁说，如再不放行，一旦见到卡比拉将狠奏他一本。站长有点毛，始终未敢通名报姓，但仍死拗着不放行。无奈，我们再次回到子午旅馆安顿下来，然后兵分两路：我去拜会吉塞尼军区司令寻求帮助；史万里在旅馆等消息。我未遇司令返回旅馆时，等候在旅馆的史万里告：“大使馆来电话要求马上去卢旺达边防站会见有关官员，请他带我们过关。”在卢旺达军方官员陪同下，我们第三次来到扎伊尔边防站，见到了设在蒙博托戈马行宫的“解盟”主席府留守处礼宾官克雷蒂安，在他的带领下我们才过了这道关。

旅途多舛

5月12日下午5时半，我们由克雷蒂安安排住进了“解盟”原总部所在地戈马市的大湖旅馆。为联络感情以便尽快会见“解盟”领导人，我们请克雷蒂安共进晚餐。席间，克雷蒂安称：“解盟”总书记布盖拉当天下午3时刚离开戈马赴卢本巴希，此地除“解盟”军司令马萨苏外，别无他人。因此，只好请中国朋友到卢本巴希去见“解盟”领导人。克雷蒂安允诺次日早上先向卡比拉主席请示，得到允许后我们才能设法乘飞机去。我们向他递交了所带的委任书和驻卢旺达使馆关于中国没有派军人参与扎伊尔内战的辟谣声明。并相机阐述了中国对扎伊尔内战的原则立场，说明我这次使命对双方的重要性，希望其迅速做出安排。送走克雷蒂安，我不禁对又黑又矮又肥的边检站长恨得牙根痒痒。如果不是他百般刁难，我也许早已进入戈马市见到“解盟”总书记布盖拉，完成了祖国的重托。

1997年5月12日，何泗记入住刚果(金)北基伍省会戈马市大湖旅馆

13日上午，吴增田、周统一留守旅馆，我和史万里驱车前往主席府留守处打听消息。我们见到了副礼宾官巴沙利。巴告，已向卢本巴希

主席府请示，因卡比拉正在开会，尚未审批，一俟批准马上到旅馆转告。我们返回旅馆时，吴增田报告克雷蒂安也来通报了上述消息。下午1时10分，我们正在餐厅用餐，巴沙利突然出现在我们面前并告，卡比拉已批准中国朋友前往卢本巴希，3时便有“解盟”的飞机去卢本巴希。我们大大松了口气，认为大功即将告成。饭后，巴沙利陪同我们赶往机场。哪知实际情形并不像我们想象的那样顺利。由于战争，所有民航班机早已停飞，扎伊尔国内通信落后，解放区组织工作混乱，竟无人知晓该来的飞机现在何方，何时飞抵戈马。我们在机场贵宾室一直等到夜幕降临，不得不离开机场，下榻戈马市伊尚戈旅馆。戈马市是当时全扎伊尔进入扎伊尔东部“解盟”解放区的唯一窗口。过往政客、军人、难民众多，人满为患。经巴沙利力争，我和史万里得以挤在一张弹簧床上肩并肩、背靠背、脚碰脚地过了一夜。

金沙萨市场外的小贩

5月14日，我们早早动身再往机场苦苦等候。在机场贵宾室，我结识了性格豪爽、语言犀利的奥伦加科伊。奥伦加科伊是扎伊尔过渡议会反对派议员团主席，为与卡比拉见面，他5月初离开金沙萨，绕道南非约翰内斯堡、肯尼亚内罗毕和卢旺达基加利，抵达戈马市已数日，尚未搭上前往卢本巴希的飞机。11时，克雷蒂安无可奈何地建议我们从基加利或戈马租私人小飞机赴卢本巴希市，说目前“解盟”解放区缺少汽油，需赴卢市的人又多，即使飞机到来也只能上少数人，恐难及时赶到那里。我请其马上联系从戈马租飞机事宜。经过一番周折，克雷蒂安告第二天才能有租机飞卢市，而且是我们独家租用，价格高昂。我们决定一方面继续与租机公司保持联系，一方面仍在机场等待"解盟"的飞机。下午2时，久久等待的飞机终于到来。这是一架大型客机，大部分座位被卸掉，是"解盟"向英国某航空公司租借的，用来向解放区各地和前线运送军粮、军火和军人。飞机一到，巴沙利就跑前顾后地忙开了。幸亏有他帮忙，我们才得以挤上飞机，他事先冲进机舱为我们抢占座位。巴边挤边喊："这是中国外交官，请让给他们座位！"硬是从十个座位中为我们抢得两席。行将告别时他叮嘱我们，从卢市返回前通过主席府联络官向其通报行程，以便他通知中国驻卢旺达使馆派人到戈马迎接。多么难得的一位朋友啊！我们向朝夕相处、一起奔波了四天的吴增田和周统一挥手告别。我匆匆回到机舱，以免泪水当众滑落。

飞机载着我们冲上刚果（"解盟"解放区已将国名恢复为20世纪60年代的刚果民主共和国）蓝天，我们顿感一阵轻松，心想两小时后就会抵达卢本巴希。在飞机上，我甚至开始考虑在卢市的行动计划。经过两个多钟头的飞行，飞机徐徐降落在机场。向外一望，我的心骤然紧张起来，只见地面到处是持枪的军人。我猜想，或许是临时首府刚解放月余，安全还难以保障，需要重兵维护。但是，一步出飞机望见候机楼上的几个大字，我顿时目瞪口呆：这哪是什么卢本巴希，这是距卢市和金沙萨各1000多公里的西开赛省省会卡南加！这里是卡比拉军队进攻首都的军事中转站，机场上的军人正等着飞往战火纷飞的金沙萨门户肯盖前线。我的心顿时凉了半截。这里离卢本巴希还很远，离前线倒挺近。在卡南加机场贵宾室坐下，又传来消息，由于汽油不足，要优先输给往前线运送军人的飞机。我们这架往后方飞机只有"挨渴"的份了。一切都是乱糟糟的。眼看另一架小飞机前往卢市，那位名叫罗贝尔的"解盟"小伙子为我们向机场司令求情，遭到严厉训斥，而与我们同机抵达的所有图西人，都被机场司令允许搭乘小飞机飞往卢市。

西边的晚霞渐渐暗淡下去，黑幕开始降临机场。坏消息又来了，机场贵宾室管理员宣布关门，让乘客自寻地方过夜。天呐！身处荒僻郊外、人生地不熟的我们该如何是好？百般无奈，只好跟随几个刚果人步行寻找可以安身的处所。我们西服革履，冒着赤道非洲酷暑在高低不平的土路上负重摸黑行进，实在苦不堪言。夜幕笼罩非洲大地，四周寂静无声，偶尔路边一人多高的茅草被风吹得瑟瑟作响，令人毛骨悚然。一路上，我一会儿脱掉西服，一会儿除去领带，仍不觉丝毫凉爽。除了劳累和炎热，更令人揪心的是怕。我们是仅有的外国人，携带1.5万美金，一旦遭歹徒谋财害命，将抛尸非洲荒原而成永远的谜案。走了近一小时，漆黑的非洲原野远处忽有灯光闪烁，小小的队伍一阵欢呼朝灯光奔去。那是一间乡村汽车旅馆。在那个年代，乡村小旅馆的卫生状况可想而知，我们别无选择地住了下来。一身农民装束的服务员端来冰镇汽水，望着那显然不干净的杯子，史万里犹豫地问我敢不敢喝，又饥又渴的我二话没说，抄起杯子一饮而尽。可是，另一杯再也不敢动，只好送给当地小孩。吃晚饭时，虽然我们只吃过早餐，又折腾了一整天，早已饥肠辘辘，为避免染病误了大事，不得不以“不饿”为由予以婉拒，准备吃几块饼干垫垫肠胃。住房条件更为糟糕，店主为狠狠向“老外”敲一笔，一个无水无电、设备简陋至极的双人间竟索要100美元。经交涉总算给我们换了个有电灯的房间，但厕所的恶臭不时从门缝钻出，令人难以忍受。我们吃了几块饼干，没敢享用从院子储存桶里取来的水。之后，我们的目光自然投向那张双人床，那唯一的一只黑乎乎的白布枕头，让小史和我失去掀开被窝的勇气，两人还把那只枕头谦让了一番，最终弃而不用，便和衣躺在床上。中部非洲荒原上的蚊虫，好像在尽情品尝中国人的血液美食，我们俩虽然极困却久久难以入睡，真是一个终生难忘的夜晚。

金沙萨郊外的棕榈树很奇特，上大下小，当地人称之为“锥子树”

第二天迷迷瞪瞪醒来，小史瞧见一些讲卫生的同行难民手拿洗漱用具前往院子中的蓄水池探望后纷纷摇头离去。于是，我们干脆省去了洗漱和早餐，直接找店主结账。不一会儿，小史拿着一大沓浅黄色的旧扎伊尔币回来报告，一路上关照我们的那位“解盟”小伙子罗贝尔无钱付费，把账赖在我们头上。还有，店主无钱找零，欠六美元竟换给我们3000多万元旧扎伊尔币。因钱太多，我们无法核对，只好一股脑儿放在衣服口袋里。经了解，蒙博托为转嫁经济财政危机，频繁进行“货币改革”。新扎伊尔币推行后遭到盛产钻石的东开赛省和西开赛省联合抵制，全国仅有这两个省仍然流通旧扎伊尔币，拒绝使用新扎伊尔币。也就是说，我们手中的3000多万元旧币，一俟登上飞机便是一堆废纸。为避免耽误飞机，我们上衣口袋里装着数千万元旧扎币步行上路了。半路上，一辆颇似从垃圾堆里捡来的吉普车从后面赶上来。车上一些从城里上车的难友招手让我们乘坐，我们第一次坐上了蒙博托统治下运行的交通工具，心里百感交集。无论如何，机械总比人力快，十几分钟便到达机场。下车前，我们大大方方地将那一大沓旧币抢在难友之前塞到车主手中，在难友面前充了一次“大款”，博得一阵阵感谢、赞叹声。返回机场后，我和小史在周围“巡视”了一番，期望能找到卖食物的地方，结果大失所望。我们只好从当地妇女的小摊上买了一个半生不熟的菠萝，用她那脏兮兮的小刀

1997年5月15日上午，何泗记在刚果（金）卡南加机场飞机阴影下以饼干充饥

切开四瓣，躲在飞机底下就着几块饼干进早餐。经过多日的颠沛流离，我们从使馆带的饼干、矿泉水已消耗殆尽，又无处补充。

15日10时，我们重登来时乘坐的飞机。当飞机行进到跑道起点正准备加速起飞时，又莫名其妙地回到停机坪。机长宣布：一只轮胎坏了，飞机不能起飞。旅客们遗憾之余，都暗自庆幸自己逃过了一场劫难。乘客们散落各处无望地等待着。为躲避赤道骄阳，小史和我躺在机翼下休息。下午2时许，一位当地年轻人把睡梦中的我摇醒，告知另有一架飞机去卢本巴希。我们喜出望外，悄悄带上行李跟随他到这架小飞机前。小史用英文与白人机长交谈后告我，每人需付250美元，抵达卢市后给收据。我们交款后在机下等待。我们琢磨这也是“解盟”租用的英国飞机，机长在利用机会捞外快。谁知即将起飞时机长变了卦，称该机必须先飞往肯盖前线才能返回卡南加再飞卢本巴希。我大为光火，要求退钱。最终，机长将我们托付给另一位白人机长，说是可直接飞往卢市。那是一架只有30多个座位的小飞机，要往扎伊尔钻石之都——东开赛省首府姆布吉马伊和铜矿之都——沙巴省首府卢本巴希输送人员物资。我们登机后，又请人悄悄通知奥伦加科伊。奥只身来到机前，依靠其名人光环与机长争执良久方被允许登机，肯定没有付登机费。随后，他招手唤来一个本地青年，先付小费请其将存放在贵宾室的行李运来。奥笑着解释说，自己是名人，如不慎招来更多旅客，将影响飞机起飞。小飞机于下午4时顺利起飞。

下午5时，飞机抵达姆布吉马伊。机场司令粗暴地让所有从卡南加来的乘客下机，然后由机长向他报告每位旅客的情况，否则不让登机。小史和我被机长指认为“私人朋友”，顺利重新登机。我们窃窃自喜，500美元买了个“朋友”称号，否则被抛弃在这前不着村后不靠店的机场不说，耽误了时间将损害国家利益。轮到介绍奥伦加科伊时，白人机长无话可说。奥则自报家门后大声说：“我是应邀来见卡比拉的。”哪知机场司令不认识他而不买账。后经另一位军官贴耳解释，奥才被允许登机。原来，机场司令清理乘客是为“解盟”安全部长（安全专员）卡邦戈及其随员、家属登机扫清道路。经过一番折腾，小飞机重上蓝天，披着晚霞朝东南方飞去。由于机上有了尊贵的安全部长，乘务员拿出珍藏的易拉罐饮料和油炸薯条招待。我们有幸被恩赐了一份。这简直是我有生以来最美味的饮料和薯条了。至今回想起来，心里还是美滋滋的，回味无穷。从姆市到卢本巴希约飞行两小时。晚8时左右，我们抵达卢本巴希机场。一下飞机，一位衣着光鲜靓丽的女士便迎上前来，彬彬有礼地询问是否是“中国代表团”。她自我介绍说是主席府礼宾官尚达尔女士，飞机旁停着一辆高级豪华奔驰车。尚女士称，她已在机场等了两天，估计“中国代表团”将乘此飞机抵达，就把汽车开到飞机旁来了。司机是位年轻军人，懂法文，他帮我们装好行李就开车飞快地往市中心奔去。

迂回辗转

我们被安置在卢本巴希最好的卡拉维亚旅馆，由同住此旅馆的“解盟”外交部官员伊龙加负责联系和安排活动。虽然自14日在戈马市进早餐至今已被迫省了四顿饭，此刻我们的当务之急还是尽快洗去两天的“征尘”，以便在公众场合以中国外交官的良好形象示人。晚9时半，我们邀请伊龙加在旅馆餐厅共进晚餐。席间，伊龙加告：“卡比拉主席及外交部长（“解盟”外交专员）卡拉哈正在南非访问，明天返回，建议你们先见外长。”我们心里明白，连日来，卡比拉置国际社会“和平解决扎伊尔问题”的巨大压力于不顾，在战场上不断增兵，是立足于武力解放金沙萨。在外交上，卡比拉与南非总统曼德拉的积极调停活动巧妙周旋，于14日以在南非军舰“欧坦尼夸”号上会谈不安全为由，拒绝拟议中的与蒙博托的第二次会谈。有识之士认为，解放金沙萨是数日内的事。时间对我们来说十分紧迫。然而，越是这个时刻，卡比拉及其班子就越忙，我们被遗忘的可能性就越大。于是，我们紧紧抓住伊龙加做工作，希望出现奇迹。

16日早餐后，小史和我西服笔挺、皮鞋锃亮地出现在旅馆大厅，引来周围达官贵人、记者巨贾惊讶的目光。这是自扎伊尔内战以来，地处非洲大陆腹地卢本巴希偌大的豪华宾馆出现的仅有的两张黄皮肤面孔。不少人围上前来，打听来意，询问中国的情况。也有人介绍扎伊尔20世纪60年代的繁荣，谈论蒙博托的腐败和对“解盟”的期待。交谈中我们得知，本旅馆是“解盟”高官下榻的两大旅馆之一，住着多名“解盟”“部长”。实际上，“解盟”最高领导机构为“解盟”全国委员会，内设主席、总书记，负责各方面工作的称为“专员”，大家称之为“部长”。我们谈意正浓，忽然一位身材魁梧、碧眼金发的“老外”要和我私下聊聊。原来，他就是美国驻扎伊尔大使馆参赞约瑟夫。他奉命随“解盟”总部活动，随时与美国使馆保持联系。约瑟夫坦诚相告，他本人曾建议“解盟”与中国取得联系，争取中国的支持。现在，中国代表主动来了，想来“解盟”不会拒绝，也不应拒绝。我向他阐述了中国的原则立场，并感谢他的好意。下午5时，伊龙加电话通知：“卡比拉主席和卡拉哈外长已从南非返回，拟在本旅馆开会，会后外长接见你们。”我们喜不自禁，再次检查一遍委任书、备忘录、辟谣声明等文件，着好装，在房间里等候。直至晚上11点，还没有新的消息。事后得知，鉴于蒙博托当天已逃离金沙萨，卡比拉及其核心领导既要忙于前方战事，又要筹备宣布卡比拉就任刚果民主共和国总统并研究筹组政府等事宜，外长无暇顾及与我们的约会。

17日上午，我在旅馆酒吧看电视。法国电视台报道，卡比拉的军队已进入金沙萨。突然，一种莫名的失落感袭上我的心头。我感到没有完成原定在“解盟”攻取首都前会见“解盟”领导人的任务。而且，这些政要在今后的日子里将更加忙碌，并将陆续奔赴首都处理公务，会见我们的可能性越来越小。幸好，我们抵达卢本巴希后就做了两手准备：通过伊龙加约见外长和卡比拉；自己直接与同住在这家旅馆的计划、安全和司法三位部长的私人秘书接触，请求会见部长。此刻，我和小史认为必须主动出击，力争好的结果。中午11时半，经在旅途中结识的朋友奥伦加科伊介绍，我在旅馆餐厅外“巧遇”外交部长卡拉哈。我向卡拉哈表达了欲与其本人和卡比拉会面的意愿。卡拉哈当即表示，他本人18日上午会见，卡比拉也将礼节性接见。我心里高悬的一块石头终于落了地。

小史和我痛痛快快地吃了顿午饭，回房间做最后的准备工作。我们遇到的主要问题有三个：第一个是，中国外交部给驻卢旺达使馆的谈话口径是5月初拟定的，内容和语气比较中性。现在半个多月过去了，扎伊尔形势发生了翻天覆地的变化，卡比拉即将从“解盟”领导人升格为总统。我们认为必须在口径中增加一些热情亲切的词汇，如中国将继续努力与扎伊尔新政权发展各领域的“密切”“友好”合作等。第二个是，我们进入“解盟”解放区后一个突出的感觉是，“解盟”上下对“扎伊尔”一词十分反感，称它和蒙博托一样“脏”。现在，“解盟”已将扎伊尔共和国改名为刚果民主共和国，而我们的备忘录仍言必称“扎伊尔”不合时宜，改称“刚果”也不妥，因为中国政府尚未表态承认。最后，我们找到一个折中办法，即除“中国从不干涉扎伊尔内政”的词句予以保留外，凡涉及“扎伊尔”一词的地方均改为“贵国”或“贵国人民”。第三个是，卡比拉已占领金沙萨，会见时要不要表示祝贺？答案当然是肯定的，但是没有得到国内的授权。对此，我也有一个折中办法，即祝贺时避免使用“代表中国政府”的词语但又不明说以个人名义。随之而来出现两个困难：其一是，“外交授权有限”，我们擅自改动口径、私自祝贺是否越权？小史和我反复斟酌，在无法向使馆、国内请示且时间十分紧迫的情况下，坚信这样做符合中国外交政策和国家利益。其二是，当时使馆通信、办公设备十分落后，没有手机和笔记本电脑。我们出发时也没带打字机，改动后的备忘录如何打出？我和小史试着手抄，根本不能用，找旅馆服务台也无济于事。于是，我们四出活动求援。下午5时半，我们在旅馆大厅向计划部长秘书基路斯谈起此事。基路斯称他有笔记本电脑，但部长带着变压器上班去了，晚上七八时才能返回。他表示，事关两国关系他一定帮忙，但不要让他“老板”知道。同时表示，盼望日后能到中国留学。晚10时，基路斯来电话邀请小史去他房间，两人忙到12时才将备忘录准备好。

不辱使命

18日早饭后，偶然发现旅馆大厅角落处一间简陋窄小的房间里有一部国际长途电话，是通过比利时向外联络的。我马上要通了驻扎伊尔大使黄舍骄（事后得知已撤退到扎伊尔河对岸中国驻刚果共和国首都布拉柴维尔使馆）的手机，向他做了简短汇报。可惜通话未了便告中断。黄大使指示我，会见卡比拉时一定要提出切实保护中国大使馆人员和全体中国侨民安全的要求。

10时，伊龙加坐着从意大利领事馆借来的奔驰车接我们去“解盟”外交部。该部办公楼是一幢别墅式小洋楼，环境优美、宁静。犹如周围环境一样，在等待期间，我的心情十分平静。想到经过近十天的奋斗与曲折，今天即将有结果了，心里比较踏实。在旅途中，在旅馆里，我将这次外交交涉的主要内容记得滚瓜烂熟，也有信心。具有图西族苗条英俊标准身材、笑容可掬的卡拉哈部长热情地接待了小史和我，并发表了十分热忱诚挚的谈话。他说：“这是刚果人民胜利后两国代表的首次接触，意义重大深远。卡比拉总统对中国怀有深厚感情，曾结识一些中国老革命家。中国的革命和建设是刚果和其他非洲国家人民的典范，我们就是照着中国的样子去做的。”卡拉哈进一步说：“中国是一个伟大的国家，不仅在亚洲而且在全世界均发挥重要作用。今年7月，中国将收回香港主权，我们表示热烈祝贺。希望中国收回所有领土，实现国家统一。刚果也要保卫自己的独立和领土完整，有人想分裂我们，这是不允许的。”卡拉哈部长表示：“在蒙博托30多年的破坏掠夺下，刚果十分贫穷，百废待举。我们期望在国家重建中得到中国的合作，中国的资金、技术都是我们所急需的。你们在公路建设、交通、农业等方面都有很强的能力，具体项目留待以后详谈。”关于中国人员的安全问题，卡拉哈说：“我们不仅要解放刚果，而且要保护外国侨民尤其是外交人员的安全，请你们放心。”他补充说：“我们将建设一个民主、尊重人权和繁荣的刚果。”会谈约持续半小时。随后，我和卡拉哈在备忘录上签了字。我们把备忘录、委托书、辟谣声明等文件一起递交卡拉哈。最后，双方合影留念。伊龙加参加了这次会见。

午餐过后，我们趁热打铁在房间里整理谈话记录。下午2时半，房间电话铃骤响，话筒里传来伊龙加的声音："3时整，车到旅馆接你们去见总统。"我心情既兴奋又紧张。兴奋的是，卡拉哈上午没再提总统会见的事，我以为"黄"了。现在得知还要见，这将为我们的使命画上圆满的句号。紧张的是，午餐时，我们两人喝了一瓶啤酒，庆祝我们顺利完成任务。我脸色绯红，如果让卡比拉得出中国代表是个酒鬼的印象，岂不有损国家形象！小史安慰我说："你喝得不多，用凉水洗洗脸就行了。"我如法炮制，果然不久脸色从绯红恢复正常。

3时整，一辆更为漂亮豪华的高级奔驰车出现在旅馆门口，在众人惊奇的目光下，我们上了车。小史与伊龙加开玩笑说："你真能干，又换了一辆高级豪华车。"伊笑着回答："不是我能干，而是你们的身份地位提高了。"我们的车子数次被军人拦截，有时长达七八分钟。进到候见厅，我陡然忐忑不安起来。原来准备的一套说辞，上午都与卡拉哈谈了，委任书交了，经我签字的备忘录交了。我能当着陪见的卡拉哈的面把上午的说词再重复一遍吗？当然不能。我迅速整理思路，决定除祝贺卡比拉和刚果人民取得伟大的决定性胜利外，还要祝愿他国家繁荣、人民幸福和个人工作顺利，祝愿中刚两国人民的友谊不断巩固和发展。此外，还要增加赞扬卡本人及"解盟"的才能、功绩，坚信民主刚果在卡比拉英明领导下前途光明、繁荣昌盛，等等。4时20分，伊龙加把我们带到另一座漂亮小院，这就是卡比拉的官邸和办公室，这是一幢灰白色西式小别墅，院内的热带花草修剪得十分整齐，碎石小路直接通向会客厅。想到即将与一位打了30多年游击、终于执掌政权、正在叱咤风云而名震全球的传奇人物会面，心情激动多于紧张。但是，卡比拉给人的印象是个不苟言笑甚至"骄傲狂妄"的铁腕人物，在舆论谣传中国派兵帮助蒙博托打仗的时候，他对中国的态度到底如何？会见时是否会出难题？我心里没底。在院子里，我们碰到一群向外走的外国人，这是刚受到卡比拉接见的联合国暨非统组织扎伊尔问题特别代表萨赫依及其随从。

我们进入富丽堂皇、庄严肃穆的总统会客厅，卡比拉已在沙发旁站立等候。他迎上前用宽大粗壮的手掌紧紧地握着我的手，连连表示欢迎我的到来。摄像机摄下了这一历史性场面。寒暄之后，我们落座。宽敞的大厅里摆着两套白色大沙发，卡比拉坐在其中一套三人长沙发一端，让我坐在紧靠他的单人沙发上。两人斜对着说话很方便。我首先感谢卡比拉在国事繁忙中予以会见。他诚恳地说："你们13日就已来到刚果。由于出访南非和处理与蒙博托会晤等事，拖至今天才接见你们，非常抱歉。"他高兴地说："中国派代表与我们会面，使我们倍受鼓舞。中国是个重要国家，有丰富的革命和建设经验，是刚果学习的榜样。我们期待刚中两国不仅在经济领域而且在其他领域以及在联合国和国际组织中加强合作。"卡比拉进一步表示："在蒙博托的统治下，刚果国库空虚、人民贫困、基础设施落后、百业待兴。我们要捍卫国家独立，但没有经济发展就没有政治上真正的独立。因此，我们迫切需要发展经济，建设好国家。在这方面，我们对中国寄以厚望，期待得到中国的友好帮助。刚果和中国互利合作有着非常广阔的前景，真诚希望中国前来合作。请你向中国政府转达我的愿望。"我按事先打好的腹稿措辞，热烈祝贺刚果人民取得革命的彻底胜利，还根据国内指示表达了中国对扎伊尔问题的原则立场和继续发展两国全面友好合作关系的愿望。我表示：坚信在卡比拉英明领导下，刚果将克服重重困难，革命和建设获得长足的进步；坚信中刚两国友好合作关系将更加巩固和迅速持续发展。会见约40分钟，谈话十分融洽和愉快。卡比拉始终面带微笑，显得轻松、舒畅。行将结束时，卡比拉愉快地答应我们的请求，一起合影留念。一直在场陪同接见的卡拉哈成了我们的业余摄影师。告别时，我与卡比拉紧紧握手，他往前数步表示送行。参加这次历史性会见的共五人：卡比拉、卡拉哈、伊加龙、史万里和我。

我们走出大厅，在候见室被一群当地记者包围，摄像机镜头对准了我，镁光灯不停闪烁。我刚从与卡比拉会见的高度紧张中松弛下来，又突然遭到如此这般的意外袭击，顿时觉得手足无措。但是，我努力克制自己，很快镇定下来，泰然应对记者们的轮番轰炸。一位年轻的女记者首先开了炮。她提高嗓门问道："中国代表先生，您刚刚受到卡比拉总统的接见，能否谈谈您这次到访的目的？"我冷静地答称："第一，我是来祝贺伟大的刚果人民取得了革命的彻底胜利的，这是卡比拉领导刚果人民长期进行不屈不挠艰苦斗争的结果。第二，我是代表中国政府来表示支持的。中国人民与非洲人民一样长期遭受帝国主义列强的欺负，对外国列强干涉别国内政深恶痛绝。因此，我们从不干涉别国内政。我们过去与扎伊尔发展关系，是着眼于扎伊尔人民而不是支持某个个人。我们非常尊重人民的选择。今天，刚果人民选择了'解盟'，我们没有不支持的理由。"一位男青年从上衣口袋里掏出一张纸片，闪着狡黠的眼神发问："中国政府过去一直与被推翻的政权保持着亲密无间的全面合作关系。现在，推翻了被打倒政权的政权能否寄希望于中国政府？"这个问题无论是从法文还是中文角度看都有点绕。为了准确无误，我用中文重复了一遍，问站在身边的小史是否正确。小史肯定地

1997年5月18日，卡比拉总统在卢本巴希临时总统府接见何泗记。左起：史万里、何泗记、卡比拉、伊龙加

点了点头。于是我干脆利落地答道："Certainement（当然可以）！"这时，另一位男记者急匆匆走上前来，抢过话筒就问："外面盛传中国派四百多名军人参与蒙博托军队攻打'解盟'军队，您作何解释？"我理直气壮地回答："那是恶意造谣！中国政府从不干涉别国内政，更不会派军人到贵国支持内战中的某一方！"小史接着说："这里有中国政府的辟谣声明，请新闻界朋友协助揭穿谣言。"记者们获得满意的答复，高兴地与我们握手道别。

我们旋即返回旅馆，将会见情况报告驻卢旺达使馆。这是我们14日离开戈马后第一次通话，何大使和全体馆员得知我们顺利完成使命都十分高兴。使馆马上将情况报告中国外交部。

当晚，卢本巴希电视台播放了卡比拉接见中国政府代表团的消息和我答记者问的实况，在当地引起强烈反响。此后，无论是逛街还是购物，都有一群小孩和青年在后面指认我们为"中国代表"，弄得我们不敢上街，更不敢购物砍价。深夜，我辗转在床，会见卡比拉的情景在我脑海中一幕幕地闪过。一个念头总是挥之不去：我所见到的卡比拉与往日在电视上看到的他简直不可同日而语。他在国际传媒中那种"桀骜不驯"的样子给人印象极深，而会见时卡比拉的表现则是他性格中鲜为人知的另一面——诚挚热情、和蔼可亲。

就这样，我成为卡比拉自1996年10月在扎伊尔东部起兵以来会见的第一个中国外交官，也是"解盟"攻取金沙萨后第二个同他会面并向其表示祝贺的外国代表。在我之前，卡比拉仅会见了时任南非副总统的姆贝基。

卸下重负后，我和小史全身轻松，伊加龙也有同感。他把我们托付给卢本巴希机场司令卡布维，由卡负责我们的归程。卡布维约50多岁，与卡比拉矮胖身材相反，是瘦高个儿，好像遭老天爷虐待，天生营养不良。他身着一套旧布军装，没有领章帽徽，没有军衔，待人朴实热情。他整天忙忙碌碌、进进出出，但一有时间就与我们聊天。卡布维常向我们叙述20世纪60年代与战友赴苏联、中国、古巴受训的往事。有一次他神情忧伤地感叹：“60年代初，与我和卡比拉一起到中国、古巴受训的15人中，仅剩下我们俩人，其余全部牺牲了。”我们明白，他与卡比拉是患难之交、生死之交。20日中午，卡布维通知，第二天有直飞基加利的飞机，要我们预做准备。下午前往会计室结账，结果令我们大吃一惊。原来，“解盟”在其解放区实行供给制，不发工资，其官员和客人免交食宿费。我们在卡拉维亚旅馆共住了六天，仅收饮料、服务费共计二百多美元。西餐一般有三道佳肴：头道菜、主菜和甜点。战争期间，我们担心遇上高额收费，也为节省国家外汇，平日我和小史每餐只吃主菜，省了其余两道。结账后史万里打趣说：“早知如此，我们每顿不吃它三道菜才怪呢！”自5月11日基加利出发至5月21日返回，历时11天，行程数千公里，我们花费不足1000美元。当我把1.4万多美元还给会计时，他笑着说：“你们真是花小钱办大事啊！”

5月21日，在卡布维安排下，史万里和我告别了令人难以忘怀的美丽城市卢本巴希，乘飞机返回基加利。同一天，卡比拉也从卢本巴希飞抵刚果民主共和国首都金沙萨。

金沙萨保卫战

夜半枪声

刚果民主共和国是非洲继阿尔及利亚之后的第二大国，世界第11大国，简称刚果（金），首都金沙萨。全国面积234万平方公里，人口约7100多万，分属254个部族。刚果（金）曾被比利时国王作为“私人采地”，1960年独立后定国名为刚果共和国，首都设在利奥波德维尔，简称刚果（利）。1964年改国名为刚果民主共和国。1965年，蒙博托发动政变自任总统，翌年首都改名为金沙萨，国名简称刚果（金）。刚果河北岸的原法国殖民地1964年独立后定名刚果共和国，首都布拉柴维尔，简称刚果（布）。由此，非洲出现两个名为刚果的国家，称为“一名两国”现象。1971年，刚果民主共和国更名为扎伊尔共和国，流经首都的刚果河改称扎伊尔河。然而，河对岸的刚果（布）仍称其为刚果河。于是，“一名两国”消失，“一河两名”面世。1997年，卡比拉打败宿敌蒙博托夺权，恢复“刚果民主共和国”国名，扎伊尔河自然又恢复为刚果河。“一河两名”随之消失，“一名两国”重现。简而言之，世人称刚果河北岸城市布拉柴维尔为首都的刚果共和国为刚果（布），刚果河南岸城市金沙萨为首都的刚果民主共和国为刚果

（金）。

刚果（金）国土辽阔、资源丰富，素有“世界原料仓库”“中部非洲宝石”和“世界地质奇迹”之称。铜蕴藏量居世界第四位。1993年钻石产量世界第一。钴占世界储量15%，钻石、黄金储量居世界前列。锌、锰、锡、钽、锗、钨、铬、镍、镉等储量可观。铀矿储藏量占世界的80%。森林占非洲热带森林面积的一半，水力资源占非洲总储量的40%，占世界的13%。这些丰富的资源成为各国觊觎的对象。

刚果（金）物种丰富，首都金沙萨郊外的这棵大树，树龄100多年，要12人才能合围。当地人经常在树下做饭、休息

1998年8月2日晚11时，我与使馆办公室主任曹福祯及其夫人李宝红探访华侨归来，正待休息。突然，密集的枪炮声响彻金沙萨沉寂的夜空。我从床上一跃而起，边打开手机边冲上九层楼顶平台。这时，馆员们也不约而同地聚集楼顶。只见金沙萨南面和西面上空火光交错，激烈的枪炮声不绝于耳。大家怀着忐忑不安的心情边观察边议论，不明白才平静了一年的刚果（金）到底发生什么变故。我迅速与住在官邸的孙昆山大使取得联系，并与多位华侨通电话，他们也都不明就里。深夜，大家忧心忡忡地逐渐散去，伴着枪声进入梦乡。

翌日，刚果（金）政府发表声明称：“昨晚，滞留金沙萨不归的卢旺达军人和巴尼亚穆伦盖（简称巴族，卢旺达图西族移民后裔，即刚果图西族）军人合谋发动兵变，进攻金沙萨附近的察旗军营和科科洛军营，与政府军激烈交火。政府军于3日凌晨挫败兵变，哗变军人向首都西部溃散。”据国际媒体报道，8月2日，卢旺达军人和刚果（金）

巴族士兵同时在刚果（金）东部地区起事，一举攻陷南基伍省省会布卡武和北基伍省省会戈马。3日晚，刚果（金）总统府国务部长姆波约发表电视讲话，指责被遣返的卢旺达高级军官蓄谋发动了兵变，表示卡比拉总统正致力于非洲和大湖地区和平，警告邻国不要错误地发动侵略战争。卢旺达外交合作部长加萨纳3日发表声明："卢旺达在刚果（金）已无一兵一卒，发生在刚果基伍地区的叛乱是刚内部事务，与卢旺达无关。"卢旺达军方发言人也称，卢旺达既未派兵支援巴族，也未向其提供武器，卢军与发生在南北基伍省的叛乱无任何牵连。同日，刚果（金）军警在金沙萨市设置路障，搜捕叛乱军人和巴族"奸细"。商店停业、学校关门，晚6时至早6时宵禁。我们强烈预感到刚果（金）从此又进入多事之秋。

4日晚，刚果（金）新闻部长穆门吉发表政府声明："约400名卢旺达军人当日上午在北基伍省省会戈马劫持刚果民航一架波音707飞机飞往刚西部下刚果省的滨海军事基地基托纳，这是对刚主权与领土的侵犯。刚政府提请非洲统一组织和联合国注意卢旺达的侵略行径。刚果（金）将利用一切手段，维护国家主权和领土完整，反对卢及其盟友的扩张意图。"5日，刚果（金）驻联合国大使致函安南秘书长，要求制止卢旺达侵略，迫其撤军。

6日，卡比拉举行新闻发布会，承认布卡武和戈马已陷落。他指出，目前的战争是卢旺达、乌干达蓄谋已久的侵略战争，妄图在刚果（金）建立图西族政权，把刚果（金）纳入他们梦寐以求的"大图西王国"版图。刚果（金）将誓死捍卫国家主权和领土完整。9日晚，穆门吉又宣称，两股乌干达军人当日分乘装甲运兵车和卡车进犯刚果（金）东方省的布尼亚。

短短数日，战争的乌云迅速笼罩了多灾多难的刚果（金）大地。据刚果（金）媒体报道：在紧靠卢旺达、乌干达的刚东部地区，卢旺达军人、刚果（金）反政府军以戈马、布卡武为基地，向西北，意欲夺取瓦利加莱，兵锋直指刚果东方省省会基桑加尼，向西南，欲克南基伍省重要城市乌维拉和菲齐，并向马尼埃马省省会金杜挺进；乌干达军队占领布尼亚后深入刚果（金）领土120公里；在刚果（金）西部大西洋沿海地区，2000名卢旺达军人飞抵大西洋海岸基托纳基地，招降了在该处受训的前扎伊尔军人，攻占了另两个海滨小镇莫安达和巴纳纳，控制了刚果（金）仅有的37 公里大西洋海岸线，封锁出海口；并以此为后方基地向东进攻，目标是金沙萨。刚果（金）东西两线全面告急，敌方扬言两周内攻占金沙萨，打垮卡比拉政权。

兵临城下

1996年10月，卡比拉在扎伊尔东部起兵。在乌干达、卢旺达军队支持下，1997年5月推翻了执政30余年的蒙博托。世人不禁要问，为什么“兄弟加战友”的乌干达、卢旺达、刚果（金），会在一年后反目成仇、兵戎相见？为什么经战火考验的刚果（金）军队会如此不堪一击？

卡比拉义旗高举之初，其人民革命党武装仅3000余人。在乌干达总统穆塞韦尼、卢旺达副总统兼国防部长卡加梅撮合下，卡比拉与同为刚果（金）巴族的布盖拉（人民民主联盟）、恩甘杜（争取民主全国抵抗委员会）和马萨苏（扎伊尔解放运动）结盟组成“解放刚果—扎伊尔民主力量联盟”。卡比拉先后为“解盟”协调员、主席。卡比拉是经穆塞韦尼介绍结识卡加梅的。随后，卡比拉和卡加梅在扎伊尔东部某地签定秘密协议。据此，卡比拉邀请卡加梅提供训练有素的部队和军事物资，帮助“解盟”开展推翻蒙博托政权的武装斗争。卡加梅得到的回报是，允许卢旺达军队在扎伊尔领土上消灭前卢旺达政府军和胡图族民兵。根据该协议，卡加梅派卢军中校詹姆斯·卡巴雷贝（后任卢军总参谋长、国防部长）率2万余卢军人参战，成为倒蒙主力军。此外，卡比拉麾下的“解盟”军队也是以布盖拉、恩甘杜、马萨苏领导的曾在乌干达、卢旺达军队中打过仗的巴族官兵为主，恩甘杜、马萨苏先后任“解盟”军队总司令。恩甘杜于1997年1月在前线牺牲，由马萨苏继任。夺取政权后，卡比拉解除马萨苏职务，改任詹姆斯中校为代理总参谋长，委以组建刚果（金）国防军重任。新组建的刚果（金）国防军由卡比拉人民革命武装、卡比拉家乡加丹加子弟兵和前扎伊尔军人组成，素质不佳。反观对手阵营，乌干达军队装备精良，卢旺达军队骁勇善战，以巴族官兵为骨干的刚果（金）反政府军经验丰富，并由洞悉刚果（金）国防军状况的前代理总参谋长詹姆斯任总指挥。因此，战争爆发之初，刚果（金）军队丢城弃地，乌、卢军队和刚果（金）反政府军长驱直入理所当然。

金沙萨资深外交人士认为，卡比拉1997年5月入主金沙萨后，不甘听命于外国势力，反感外国势力在刚果（金）新政府和军队高层人事上颐指气使，便开始排挤有乌干达、卢旺达背景的巴族人士，重用自己的战友、亲信和同乡。他匆忙组建听命于自己的刚果（金）国防军，压制曾经为推翻蒙博托政权立下功劳的巴族官兵，强行遣返协助其夺取政权的外国军队和人员，包括代理总参谋长詹姆斯。卡比拉曾指责前盟国支持“解盟”的用心是：消灭刚果（金）境内的该国武装反对派，消除该国安全隐患；在刚果（金）建立听该国指使的傀儡政权；与刚果（金）东部地区建立“特殊关系”，实现人员、物资自由流通，以解决自己人满为患的难题。卡比拉还进一步明确指出，前盟国认为派兵参加“解盟”的解放战争，未能获得应有的回报。

此次刚果（金）战争的导火索，是卡比拉突然宣布遣返在刚果（金）的卢旺达军人。卢军和巴族官兵是卡比拉1996年10月至1997年

5月解放战争的主力，也是攻陷金沙萨的功臣。胜利后，他们中的一些人居功自傲、盛气凌人，一方面向卡比拉索官要权；一方面掠夺财物、滋扰民众，完全是一副占领军架势。卡比拉呢，既需要他们协助维持国家安全与稳定、帮助训练刚果（金）国防军，又面临本国民众要求遣返外国军队的巨大压力，只好采取逐步减少卢军数量的办法，徐缓推进。经过一年努力，驻首都的卢军从3500人减至1000人左右。1998年六七月间，以代理总参谋长詹姆斯为首的部分军人，曾多次策划政变和暗杀卡比拉的阴谋。据说，最严重的一次是詹姆斯带两支手枪强闯总统府求见卡比拉，被总统卫队制止。双方几乎到了剑拔弩张的地步。同年7月15日至26日，卡比拉出访古巴，出人意料地停留11天，主要是向卡斯特罗讨教。卡比拉与卡斯特罗会面，导致刚果（金）局势发生重大转折。7月27日，即回国第二天，卡比拉颁布命令，遣送全部卢旺达军人回国，刚果（金）领土上将不再有外国军队。当晚，卡比拉召开高级军官会议进行动员和部署。此前，他任命其妹夫、全国警察总监基夫瓦为刚军代理总参谋长，前代总长詹姆斯降为总参谋部特别军事顾问。29日，刚果（金）租用四架飞机先后遣送包括詹姆斯在内的600多名卢军人回国，其余数百人滞留不归。詹姆斯是由基夫瓦押送上飞机的。四天后，刚果（金）战争再次爆发，这次打倒的目标是蒙博托的继任者卡比拉。

战场形势瞬息万变。在东线，乌干达军队、卢旺达军队和刚果（金）反政府军（三者简称为联军）攻占瓦利卡莱、乌维拉和菲齐等地，占领刚果（金）大片领土。刚果（金）军队猝遭打击，望风而逃。在西线，詹姆斯物色的内奸起着非常重要的作用。随着联军东进，潜伏在刚果（金）军队内部的同伙纷纷反水，或带领军人，或携带军事装备投入联军。驻扎在下刚果省首府马塔迪的刚果（金）军队营长就将一批军车献给联军，为联军迅速东进立下汗马功劳。此外，联军劫持人质，收买政治军事傀儡并采取心理战、游击战、武装渗透战等战术，使刚果（金）军惊慌失措、顾此失彼。联军由大西洋沿岸快速东进，8月7日攻下刚果河注入大西洋的入海口博马市，13日占领向刚果（金）、刚果（布）、安哥拉、赞比亚等国供电的英加水电站。14日攻陷距金沙萨340公里的下刚果省省会、刚果河上重要港口马塔迪。同日，卡比拉以应召中断在华军事培训紧急回国、年仅27岁的儿子约瑟夫·卡比拉（俗称“小卡比拉”）代替屡战屡败的基夫瓦任刚果（金）军代总参谋长，任命前扎伊尔将军、时任国民服务队司令卡鲁梅为前线总指挥，全力抗击西线联军东进。16日，卡比拉出访安哥拉后返回金沙萨并发表讲话称：“未来24小时将是决定性的，乌干达、卢旺达这样的小国吞不掉大刚果，胜利属于刚果人民！”号召人民拿起武器，打持久战。17日，联军到达桑戈洛洛。19日，进占距首都100公里的姆班扎恩古恩古，其前锋距首都仅35公里。金沙萨危急！卡比拉政权危急！

抢渡界河

战争爆发后，金沙萨市形势骤然紧张。政府宣布晚6时至晨6时宵禁，大街上到处设置路障，盘查行人和车辆。刚果（金）军警曾多次持枪强闯中国大使馆，称要搜捕图西人，遭使馆严辞拒绝。街上时常听到追捕“逃犯”的枪声。据说，比利时大使随南，从总统府大理石宫所在的宾扎山到使馆办公地点贡贝区，须经过26道关卡。

中国驻刚果（金）大使馆坐落在金沙萨热闹的办公和商业区，与美、法、比、葡等国大使馆为邻。大使官邸背靠刚果河，与中国驻刚果（布）使馆隔河相望，拥有一个宽阔又别致的花园。根据变化了的情况，使馆认为，全馆工作中心要适应刚果（金）爆发战争这一特殊情况：第一，要做好思想工作，稳定大家情绪。使馆人员职业不同，经历、思想、性格各异，对时局的反应也各不相同。我们经常向全馆通报形势，以稳定人心。领导成员要保持镇静，有条不紊地工作和生活，发动老同志向新同事讲述自己的战争经历。第二，要适时转移工作重心。刚果（金）与中国十分友好，战前各领域的双边交往频繁，互访团组多，接待任务繁重。现在，这方面的活动相对减少，而战时调查研究的任务加重。因此，要求大家加强调研工作，利用各种渠道和途径了解情况，分析形势，及时向国内报告刚果（金）内政、外交和战场形势及对策建议。第三，要做好安全和后勤工作。要求大家尽量减少外出次数，缩短外出时间。外出时保持高度警惕，做到眼观六路、耳听八方，注意自我保护。要求各单位和馆员个人要有一定粮油储备，后勤部门要有断电停水的应对之策和物资准备。第四，要经常向援助刚果（金）的中国专家、工程技术人员和华侨通报情况，及时做出指示、提出建议。

随着刚果（金）军队在战场上节节败退，金沙萨气氛越来越紧张。8月6日，金沙萨示威群众试图冲击法国大使馆，法国外交部要求其侨民尽快撤离。7日，美国开始撤退部分外交官、家属和侨民。12日，刚果（金）外交部照会各国驻刚果（金）外交机构和驻刚果（金）国际组织代表处，宣布将取消所有在战乱期间撤离刚果（金）的外国侨民的居留签证，企图以此阻止外国侨民逃离。14日，比利时航空公司决定暂停飞金沙萨航班，此前，葡萄牙、瑞士、埃塞俄比亚等国航空公司均已中止飞金沙萨业务。15日，美国宣布暂时关闭其驻刚果（金）大使馆。法、比、美继续撤侨，英、德、葡要求其侨民尽快离开刚果（金）。同日，法国第一次通过刚果河撤走侨民250余人到河对岸的刚果（布）首都布拉柴维尔。一架比利时空军的空中客车飞机抵金沙萨市接侨，230余名比、法侨民乘这架飞机离开刚果（金）。晚上，中国驻刚果（布）大使曲阜君告，俄罗斯驻金沙萨大使馆妇女和家属已随法国侨民过河。德国驻刚果（金）大使馆参赞托马斯告，德国使馆已撤走妇女和儿童，还会进一步撤人。韩国驻刚果（金）使馆告，妇女回国休假未归，侨民33人已过河。

鉴于上述情况，孙大使召开紧急会议，讨论决定向国内提出建议：第一，撤退使馆部分人员。任期、休假期临近的人员直接回国，全体女同志和部分男同志到对岸驻刚果（布）使馆暂避战祸。大使回国参加中国第九次驻外使节会议。第二，以我为首组成留守组。成员有经商参赞周乾梁、武官朱顺福、使馆办公室主任曹福祯一秘、经商一秘居朝清、随员于谋魁、李延周、邵顺及厨师李树全。由我任临时代办。第三，动员组织援刚果（金）专家和华侨一起撤退。我们的建议很快获得同意。具体负责此事的中国外交部干部司副司长刘玉和多次指示：要密切保持与刚果（金）当局和各大国驻刚果（金）使馆的联系，掌握各方动态，选好撤退时机和交通工具；要注意保护馆员和使馆财产的安全；要关心援刚果（金）专家、华侨华人的安危和撤退事宜。

16日是星期天，馆员和家属一早就忙碌起来，有的忙着整理行装，有的认真清理文件，有的忙于交接工作。这时，馆员的思想最为活跃复杂，主要集中在去与留及工作交接上。经过面上和个别工作，所有同志在决定个人安危与利益的紧急关头都服从组织安排，表现出外交人员的良好素质。周乾梁对中国援助刚果（金）农业技术组、援助刚果（金）体育场专家组等援外人员的撤退做出妥善安排。文化参赞过俊华亲赴远在郊外的金沙萨大学接回在那里任教的三名援教老师，以便一同撤离。使馆领导的主要工作内容，是选择撤退时机和路线。当时的情况是，飞金沙萨的所有民航班机均已停飞，空中走廊不复存在；刚果（金）公路路况极差，又不安全，走陆路无法抵达邻国城镇。陆空无路，我们的唯一选择是走水路——横渡刚果河，到河北岸刚果（布）的首都布拉柴维尔去。数日前，卡比拉政府宣布封锁刚果河，过河的船只和人员要分别取得内政部的特许证。这样，撤退路线无可选择，撤退时机也不取决于我们的意愿，获得人员和渡船的过河特许证就能撤退。使馆办公室与经商处紧张拟就申请人员过河特许证的照会和撤退人员名单。孙大使与法国代办西蒙·米歇尔通话寻找渡河工具。米歇尔告知，法国已备好一条大船，目前正在申请过河特许证，前线总指挥卡鲁梅答应帮忙，希望孙大使从旁协助。米歇尔还邀请中国人乘这条大船渡河。我们喜出望外，马上与卡鲁梅联系，卡欣然答应帮忙。于是我们决定，全体撤退人员做好准备，第二天渡河。为了解金沙萨的攻守形势，以便应对危难，当晚，我一直开着手机等待来自卡鲁梅的消息。午夜1点左右，与卡熟悉的华侨张琳来电话告，当日出访安哥拉首都罗安达返回金沙萨的卡比拉正在召开军事会议，讨论是坚守还是放弃首都，会议尚未结束，卡鲁梅一直未在家。这消息让我们感到局势更严重了，也更加坚定了我们第二天强渡刚果河安全撤走大队人马的决心。

8月，地处南纬仅4°的金沙萨正是天高云淡、凉风轻拂的旱季。17日清晨，太阳从东方冉冉升起，朝霞遍洒多灾多难的刚果（金）大地。除偶尔能听到来自西边隐约

何泗记与刚果（金）内政国务部长卡库奇（前右一）交谈。

的炮声外，一切显得那么平静、那么宜人。

馆员们天还未亮都起了床，有的可能根本没入睡。7时半，大家便携带行李在楼下集中，紧张而有序地集体乘车前往渡船码头，在那里等待办理出关登船手续。申办渡河特许证手续的人兵分两路：孙大使率居朝清、邵顺等，直奔刚果（金）内政部；曹福祯和办公室袁浩为另一路，前往刚果（金）外交部。我独自留守使馆，负责联络协调。那时候，外国人撤退，被卡比拉政府视为不与刚果（金）同生死共患难的“背叛”行为，遭到百般阻挠。于是，签发渡河特许证成了卡比拉侄子、刚果（金）政府第二号人物、内政国务部长卡库奇的特权，没有他的亲笔签批，八仙也难过河。孙大使等8时抵达内政部后，先与办公厅主任交涉，请其审核中国大使馆的申请，搞好文本，专等卡库奇来办公室签字。与此同时，比利时公使衔参赞、法国代办也在内政部为其侨民和轮船申请特许证。比利时获得批准，法国惨遭拒绝。凭着中刚两国友好关系和孙大使与卡库奇的私人友谊，近11时来到办公室的卡库奇签发了渡河申请。孙大使等从内政部直接赶赴码头。此时，码头上人群嘈杂，汽车喇叭、轮船汽笛响成一片。白人、黑人、黄种人和混血人混杂一处，或席地而坐，或以行李代凳，或扎堆议论，或来往穿梭，显得气氛紧张，场面杂乱，活脱脱一个战争难民背井离乡场面。在赤道骄阳下苦苦等候数小时的中国人，对办妥热切期待的过河特许证感到欢欣鼓舞，对法国代办遭遇挫折深表同情。使馆领导马上动员码头上我们所有外文干部寻找有过河证的渡船，经过多方努力和一番讨价还价，我们以6000美元的价格说动ITUNIME轮船老板送中国人过河。至此，大家久悬着的心才安然复位。下午1时半左右，一切手续办妥，孙大使率全体撤退人员登船。正待起锚，六名以色列和希腊人经许可也搭上这艘船。2时整，中国驻刚果（布）使馆刘豫锡参赞来电话告，撤退人员全部顺利登上对岸。我不禁感到一阵轻松。

1998年8月17日，中国侨民横渡刚果河从金沙萨撤至布拉柴维尔。图为从刚果（金）首都金沙萨隔河远眺刚果（布）首都布拉柴维尔

这是当日离开刚果河南岸的唯一一艘大客船，船上载有中国大使馆20人、援助刚果（金）专家58人和华侨30余人。我们之所以选择当日渡河，是因为法国代办邀请我们乘坐他们的船。如今我们的人已经到达对岸，一部分暂住刚果（布）使馆和专家招待所；另一部分乘早已准备好、接法国侨民的法国军用飞机赴加蓬，而法国侨民则无可奈何地滞留金沙萨。我们一开始就采取破釜沉舟的办法，将人员全部送到码头坐等，以此激励全体办事人员下定决心不达目的誓不罢休。我们获得了成功！

保卫首都

人们称1998年8月发生在刚果（金）、延续五年的战争是名副其实的“第一次非洲大战”，我十分赞成。事实是，与刚果（金）政府军共同组成盟军的直接参战国有：津巴布韦、安哥拉、纳米比亚、乍得、苏丹（仅派空军）；与刚果（金）反政府军组成联军的直接参战国有：卢旺达、乌干达、布隆迪。实际上，共计九国15方参战，即除刚果（金）政府军参战外，在刚果（金）领土上作战的还有刚果（金）反政府的“刚果解放运动”和“刚果民主联盟”、乌干达反政府武装、卢旺达反政府武装、布隆迪反政府武装、刚果（金）东部武装马伊马伊民兵。这场非洲大战是从九国15方攻守金沙萨正式开始的。

战争爆发之初，卡比拉缺兵少将，在联军的突然打击下，刚果（金）军丢盔弃甲，处境危急。然而，卡比拉发动解放战争推翻腐败独裁者蒙博托的解放者光环仍在，百姓对卡比拉果断决定遣返卢旺达军人心怀好感。卡比拉在大小集会上充分揭露、强烈谴责乌干达、卢旺达野蛮侵略，号召国民奋起反击、保家卫国，极大地激发了大众抗击侵略的爱国热情，同时也树立了卡比拉抗战领袖的形象。卡比拉因此威望大增，部分军人抗战热情高涨，热血青年踊跃报名参军。仅8月8日，金沙萨市就有7000名青年参军并开始接受军训。政府的坚定决心，群众的坚决支持，部分军人的浴血奋战，延缓了联军的进攻速度，使战争策划者“两周内攻陷金沙萨、推翻卡比拉”的预言破产，也为卡比拉争取外援赢得宝贵时间。

8月6日至25日，为了自身安全和便于出访南部非洲经济发展共同体（简称萨达克）成员国寻找支持，卡比拉暂住加丹加（扎伊尔时代称沙巴）省会卢本巴希。由卡库奇和总统府办公厅主任耶罗迪亚·阿卜杜拉伊留守首都。战争爆发后，美、法、比等国和非统表示尊重刚果（金）主权和领土完整。肯尼亚、赞比亚、坦桑尼亚、刚果（布）、加蓬等国总统同情或道义上支持卡比拉。联合国安理会和南非呼吁停止在刚果（金）的敌对行动。16日，卡比拉访问安哥拉首都罗安达，与安哥拉总统多斯桑托斯和纳米比亚总统努乔马就出兵援救刚果（金）达成一致。18日，萨达克政治、防务和安全机构主席、津巴布韦总统穆加贝在首都哈拉雷召开萨达克九国紧急磋商会。会议通过一项没有约束力的决议，决定组成萨达克干预部队奔赴刚果（金）参战支持刚果（金）政府，指挥部设在罗安达。南非、博茨瓦纳反对出兵。

19日，与刚果（金）没有陆地共同边界的津巴布韦率先出兵，派

800名军人、歼击机和武装直升机各两架飞赴卢本巴希。20日，津军飞抵金沙萨，负责保卫刚果（金）首都。此前，卡比拉于16日从安哥拉返回金沙萨召开高层军政紧急会议。经过彻夜商讨，会议做出坚守首都的关键性决定。19日，联军推进到离金沙萨100多公里的地方，金市全城震动。久经沙场、装备精良、士气高昂的津巴布韦军队的到来被视为天降神兵，给刚果（金）政府、普通老百姓及我们留守组一颗定心丸。

8月21日，钢盔铁甲、能征善战的安哥拉精锐部队从安哥拉盛产石油的飞地省份、刚果河北岸的卡宾达突然出兵南下西进。安军先派轰炸机对西线联军的后方军事基地基托纳进行轰炸，然后安军500人、坦克25辆、装甲车十多辆迅速包围基托纳。经过惨烈战斗，安军以死伤100多人的代价围歼了基托纳联军。此后，安哥拉军队威名远播，震慑联军。数日内，安军收复海滨小城巴纳纳、莫安达，进占刚果河入海口博马，包围马塔迪。真是风水轮流转，不到一个月时间，原来节节胜利的联军饱尝风声鹤唳、草木皆兵的滋味。在金沙萨，津巴布韦和纳米比亚军队已完成城防部署。这样，刚果（金）政府军以首都为基地向西出击，安哥拉军队以基托纳等海滨小城为后方基地向东追击，形成东西夹击之势。为了保存有生力量和军事装备以加强东线力量，联军以破坏英加水电站相要挟，要求安哥拉军队放弃围攻马塔迪，以便西线联军主力利用马塔迪机场进行大撤退。安军因顾及英加水电站的安全和避免联军困兽犹斗伤及自身兵力，同意妥协。这样，马塔迪便成为20世纪末联军的敦刻尔克。

在首都的安全威胁大体缓解后，卡比拉于8月25日从卢本巴希飞抵金沙萨，在从机场到总统府的十里长街上受到数十万市民自发形成的夹道欢迎。群众高呼“刚果必胜”“大叔万岁”等口号。妇女们载歌载舞，有的把披肩、裙子铺在马路上，让抗战英雄的座车从上面压过。卡比拉豪气大发，进行现场演说：感谢津巴布韦、安哥拉、纳米比亚三国的宝贵支持；宣布政府军已收复基托纳、巴纳纳、莫安达、博马，包围马塔迪；号召人民拿起武器，打持久的人民战争，粉碎敌人的野蛮侵略。

在安军与联军在刚果（金）西部沿海激战的同时，联军先头部队继续向金沙萨进发，23日占领金沙萨南部30公里处的卡桑古卢。同日，东线联军进展神速，攻占刚果（金）第三大城市基桑加尼。25日，由刚果（金）政府军、津巴布韦军、安哥拉军、纳米比亚军组成的盟军派飞机轰炸卡桑古卢和基桑加尼。26日清晨，刚果（金）军抓获潜入金沙萨市的一名卢旺达军人和两名刚果（金）反政府军人，三人供认近千名联军军人在卡桑古卢遭空袭后迂回潜入首都，准备夺取机场和其他战略要地。刚果（金）军立即封锁机场附近的金班塞克、恩吉利和马希纳等区。卡鲁梅亲自督阵，围剿潜入金沙萨市区的联军。先将联军藏匿处层层包围，然后动用重炮轰击，坦克进攻，待敌人四处逃窜时，刚果（金）军军人、民防队员、市民百姓进行全城大追捕。首都百姓对破坏他们和平生活的联军恨之入骨，被抓捕到的人有的被当场打死，有的被套上汽车轮胎浇上汽油活活烧死。留守组的同志外出，看到前往机场的大道两旁遍布一堆堆黑灰，每堆都至少有一人丧生；一辆辆卡车载满“货物”盖上黑布开往郊区，偶尔能发现盖得不严实的手臂或大腿。小卡比拉在号召消灭潜伏联军的同时，呼吁刚果（金）军队和百姓不要残害俘虏和投降者。经过激烈战斗和全民搜捕，至28日，敌人基本被肃清。首都局势恢复正常。29日，安哥拉军队进占马塔迪。金沙萨保卫战胜利结束。至此，西线战场联军死伤500余人，外国籍副司令被俘。

金沙萨保卫战大获全胜和卡比拉政权得以延续的关键是津巴布韦、安哥拉、纳米比亚出兵。三国出兵援助刚果（金）的缘由，既有共性也有个性。穆加贝、桑托斯、努乔马和卡比拉都是为各自祖国独立解放事业奋斗了一生的老游击队战士。他们理念相似，心心相印，一方有难岂肯袖手旁观。三国和刚果（金）均为萨达克成员，百姓均属非洲南部班图人，对非洲中东部图西族当权者向中南部非洲拓展势力和影响心存疑虑，尤其对它们后面的美国因素保持警惕。此外，出兵不是单方面付出，经济上将获回报。这是共性。津巴布韦另有所图。穆加贝原为南部非洲前线国家主席，是南部非洲国家的领袖人物。1994年南非种族主义政权终结，曼德拉当选南非总统后，成了萨达克盟主，如日中天。穆加贝仅保留萨达克政治、防务和安全机构主席的头衔。如果此次津巴布韦牵头的萨达克干预部队大获全胜，其团队不但得以巩固和扩大，穆的个人威望也会因而飙升。此外，津巴布韦在刚果（金）有重大经济利益，据说，其领导人还有私人投资。安哥拉出兵主要出于安全考虑。安哥拉生命攸关的石油生产基地卡宾达被刚果（金）与安哥拉本土隔开。刚果（金）西部战场与卡宾达毗邻，战火一旦烧至卡宾达，安哥拉政府的钱袋子则将化为乌有。再者，安哥拉政府死敌萨文比的安盟占领区紧靠刚果（金）边境，蒙博托曾允许其领土为安盟所用。卡比拉掌权后，与安哥拉保持唇齿关系。安哥拉担心联军推翻卡比拉后，由乌干达、卢旺达扶持的图西族政权会支持安盟，形成心腹大患。纳米比亚参战，是因为努乔马对穆加贝、桑托斯和卡比拉怀有同志加兄弟情谊。

此外，9月中下旬，利比亚出钱、由苏丹空军运送至刚果（金）前线的乍得军队1000余人，以蒙博托家乡巴多利特为基地，协助刚果（金）军防守赤道省北部与中非共和国交界地区。乍得军队擅长沙漠作战，不熟悉丛林战，水土不服，后勤供给不足。由于与刚果（金）军联络协调困难，曾误中刚果（金）军埋伏，“大水冲了龙王庙”。翌年5月，乍得再也无法苦撑。在未经双方商妥、刚果（金）政府军尚未到达接防的情况下，乍军便匆忙撤离，导致刚果（金）北部大片土地旋即落入联军之手。图西族掌权的布隆迪从战争之初的8月起派兵两千多人进入刚果（金）东部，试图趁机消灭以刚果（金）为基地的布隆迪胡图族反对派“保卫民主力量”的武装。

留守男士

每当想起1998年8、9月留守金沙萨的峥嵘岁月，一个个鲜活的留守男士形象就立即展现在我眼前。周乾梁，经商参赞，年过花甲。朱顺福，武官，年届熟知天命。曹福祯，办公室主任，一等秘书，年届花甲。居朝清，经商处一等秘书，年过不惑。他们的夫人均已撤往刚果河对岸。于谋魁，随员，曾经受过80年代伊朗、伊拉克战火的考验。爱人在北京当“留守女士”。李延周，随员，年近知天命。爱人刘真随大部队撤退转往驻加蓬使馆临时工作。邵顺，随员，虽已成家尚未达而立之年。其新婚燕尔的爱人小范留在北京。李树全，年过而立望不惑，天津友谊宾馆厨师。爱人撤往布拉柴维尔。我已略知天命，到金沙萨仅四个月，刚果（金）战争爆发，被戏称为“走到哪儿打到哪儿的战争贩子”，这次在留守组挑头。爱人张秀玲在北京当“留守女士”。此外，还有两位重要人物与我们“并肩战斗”：新华社金沙萨分社首席记者王运久和记者李发全，他们已知天命望花甲。这是一个年龄偏大但富有战争、留守经验的坚强集体，至今我还为这个团结战斗的临时组合感到自豪和骄傲！

8月17日，撤退队伍过河后，我们的留守生涯正式开始。两周来，由于战场形势紧张，又忙于撤退馆员、专家和华侨，我们非常疲惫。大队人马走后，使馆安静了许多。我的心情也渐渐安定下来，开始思考如何开展下一步工作。中午，金沙萨全城停水，这给业已遭受经常停电困扰的我们增加了许多困难，也给刚刚开始的留守工作一个下马威。第二天上午，我主持召开留守领导小组会议。大家分析刚果（金）战场形势和金沙萨局势，讨论如何胜利圆满地完成留守任务。大家一致认为：要立足于长期坚守，但目前要切实做好在刚果（金）全体中国人、国家机密和财产保卫工作；要做好调查研究，及时向中国外交部和其他中央部门报告有关情况和建议；要积极开展外交活动，为保卫国家最高利益坚守外交阵地。下午，召开留守组及记者全体会议，做好思想动员和工作安排。党员们表示，身为共产党员，捍卫祖国的利益高于一切，要吃苦在前，甘冒艰险，敢于战斗，不怕牺牲，坚决完成留守任务。李树全向党组织递交了入党申请书，决心经受战火的锤炼和考验，争取早日成为光荣的中国共产党党员。会后，大家马上分头行动：加固使馆办公楼、馆员住地的安全防卫设施，增强抗冲击能力；机要、电台、各办公室继续清理文件，特别要注意清除电脑残留文件并保证有关通讯、办公、生活设备正常运转；储备足够的矿泉水、粮油和燃油，准备长期坚守。

此后数日是留守生活中最紧张的阶段。西线联军继续东进，前锋直逼金沙萨。18日晚，武装分子袭击金沙萨马加拉监狱，企图解救被关押的“刚果国王”比塞雷，激烈的枪声再次响彻首都夜空。民众以为联军进城，引起一阵恐慌。刚果（金）政府军于次日凌晨控制了局势。此外，金沙萨连续断水停电七天。这期间，使馆加紧做好各项工作：于谋魁全面检查使馆发电系统，确保对外通信畅通；李延周除有条不紊地做好本职工作外，与邵顺、于谋魁一起自行设计、自己施工，加固使馆大院和办公楼防卫设施，为此忙活了好几天；为确保人员安全和集中力量保卫电台、机要和使馆财产，我们将距使馆约20分钟车程的大使官邸所有贵重物品集中到使馆，原住官邸的李树全搬到使馆居住，由当地雇员看管大使官邸，白天办公室派人查看；为节约水、电、煤气，解除大家后顾之忧，在保证工作午餐的同时增设工作晚餐。

在最困难的时刻，中国外交部、中央和国务院各有关部门发来慰问电。国内党政军各单位领导对留守组人员“临危不惧，坚守岗位”的大无畏精神予以表扬，对大家遇到的艰难困苦与危险表示亲切慰问。同时指示，做好撤馆准备，要切实保证人员和国家机密安全。我特别注意到，在最危急关头，国内领导机关将保证人员和机密安全放在首位，财产安全放在次要地位。这充分体现了党和国家对留守人员生命的关心和爱护。接到指示，身处异国他乡、前途未卜的我们心情十分激动，决心不辜负祖国重托。经过反复研究，我们做好应付最坏情况的准备。对内工作，各办公室、各位同志进入撤馆临战状态。对外工作，密切保持与刚果（金）当局、军方和各大国驻刚果使馆的联系，保证撤退路线畅通。留守期间，周乾梁、居朝清的工作任务很繁很重，除负责宾扎山上下两处房子的安全外，还要照管已撤离援外专家组的住处和财物。局势紧张时，他们把留守金沙萨的专家和人员接到经商处，以保护这些同志的安全。周乾梁管理仓库、发电机，有时自己开吉普车上街排队灌柴油，为发电机储备燃料。此外，还得为自己的一日三餐忙碌。

记得8月20日晚上，大家聚集在我的办公室，等待我决定是否撬开会计室存放账本、文件和现金的铁柜，做撤退的最后准备工作。我犹豫再三，最后决定再等一等。没承想，这一等就等来了形势好转。津巴布韦、安哥拉和纳米比亚军队在刚果（金）西部战场的胜利，极大地鼓舞了刚果（金）政府和军民的士气，联军在基托纳首遭败绩后斗志重挫，无心恋战。25日卡比拉英雄式的凯旋，使我们焦虑惶恐的心情得到暂时放松。然而，26日至28日刚政府军围剿潜入首都联军的隆隆炮声，又为我们略微松弛的神经上紧了弦。26日晚，刚果河对岸的刘参赞打来电话，询问打炮缘由。驻刚果（布）使馆与我们仅一河之隔，且地势较高，他们听到的隆隆炮声较我们感到的更加猛烈沉重。撤至该馆的我馆同人，尤其是丈夫在馆留守的女同胞们担心是联军在攻城，十分关心留守组的安危。我们离战区较远，没有现实危险，担心的是战乱中的散兵游勇杀人放火、拦路抢劫和冲击使馆。

西线军事形势逐步缓解，然而首都的政治社会状况日趋严峻。大敌当前，大家勒紧腰带过苦日子。危险过后，老百姓方发觉日子委实难熬。拥有500万人口的中部非洲最大城市金沙萨的日常生活用品、主副食品和汽油均经西部港口马塔迪运来。战乱和出海口被封锁，使航运中断、生产停顿、缺水少电，引起商品匮乏、物价上涨、油价攀升、货币贬值。在尽情欢呼赢得金沙萨保卫战伟大胜利的激情冷却后，老百姓和士兵每天要面对的是空空如也的商店、瘪瘪无银的腰包和饥肠辘辘的家人，不满情绪日增，持枪抢劫、威胁讹诈时有发生。一天晚上，十余名蒙面持枪歹徒闯入住在宾扎山上富人区一位钟姓华侨的家。他们先制服看门人，将其塞进汽车底下，后威胁、拷打该华侨要其花钱卖命，最终抢走3700多美元。事后，这位同胞心有余悸地对我说，那是要还朋友的钱，白天没还上就带回了家，没想到竟成了买命钱。他肯定，这些歹徒就是白天在那个地区站岗放哨的士兵。于是，就有了“白天是兵，晚上是匪”一说。邵顺一次驾车外出，汽车溅起的泥水弄脏一位男青年的衣服，该青年要邵顺用手机抵偿，否则不让走，引起路人围观。多亏一位身份高雅的当地女士驾车经过，见中国外交官有难，奋力排解，把那位青年臭骂一顿。8月下旬一个黄昏，中国开采木材的华贸公司吴福松等三位职员正在公司院内工作，突然闯进一个身穿着前扎伊尔军装、手持冲锋枪的歹徒，命令他们打开公司保险柜。这突如其来的危险，让三个人大惊失色。惊魂稍定，一位同志打开一瓶可乐递过去，说保险柜在另一栋房子里，马上带他去。说完向两位同事丢个眼色，请他们跟在歹徒后面。在经过那栋房子长长窄窄的走廊时，只听一声口令，走在歹徒前面的人猛回头抓住冲锋枪管奋力往上猛推，使枪口朝天，跟在后面的两人冲上前将歹徒拦腰抱住，按倒在地。三人将歹徒捆了个结实，连同冲锋枪一起送交当地警察。他们为保卫公家财产英勇斗敌的行动受到公司嘉奖。这一时期，应对社会动乱、确保人员和国家财产安全，是留守男士们的重要任务之一。我们坚持白天外出两人同行，以相互照应。尽量迟出早归，不在出事地区停留。晚上宵禁，不得外出。

在物资供应极端困难的情况下，要保证留守人员起码的工作和生活需要，并非易事。曹福祯、邵顺和李树全三位同志为此做了大量工作。首先是粮油问题。商店供应时断时续，他们想方设法通过当地华侨与厂家老板联系购买。我们的原则是，宁可囤积居奇也不能断顿挨饿。其次是蔬菜问题。金沙萨平时就缺少蔬菜，战时菜农生产积极性受打击加上运输困难，市场上青菜难觅。为让大伙吃上蔬菜，曹福祯等人多次冒险开车40分钟到郊区中国农业组菜地采摘。中国农业专家撤走后，这些蔬菜就无人管理。最困难的要算汽油柴油问题。英加水电站被占后，联军停止向金沙萨供电。政府军控制的另一个小水电站只能向金市各区轮流送电，中国大使馆每周只能轮上半天。这半天的供电对我们异常珍贵，因为它可以将使馆大楼地下和楼顶的蓄水池灌满。平时，靠我们自己发电把水抽上楼顶水塔。为保证工作需要，我们每天自己发电七小时左右。每天七小时发电消耗大量柴油。然而使馆没有油库，仅靠几个储油罐难以为继。确保稳定的燃油供应成为顺利完成留守任务的关键，为此，我们伤透脑筋。由于库存不足，油价狂升，燃油公司老板拒绝出售桶装油。我们派雇员司机上街排队往吉普车油箱加油，然后返回使馆抽出储存。这样做耗时费力还不能满足需要。最终，经周参赞同意，曹主任设法弄开了刚果（金）体育场已撤退回国的中国专家技术组的地下油库，解决了最棘手的难题。战后，我们将所用燃油如数奉还。

留守期间的几件小事令人难忘。一天下午4时许，李树全突发高烧，我们断定是患疟疾，俗称“打摆子”。这时，金沙萨医院已下班，路上行人稀少，加之晚6时开始宵禁，根本无法上医院治疗。曹主任一边外出购买疟疾克星奎宁马克斯，一边请华侨张琳带领在国内当过护士的小钟来使馆替李树全输液。小钟到刚果（金）仅数天，对疟疾等热带病一无所知，全凭我们这些“久病成良医”的人做主用药。李树全对奎宁马克斯反应很大，心跳过速加恶心呕吐，一直折腾到晚上9点多才安静下来。幸好，张琳等人住地离使馆不远，由我们几位外交官护送安全返家。8月27日上午，刚果（金）新任外交部长奥科托在金沙萨市洲际饭店会见使团，我以代办身份出席。奥呼吁各国谴责乌干达、卢旺达的侵略，支持刚果（金）人民的正义斗争。此时在金沙萨的三个市区，刚政府军正在围攻潜入城内的联军。12时左右，会见结束，我步出旅馆乘车离开时，突遭前面一队正在搜捕联军的刚军士兵袭击，子弹从我挂着五星红旗的座车的顶部和两侧飞过，路上行人纷纷躲避。我的当地雇员司机恩泰雷是个机灵鬼，见势不妙立即倒车调头就跑，躲进距出事地点不远的中国大使官邸，逃过一劫。8月底，我感到左膝关节疼痛难忍，行走困难，误认为是受风着凉，伤湿止痛膏贴了几盒不见好转。随后，右膝关节也犯了同样毛病，给工作、生活带来极大不便。我把双膝贴满了狗皮膏药，最后终于痊愈。究其原因，原来是劳损所致。我的宿舍在八层，办公室在三层，还经常外出办事，每天上下无数次，过去有电梯觉得挺方便。外来电力中断后，使馆小发电机的电力带不动电梯、热水器和空调。我被迫天天爬楼“锻炼”，直至把双膝 “练垮”，才变得聪明些。此后，我把日常用品转移到三层的办公室，免去了无数次爬八层楼的劳顿。

留守生活虽然充满艰苦和危险，但大家想办法苦中作乐。为缓和大家的紧张情绪，相互交流情况和看法，促进团结协作，调节和改善伙食，我们每周聚会一次，邀请经商处和新华社的同志参加。大家来时嘘寒问暖、互诉一周惊险，走时互道珍重。有时院外炮声隆隆、枪声阵阵，屋内欢声笑语、其乐融融，令人感慨万千。在忙完一天的工作之后，晚上11时左右，于谋魁、李延周、邵顺和我，有时加上曹福祯、李树全，我们都上楼顶平台乘凉、聊天。大家把从家里带来的瓜子、小吃，甚至平时不屑一顾的糖果都吃个精光。我们古今中外、海阔天空无所不谈。当然最经常的话题还是战争：两伊战争、卢旺达大屠杀、刚果（布）战争和正在进行的刚果（金）战争。记得有一次，邵顺转述给新婚爱人小范打电话的情况，十分可乐。邵向范讲述我们在停电断水情况下的艰苦生活。小范回答说："是啊，我听说别的地方留守人员上厕所不用水箱用锄头（指到野地挖坑）。"我们一个个笑得人仰马翻。

战乱外交

中国的外交是为推进中国现代化建设、完成祖国统一及维护世界和平与促进共同发展等三大战略服务的，无论驻在国遭受战争，还是享有和平，概莫能外。但是，如果驻在国爆发战争或动乱，环境和条件会发生很大变化，使馆的外交活动也要适应变化了的情况，以便更好地为中国的最高利益服务。

在刚果（金）战争爆发后那个非常时期，有几件外交事务给我留下深刻印象。

8月中下旬，为躲避战祸，外国侨民及驻刚果（金）外交使团纷纷撤离。刚果（金）政府对此非常反感，称他们在关键时刻"抛弃"刚果

（金），宣布取消他们的签证，大有以侨民和使团当人质之势。当时，美国新任驻刚果（金）大使斯温已抵达刚果（布）布拉柴维尔。斯温不但不赴任，反而于15日宣布关闭驻刚果（金）使馆。法国大使已离任，使馆首席参赞任临时馆长。日本、韩国、乌干达、卢旺达、布隆迪已关闭使馆。驻刚果（金）40多个外国使馆仅剩英国、意大利、比利时等十余国大使在任上。恰逢此时中国第九次驻外国使节会议即将在京召开，国内希望孙大使参加，我们也认为由政务参赞牵头留守使馆比较合适。为避免刚方误会，以便今后更好地开展工作，中国使馆在申请渡河特许证和大使离刚照会中均着重说明孙大使回国出差并非"弃刚逃跑"。在此后多次与刚果（金）官方接触中，我反复表述此点，获得刚方理解。

9月16日，奥科托分别召见中国、英国、安哥拉、津巴布韦等国使节。我以临时代办身份会见奥科托并表明四点：一是祝贺奥就任刚果（金）外长和刚果（金）在东、西两线取得巨大胜利，祝贺金沙萨恢复稳定；二是支持刚果（金）为捍卫国家主权和领土完整进行的正义斗争，最后胜利属于刚果（金）人民；三是中国人民对刚果（金）人民因战争遭受的苦难表示同情，中国赠送的一批物资已运抵金沙萨；四是两国在联合国有着良好合作，中方将给刚方全力支持与配合。对上述表态，奥科托代表刚果（金）政府表示非常满意和衷心感谢。会见结束后，刚果（金）新闻记者分别采访，询问各国对刚果（金）战争的态度，为支持刚果（金）人民的斗争做出什么贡献。处境尴尬的英国大使以"无可奉告"应付，迅速离开现场。我则态度鲜明地以"我们已经做了很多，但还有很多需要我们去做"作答。刚果（金）通讯社第二天刊出，反响很好。此外，我在与老朋友、前"解盟"外交部官员、现总统外交顾问伊龙加的私下交谈中则强烈谴责外国侵略，坚决支持刚果（金）政府和人民，收到很好效果。

1999年5月，中国驻刚果（金）大使馆向刚果（金）通讯社赠送办公用品，何泗记与哈鲁纳社长互换交接证书

战争形势调研是战时外交一项十分重要的任务，在处于战乱、信息媒体又极不发达的刚果（金）则是一项严峻挑战。我们主要从三个方面获取信息：刚果（金）军政当局、刚果（金）国内外媒体和外交使团。大使、武官和其他高级外交官与刚果（金）国防部办公厅主任加因贝、刚果（金）军队前线总指挥卡鲁梅及外交部长奥科托、新闻部长穆门吉、总统外交顾问伊龙加等保持密切联系，及时沟通讯息。其他外交干部重点盯紧刚果（金）新闻媒体和外国电台广播。那时候，使团的活动尤其频繁，电话、拜访、聚会不断。我注意保持与法国代办、比利时公使衔参赞、美国公使衔参赞等大国外交官和安哥拉公使衔参赞、津巴布韦代办等刚果（金）盟国外交官的联络。比利时是刚果（金）原宗主国，在刚果（金）有比利时侨民4000余人，其关系网广而深，信息又快又多。刚果（金）独立后，法国后来居上，在刚果（金）政治经济社会中占有重要地位，在刚果（金）的法国侨民1800余人，法国大使馆对战局相当了解。安哥拉、津巴布韦在刚果（金）战争中的重要性更是不言而喻。9月初，金沙萨保卫战胜利后不久，我拜访津巴布韦代办约翰。他曾出使安哥拉五年，懂葡萄牙文，略懂法文。我们交谈近两个小时，我讲法文，他操英文。从他那里，我获取颇多信息，是我们全面了解刚果（金）战局和政局的重要参考。战争伊始，我们两三天报一次战况，一周做一次小结。后来一两周报一次战况，遇到

重大事件做小结。记得9月初，我们向国内报告，判定刚果（金）将陷入长期战争泥潭。

驻在国发生战争，对巩固和发展中国与该国的友好合作关系既是机遇也是挑战，关键在于我们如何应付。此次刚果（金）战争爆发后，留守组坚守外交阵地40天，获得卡比拉赞赏。随后，在卡比拉面临强敌急需中国政治军事支持的情况下，在台湾“地下大使”为避战祸逃离金沙萨期间，我们敦促刚果（金）政府一举查封设立七年之久的“中华民国驻金沙萨代表团”，为进一步遏制台独在非洲实施的“弹性外交”，巩固和发展中刚两国关系做出了贡献。

遏制台独活动

银弹外交

1991年，在美国和西方大国掀起的“多党民主浪潮”冲击下，蒙博托统治下的扎伊尔经历了前所未有的政治和社会动乱。一些军人不满现状上街抢劫。国内出现两个政府，即蒙博托任命的政府和反对派组织成立的政府。扎伊尔社会动荡加剧，经济困难日深。李登辉之流趁机对蒙博托频频发动“银弹”攻势，诱使蒙博托政权于1991年6月10日与台湾当局签定两个协定。它们分别是“中华民国政府”向扎伊尔共和国政府提供2000万美元的贷款协定及在金沙萨和台北互设贸易经济代表团的特别协定。也就是说，台湾当局用2000万美元换取扎伊尔政府同意台湾在扎伊尔首都金沙萨设立贸易和经济代表团。在这个阳谋得逞后，台独分子又耍了个阴谋，以偷梁换柱的手法在金沙萨设立“中华民国代表团”，把属于民间性质的贸易机构“升格”为冠以“中华民国”的外交代表机关。扎伊尔却一直未在台北设立办事处。自那时起，在中国外交部领导下，中国驻扎伊尔大使馆进行了长达数年的坚决斗争。但是，蒙博托及其政府却大打太极拳，以各种借口推诿塞责。这个所谓“中华民国代表团”则祭起“游击战”

法宝，风声紧时他们把伪称铜牌摘下，人员不知去向；风头刚过，一切照旧。

蒙博托与台湾当局有着深厚的历史渊源。1960年6月30日出现在刚果（利）独立庆典上的并不是中华人民共和国的代表而是台湾当局派去的“大使”沈觐鼎。此后，沈某人就一直赖在利奥波德维尔不走，进行与刚果（利）当局“建交”活动。9月3日，前往利奥波德维尔出席8月30日由刚果（利）总理卢蒙巴倡议召开的非洲独立国家外长会议的中国驻阿拉伯联合共和国大使陈家康，与刚果卢蒙巴政府外交部长邦博科谈妥了两国建交事宜。双方商定9月20日后发表两国建交公报。卢蒙巴语气坚定地表示：“刚果（利）政府只承认中华人民共和国，决不同台湾建交。”刚方解释说，9月20日联合国将讨论接纳刚果（利）为会员问题，为避免占据联合国安理会常任理事国席位的台湾当局破坏，建交公报不宜在此前发表。然而，刚刚获得独立的刚果风云突变，在美国、联合国策动下，卡萨武布总统和国民军总参谋长蒙博托分别于9月5日和9月14日发动两次推翻卢蒙巴的政变打乱了原计划，建交公报最终未能发表。随后，亲美的刚果（利）政府即与台湾“建交”，升任国民军总司令的蒙博托自然是台湾“大使”的座上宾。1965年政变上台后，蒙博托政权一直保持与台湾的“邦交”关系。

20世纪整个60年代，在如何对待卢蒙巴遇害、基赞加政府、缪勒尔爱国武装及刚果（利）东西线爱国武装力量等问题上，有美国代理人之称的蒙博托与中国成了冤家死对头。蒙博托一直追随美国，敌视中国，支持台湾盘踞中国在联合国的席位，反对恢复中华人民共和国在联合国的合法席位。蒙博托曾是蒋介石在非洲的“最忠实可靠的朋友之一”。1971年7月，蒙博托应蒋介石邀请赴台访问一周，于公于私捞到不少好处。这一年的10月27日，刚果（利）将国名刚果民主共和国改为扎伊尔共和国。为了紧紧拉住蒙博托，保持与非洲大国扎伊尔的

“邦交”，台湾煞费苦心，向扎伊尔派出了近百人的农耕队，开垦和管理农场十余处，帮助蒙博托修建恩塞莱总统庄园，为扎伊尔培训保安人员。蒙博托的主要安全顾问都在台湾受过训。20世纪70年代以来，世界局势发生了巨大变化。大部分非洲国家已抛弃台湾同中华人民共和国建立了外交关系。1971年10月25日，第26届联合国大会以76票赞成、35票反对、17票弃权通过了由阿尔巴尼亚、阿尔及利亚等23国所提出的恢复中华人民共和国在联合国一切合法权利，把台湾蒋介石集团代表从联合国组织及其所属一切机构中的席位上驱逐出去的提案，即联合国第2758号决议。此后，中国在全世界、尤其在非洲的影响日益扩大。蒙博托追随美国、反对中国的立场日趋孤立。随着世界形势的变化，蒙博托意识到继续追随、依赖美国，已经影响到扎伊尔和他本人的形象。他在多种场合反复宣称扎伊尔不是西方国家的附庸，他也不是美国的代理人。1972年2月美国总统尼克松访华之后，蒙博托才下决心抛弃台湾，在这一年的11月24日，与中华人民共和国实现关系正常化。

缜密筹划

历史的时钟转至1997年5月，卡比拉领导“解盟”军队攻占金沙萨。卡比拉是坚定的卢蒙巴主义者，曾在华受训，自诩为中国的老朋友。卡比拉入主金沙萨为中国驱逐台伪机构提供了新机遇。中国驻刚果（金）大使黄舍骄、临时代办刘玉和先后多次与刚果（金）外交部、总统府交涉，要求对方采取果断措施，关闭台湾当局派驻刚果（金）的地下大使馆，为中刚两国关系的顺利发展扫清障碍。中国领导人亲自向当年底访华的卡比拉做工作，卡比拉口头应允予以解决。

翌年3月，孙昆山大使和我飞抵金沙萨任职。我们决心抓住有利时机和条件，在前任坚持不懈工作的基础上加倍努力，竭尽所能，敦促卡比拉新政权驱逐台伪机构。为实现此目标，我们进行了多方面准备。首要任务是弄清台伪机构的具体情况。刚果（金）邮政局人员工作经常马虎大意、漫不经心。凡是封面印有中文的邮件一律往中国大使馆的邮箱塞，无暇理会上面所注有的外文地址和收件人。我们从错投到我馆的来往函件中，查清台伪机构的正式名称确为“中华民国驻金沙萨代表团”。我们请在刚果（金）外交部亚美司工作的前留华学生瓦蒂贝雷核实该“代表团”成员所持护照种类，经瓦蒂贝雷多方努力，终于弄清该“代表团”团长萧光渝和团员徐某均由台湾“外交部”派出，持有台湾“外交部”颁发的外交护照。我们还请华侨张玲玲和小乔以借阅音像资料为名直接与台人员接触了解详情。再请新华社记者李发全与使馆办公室青年干部袁浩一起察看该“代表团”办事处并将铜牌拍照，该“代表团”办事处当地雇员亦称萧、徐为“大使”、“秘书”，而管理该“代表团”的刚果（金）政府部门也是刚果（金）外交部。根据这些信息，我们判定，所谓“中华民国驻金沙萨代表团”，是一个具有外交代表机关性质的机构。

在掌握确凿证据后，为消除在金沙萨事实上存在的“两个中国”现象，我们进行了理直气壮的交涉。在1998年4月至8月的四个月内，我们先后与刚果（金）外长卡拉哈，经济国务部长姆波约，总统府办公厅主任阿卜杜拉伊·耶罗迪亚交涉。卡拉哈以“南非经过七八年酝酿才处理了台湾问题，我们执政不到一年”为由拖延时间。姆波约重申刚新政府坚持“一个中国，台湾为中国一个省”的政策，避而不谈关闭台伪机构。阿卜杜拉伊则称这是蒙博托政府遗留问题，解决起来有困难。卡比拉执政后，台湾当局产生危机感。他们以攻为守，一方面通过韩国在金沙萨商人朴某某欲用重金收买刚果（金）上层，企图实现台湾与刚果（金）“建交”；另一方面则加紧逼债，催促刚果（金）新政权尽快偿还蒙博托独吞的那2000万美元，以警告其不可轻举妄动。斗争陷入僵局。

实践告诉我们，必须寻找有利时机，采取非常规措施，才有望突破。1998年8月，刚果（金）战争再次爆发。经过激烈战斗，刚军和盟军在西线取得全面胜利，卡比拉站稳脚跟。与此同时，东线联军却步步进逼，刚果（金）大片国土被占。为应付危机，卡比拉紧急召回正在中国受训的儿子小卡比拉。在国际上，刚果（金）政府急需获得国际社会尤其是中国的强力支持。此外，经过数月实际观察，我们发现卡比拉说一不二。在他面前，其他官员唯唯诺诺，俯首帖耳，不敢提不同意见和建议。我们认识到，要想关闭台伪机构，只有直接面陈卡比拉才有可能。然而，卡比拉很少会见外国驻刚果（金）外交使节和外国人，要见他，谈何容易。我们苦苦等待时机。

机会终于来了。1998年中国国庆节刚过，刚果（金）外交部礼宾司电话通知：10月3日，卡比拉接受中国、英国、津巴布韦、安哥拉和美国等国大使递交国书。这是卡上台一年多来第一次接受国书。10月2日清晨，地处赤道的金沙萨湛蓝的天空天高云淡，阳光明媚。晨风吹送的空气清新纯净，沁人肺腑。宽阔静谧的刚果河碧波荡漾，渔帆点点。这分明不像一个战乱国度的首都，却恍若一方远离尘嚣纷争的世外桃源。我应约驱车从闹市中心贡贝区的大使馆公寓赶往位于金沙萨市高级住宅区与著名的洲际大饭店一墙之隔的中国大使官邸。官邸大院那片碧绿的大草坪在阳光下显得格外妩媚，不远处那丛色彩斑斓的热带鲜花在争奇斗艳。一切是那么的使人神怡，令人惬意。我和孙昆山大使在官邸小会客室落座。这两位中华人民共和国驻刚果民主共和国的最高官员经研究最终决定利用大使向卡比拉递交国书之机直接要求卡比拉下令关闭“中华民国驻金沙萨代表团”办事处，驱逐该台伪机构。新任大使递交国书时，一般都是转达国家元首的问候和口信，宣读颂词，共叙友谊。而利用此机会进行重大外交交涉，不能不说是一个大胆决策。

重点突破

1998年10月3日，递交国书仪式在金沙萨非统村隆重举行。所谓非统村，实际上相当于中国钓鱼台国宾馆，系蒙博托为接待出席在金沙萨召开的非统年度首脑会议的各国元首或政府首脑所建。村内有数十栋高级别墅、舒适豪华的会议中心和各类办公、娱乐场所。是日，非统村戒备森严，村内由比利时皇家骑士风格的马队护卫，广场上彩旗飘扬，乐曲缭绕。大红地毯从广场中心一直伸向总统会客厅。依国际惯例，各国大使按到任先后次序，分别单独递交国书。美国大使被卡比拉紧急剔除后，孙大使成了最后一位递交国书的大使。在庄严的升国旗、奏国歌仪式后，总统府典礼局长贝罗尼把孙大使和我引进总统会客厅。卡比拉与总统府办公厅主任阿卜杜拉伊、总统外交顾问伊龙加、外交部副部长布旺吉姆已在等候。大使亲手把国书递给卡比拉后，两人热烈握手，互致问候。我与卡比拉双手相握，相视而笑。卡乐哈哈地说："噢，原来是你！"落座后，孙大使便按预定方案与卡进行热情友好的谈话。当谈到蒙博托遗留的"两个中国"问题时，卡比拉故作神情严肃地对身边的阿卜杜拉伊等人说："哦，有这等事！你们为何不向我报告？"卡接着说："刚果民主共和国政府一贯支持一个中国政策，所谓的福摩萨是中国的一个省。刚中两国人民有着深厚友谊。我们需要继续发展两国友好与合作。我本人决不允许在两国关系的晴空中有一丝阴霾！"我的老朋友、总统外交顾问伊龙加事后告，当天总统把三位陪见官员留下来并下令："关掉它（指台伪机构）！由外交部通知情报局执行。今后决不允许台湾以任何形式在刚设立办事处！”

此后，刚果（金）国家电视台连播三天由副外长布旺吉姆签署的刚外交部新闻公报：“刚果民主共和国外交部谨以救国政府的名义重申，刚果尊重中国人民的统一和中华人民共和国的领土完整。因此，刚果外交部在1998年10月3日中华人民共和国大使向国家元首卡比拉阁下递交国书之际重申，在刚果只有唯一一个代表中国政府的外交使团。”10月6日，刚果（金）外交部以照会形式将此公报送交中国大使馆。

初战告捷后，中国外交部及时指示我们要做好后续工作，不留尾巴；还要密切关注台伪机构人员的动向，防止其耍花招。高兴之余，我们没有被胜利冲昏头脑。经反复推敲研究，使馆领导做出决定：第一，趁热打铁，催促刚果（金）外交部尽快落实卡比拉的指示，关闭该代表处并正式照会中国使馆。此事必须在萧光渝二人因躲避战乱尚未返回之前完成，以免生变。第二，关注刚台交涉情况和台人员动向，打掉其改头换面保存代表处的企图。第三，要求刚方公布关闭该代表处的消息，限令其人员离境。我在约见刚果（金）外交部亚美司代司长穆塔吉时，穆认为，该部已发表了新闻公报，阐明了刚政府的原则立场，无必要正式照会中国大使馆。该部某些官员则提出“中华民国代表团”应该关闭，但是，台湾当局某种形式的办事处可以存在下去。为阐明中国立场，澄清刚方一些糊涂观念，催促刚方尽快完全落实卡比拉的决定，孙大使于10月10日和19日分别宴请刚果（金）副外长布旺吉姆和刚外交部各司司长并拜会出差归来的新任外长奥科托。我则紧紧盯住负责处理此案的副外长顾问穆贝贝雷及其周围的人。

10月中旬，刚果（金）外交部礼宾司长贝罗尼通报，他已派人将“中华民国代表团”的铜牌摘下，将办公室查封，由军人看守。我们派人核查属实。我们还要求刚果（金）外交部正式照会中国大使馆，我明确指出，刚果（金）外交部公报有严重缺陷，即没有宣布关闭台伪机构，照会里必须明白无误地写上无条件关闭“中华民国驻金沙萨代表团”字样。10月22日，在部长秘书室，经我审核了照会正本，再请副外长签发。大使馆于23日收到此照会。主要内容如下：刚果民主共和国政府决定无条件关闭“中华民国驻金沙萨代表团”。照会附有刚外交部致台“代表团”的照会。

完美收官

1998年10月19日，为躲避战祸撤离金沙萨，欢度“意外假期”两个月后返回刚果（金）首都的萧光渝等二人为“铜牌被摘，办公室被封”的巨变所惊呆。他们深知这是卡比拉所做的决定，保留原名称已无可能，但是，要竭尽全力争取开设商代处或办事处，实则要将原有机构改头换面保存下来，以图东山再起。他们的主要手法，一是以2000万美元债务为武器压刚方就范；二是运用“银弹”收买高层。返回金沙萨的第二天傍晚，萧光渝在一名前留华学生的带领下窜到总统外交顾问伊龙加家，解释说他不是外交官，是来保护台商利益的。并许伊以重金，希望帮助游说刚果（金）当局允许该机构存在，遭伊严词拒绝。10月26日，穆贝贝雷召见萧光渝，面交刚果（金）外交部致“中华民国驻金沙萨代表团”照会：“刚果民主共和国决定不再与中华民国续签1991年6月10日两国签订的关于在金沙萨和台北互设贸易和经济代表团的特别协定。鉴于该协定已到期，刚果政府已通过国家情报局对该代表团办事处予以查封。刚果外交部请该团接受因关闭办事处而引起的一切政治和法律结果。”萧光渝则强烈要求刚方偿还2000万美元债务或允许台开设商代处。

为对刚果（金）政府关闭台“代表团”的果断行动做出反应，鼓励刚方完全落实各项后续工作，中国使馆遵照外交部指示复照刚果（金）外交部：代表中国政府对刚政府决定无条件关闭台伪机构的做法表示欢迎，对刚方坚持“一个中国”原则立场，支持中国统一大业表示高度赞赏和衷心感谢。10月28日，我拜会伊龙加，向其递交中国大使馆照会副本。伊对中国使馆照会非常重视，称将立即报告卡比拉，相信总统也会感到十分欣慰。伊龙加还异常兴奋地对我说，关于2000万美元债务问题，刚果（金）政府采取两条措施：一是要求台方提供交接证据。因为该款由当时扎伊尔中央银行行长沙巴尼访台时领取，没有收据，没进国库，刚果（金）政府不予承认；二是贷款协定由前扎伊尔政府与“中华民国”政府签署，刚果（金）根据联合国决议不承认“中华民国”，也就不存在该协定。伊龙加请我转告中国政府：“总统态度非常明确坚定，不留尾巴。”伊龙加还当着我的面给副外长布旺吉姆写信，指出：刚果（金）政府欢迎台湾商人来刚从事商贸投资活动，但是决不允许台湾当局在刚设立商代处或办事处；要求刚果（金）媒体择机公开报道关闭台“代表团”办事处消息；要求外交部限期该台伪机构人员离开刚果（金）。萧光渝在金沙萨活动了一个多月，先后拜见刚果（金）外交部副部长顾问、亚美司长、总统外交顾问等

1998年10月，何泗记赴刚果（金）总统府大理石宫拜会总统外交顾问伊龙加，商谈关闭台湾地下使馆事宜

高官，一无所获。后又选择一个周日清晨亲往孙大使官邸叩门求见，遭拒绝。萧光渝曾经对某国驻刚果（金）大使馆一等秘书感叹：“我和‘政府’都感到很累。我们花了不少钱，在南非失败了，在刚果（金）也失败了。”

10月30日，中国外交部发言人唐国强发表谈话：近日，刚果民主共和国政府无条件关闭了台湾当局早先设立的驻金沙萨代表团。中国政府对刚果（金）政府的这一举措表示欢迎，对刚果（金）政府奉行“一个中国”政策、维护中国和刚果（金）友好合作关系的正义立场表示赞赏。我们相信，此举将有利于两国友好合作关系的进一步发展。

1998年12月2日，台湾当局驻刚果（金）地下“大使”萧光渝及其“一等秘书”徐某，带着变卖汽车、家具所得5万美元，乘比利时航空公司班机黯然离开金沙萨赴布鲁塞尔。至此，一场长达七年的反对台独“弹性外交”斗争以胜利宣告结束。

总统魂断蓝天

惨遭谋杀

2001年1月16日下午2时许，卡比拉在金沙萨宾扎山上的总统府“大理石宫”会见总统府经济顾问莫塔。突然，总统贴身警卫拉什迪从总统和警卫人员专用的侧门进入会客室，称有重要事情向总统汇报。就在卡比拉侧身倾听的一刹那，拉什迪拔枪向总统的头部、颈部和腹部连开五枪。卡比拉应声倒地，血流如注。拉什迪仓忙逃窜，但被闻讯赶来的总统卫队当场击毙。在外等待总统接见的刚果（金）卫生部长听见枪声立即冲进会客室，见总统倒在血泊中，奄奄一息。他环顾四周，没有任何急救物品，急忙撕下一块窗帘布将总统包裹起来。总统专用直升机紧急将卡比拉从宾扎山上送往山下的恩格利玛医院抢救。这是一所由比利时援建的刚果（金）全国医疗设备最先进、医疗技术最高明的医院。当晚，卡比拉被抬上飞机十万火急赶往津巴布韦首都哈拉雷救治。在飞往哈拉雷的途中，总统终因伤势过重不治身亡，魂断蓝天，年届60岁。

谋杀卡比拉的直接凶手拉什迪是刚果（金）东部南基伍省人。20世纪60年代至90年代，卡比拉一直在南基伍地区打游击，其人民革命党和游击队骨干都来自该地区。1996年卡比拉义旗再举时，大批青年踊跃响应，激情追随。拉什迪此时入伍，还不满18岁，是卡比拉队伍中众多娃娃兵之一。拉什迪作战勇敢，忠诚机灵，很快赢得卡比拉的信任并作为总统卫队的一员来到金沙萨。同时，基伍地区也是卢旺达移民后裔的聚居地，是刚果（金）图西族即巴尼亚穆伦盖族的故乡，是刚果（金）反政府军势力最大的派别刚果民主联盟的根据地。那里地形复杂、部族众多、矛盾盘根错节，是刚果（金）长期动荡不安的主要地区。那么，人们不禁要问，是谁策划了这起震惊世界、天衣无缝的谋杀？刚果（金）政府指责敌国卢旺达、乌干达及西方帝国主义是这出惊天大案的后台老板。这次“斩首”行动的结果显然对卡比拉的敌人有利，这是不言而喻的。刚果（金）政府的指责很有道理，国际舆论也有不少赞同的声音。卢旺达、乌干达则认为这是刚果（金）内讧火拼的结果，有人甚至暗指卡比拉的亲属应对此事负责。卡比拉谋杀案的真相有待于历史做出公正结论。古今中外，这样的事例不胜枚举，远从法国拿破仑之死、印度英·甘地母子遇害，近至卢旺达总统哈比利马纳、布隆迪总统恩塔里亚米拉罹难，有些已成历史谜案，有些则真相大白；有的凶手伏法而“老板”逍遥法外，有的凶手和“老板”同逃法网。

自20世纪60年代起，卡比拉默默无闻地顽强坚持反蒙博托斗争30余年。1997年5月，卡比拉在邻国乌干达、卢旺达支持下率“解盟”大军攻克金沙萨自任总统，一举成名，成为世纪之交非洲政治舞台上的传奇人物。卡比拉上台执政后，面对复杂的国际国内环境，本应韬光养晦，集中精力巩固政权，恢复经济，稳定周边，发展与大国关系。但是，在立足未稳、羽翼未丰的情况下，卡比拉即锋芒毕露，四面出击，招致战祸。他在战火中崛起，在枪声中倒下，走完了其大喜大悲的人生历程。

我与卡比拉在战争中相识。1997年5月12日，我奉命从卢旺达西北边境进入扎伊尔东部重镇戈马。18日，老卡在卢本巴希临时总统府高兴地接见了我。1998年10月3日，刚果（金）战争爆发仅两个月，我作为驻刚果使馆参赞陪同孙昆山大使递交国书在金沙萨非统村第二次见到卡比拉。老卡边握手边微笑着表示热烈欢迎，像久别重逢的老朋友。一年多时间内我两次见到极少接见外国人的卡比拉，也算受到特殊待遇。

对卡比拉传奇的一生，世人褒贬不一。1998年8月，刚果（金）第二次战争爆发不久，法国负责国际合作的部长级代表若斯兰说：“卡比拉是‘战争领袖’，难以断言能否胜任刚果（金）这么一个大国的元首，从他遇到的困难和解决困难的办法看，他不是干这一行的。”根据观察和了解，我认为老卡既是有勇有谋、意志刚强的民族主义革命家和战略家，又是稍缺治国韬略的国家元首。老卡以其超常的言行给人以深刻鲜明的印象。

民族英雄

卡比拉是坚定的民族主义者，也称得上刚果（金）的民族英雄。他为捍卫刚果（金）的民族独立与国家统一奋斗了一生，为维护刚果（金）的民族利益流尽了最后一滴血。

刚果（金）是撒哈拉沙漠以南国土面积最辽阔、矿产资源最丰富的国家。流经刚果大部分国土的刚果河是非洲最大、水量最丰沛的河流。刚果具有悠久的历史和文化。早在远古时代，刚果地区就有人类生存繁衍。13世纪以来，这个地区曾先后出现过著名的刚果、库巴、卢巴和隆达等几个王国。

但是，从15世纪起，葡萄牙、荷兰、英国、法国殖民者相继入侵刚果。从15世纪到19世纪，刚果经历四百多年“黑奴贸易”的浩劫。据估算，从刚果河口被贩卖的奴隶有八百多万，更多的人在“猎获”过程中被屠杀。19世纪70年代，比利时国王利奥波德二世派人入侵刚果，用武力、贿赂和蒙骗等手段与刚果河流域的部族酋长签定了一系列“保护”条约。1885年，殖民主义大国瓜分非洲的“柏林会议”把刚果划为利奥波德二世的私人采地。随后成立了以利奥波德二世为君主的“刚果自由邦”，面积是比利时国土的77倍。1900年，比利时政府宣布直接接管刚果，将“刚果自由邦”改为“比属刚果”。

比利时殖民者对刚果人民长期的血腥统治、残酷剥削与掠夺，在刚果人民心中种下了仇恨的种子，激起了他们的强烈反抗。1921年爆发的基邦古反抗运动，提出了“刚果是刚果人民的刚果”的政治口号。20世纪50年代，非洲大陆民族解放运动风起云涌，比属刚果人民争取民族独立的斗争如火如荼。在斗争中涌现出不少政党，如由帕特里斯·卢蒙巴领导的超越部族利益、代表全体刚果人的刚果民族运动党等。1958年12月，刚果人民在首都利奥波德维尔中心广场举行盛大群众集会，强烈要求独立。卢蒙巴在大会上旗帜鲜明地指出：“不能把独立看作是比利时赠送给刚果人民的礼物，而应当看成是刚果人民恢复她失去的权力。”1960年6月30日，刚果终于向全世界宣布独立，定名刚果共和国，定都利奥波德维尔。由卡萨武布担任总统，卢蒙巴出任总理并负责组织内阁。卢蒙巴在庆典上热泪盈眶地说：“每个刚果人都不会忘记，独立是付出了泪、火与血的斗争之后获得的！”然而，他万万没想到，为了保卫国家的独立和统一，刚果人民还要付出更为沉重的代价！

7月8日，比利时政府借口保护侨民安全下令武装干涉刚果。不久，比利时殖民者怂恿和支持冲伯宣布“加丹加独立”。随后，开赛地区的卡隆吉也宣布“独立”。短期内，刚果内部“三足鼎立”，外部遭武装干涉，狂风暴雨猛烈地袭击着新生的共和国。年轻的卢蒙巴政府“病笃乱投医”，先后请苏联、美国、加纳、几内亚、埃及、摩洛哥等国和联合国派兵帮忙。这正中早已觊觎刚果丰富宝藏的美国的下怀。在联合国副秘书长、美国人拉尔夫·本奇和联合国秘书长哈马舍尔德私人秘书、美国人安德鲁·戈迪亚的先后指挥下，联合国军不但不驱逐比利时军队，反而缴了刚果国民军的械。9月5日，卡萨武布总统宣布解除卢蒙巴总理职务，卢则宣布废黜总统。14日，刚果国民军参谋长蒙博托发动政变，宣布接管卢蒙巴政府。卢蒙巴被软禁在总理府。1960年11月底，卢蒙巴与参议长奥基托、青年和体育部长莫波洛在逃往东方省斯坦利维尔途中被蒙博托的追兵逮捕。卡萨武布和蒙博托对卢蒙巴恨之入骨，于1961年1月中旬合谋将三人交给卢蒙巴的死对头冲伯，以借刀杀人。就在加丹加省伊丽莎白机场移交的第二天，卢蒙巴等被冲伯当面残忍地杀害。冲伯为毁尸灭迹，将卢蒙巴等人的尸体投入炼铜炉的硫酸池熔化了。卢蒙巴遇害的消息传出后，全世界愤怒了！在全球一百多个大中城市里，人们举行了示威游行，悼念卢蒙巴，抗议杀害卢蒙巴的罪行。1961年2月18日，北京50万群众参加了在工人体育场举行的大规模抗议集会，强烈谴责杀害卢蒙巴。周恩来出席了大会。天安门前降半旗致哀。在第三届全非人民大会上，卢蒙巴被追认为非洲民族英雄，是全非洲民族独立的象征。

早在1960年10月初，卢蒙巴被蒙博托软禁时，决定携政府离开首都利奥波德维尔，迁都东方省省会斯坦利维尔。卢蒙巴政府副总理基赞加（45年后出任民选总统小卡比拉政府第一任总理）、国民军总司令伦杜拉将军以及格本耶、缪勒尔等十多位部长和众多议员，历尽难以想象的坎坷曲折、千辛万险，于10月中下旬陆续抵达斯坦利维尔。在蒙博托追兵的围追堵截下，有些人不幸被捕被杀。11月，卢蒙巴等人也在逃往东方省的路上被蒙博托抓获。

先期到达斯坦利维尔的基赞加及部长们马上组成事实上的政府班子并开始工作。伦杜拉整顿了东方省的国民军，清除了蒙博托分子，补充了很多进步青年，还组建了一支由基赞加控制的宪兵队。整顿后的军队纪律严明，人民拥护，向心力、战斗力强。大家翘首以望等待卢蒙巴的到来。卢蒙巴被捕的消息传到斯坦利维尔，人们异常悲愤。卢蒙巴的战友和支持者相信，只有依靠武装斗争才能对付帝国主义及其走狗。12月12日，他们在斯坦利维尔正式宣布成立"刚果自由共和国"，确定斯坦利维尔为临时首都，基赞加任代总理。缪勒尔负责外交事务，伦杜拉负责国防事务。基赞加政府成立后，经过充分准备，主动出击，扩大控制区。1960年12月底至1961年2月间，斯坦利维尔国民军在基伍省、加丹加省等地打了许多胜仗。临时政府控制着东方省、基伍省两省以及开赛省、加丹加省的部分地区，拥有全刚果50%的国土和人口。几内亚、马里、加纳、苏联、南斯拉夫、埃及等22国先后将大使馆迁至新首都斯坦利维尔。中国与基赞加政府于1961年2月20日正式建交。临时代办张彤于7月29日抵达斯坦利维尔赴任。

刚果独立后的蓝色七星旗飘扬在斯坦利维尔上空。新首都是地处刚果东北部的全国第三大城市，时有人口十余万。如果说刚果是非洲的心脏，那么斯坦利维尔就是心脏的心脏。它可说是非洲原始森林深处的一座孤城。没有铁路，物资进入、人员往来靠航空和河运。声威大震的基赞加政府引起西方帝国主义及其代理人的恐慌。在军事和经济上，卡萨武布和蒙博托对斯坦利维尔进行封锁，东方省的木材、棉花、可可、咖啡等大宗农林产品运不出去，工业品、生活品运不进来。新首都市面萧条、店铺关门、工厂停工、商品奇缺。政府财政极端困难，拖欠工资军饷，怨言日增。在外交上，美国指使联合国军将刚果境内的比利时及其他外国军事人员、顾问、雇佣军统统赶出去，并张罗对卢蒙巴及其战友被害进行调查。凶手卡萨武布将刽子手冲伯逮捕。然后，美国提议重开刚果国会，选举新总理，引诱基赞加上钩。在内外交困的处境下，基赞加不听中国总理周恩来两次捎信劝阻，同意接受亲美总统卡萨武布的“招安”，于1961年9月出任利奥波德维尔政权第一副总理。基赞加乘坐的飞机刚离开斯坦利维尔，联合国军3000余人即空降至斯坦利维尔，接管了东方省。就这样，经卢蒙巴追随者历时九个月为之浴血奋战的斯坦利维尔政权在美国、联合国及卡萨武布、蒙博托的文攻武讨下土崩瓦解、烟消云散。1962年1月20日，醒悟后重新战斗的基赞加在斯坦利维尔遭蒙博托军和联合国军逮捕，被流放到刚果河入海口一个荒无人烟名叫布拉姆邦巴的孤岛上。

卡比拉深受刚果民族独立运动先驱、民族英雄卢蒙巴影响，早在学生时代便加入卢蒙巴领导的刚果民族运动党。刚果独立后，年仅19岁的卡比拉曾出任卢蒙巴政府的外交部副部长。卢蒙巴政府被蒙博托政变推翻、卢蒙巴遭软禁后，卡比拉连夜化装渡过刚果河逃往北岸的布拉柴维尔。尽管卡比拉出身加丹加省，与冲伯同为隆达部族，但是，他坚决反对冲伯追随比利时殖民者，创立所谓“加丹加共和国”，分裂刚果。他从布拉柴维尔返回家乡后，拒绝冲伯利诱，率领加丹加省部分

1999年3月，刚果（金）邮电通讯部为刚果中国电信有限责任公司成立举行庆祝活动，图为中方出席人员与刚果（金）艺人合影

民族运动党青年党员支持基赞加政府。1960年7月至1962年1月间这场历时一年多错综复杂、生死存亡的斗争，使卡比拉彻底认清了帝国主义、殖民主义及其操纵下的联合国、被其收买的卡萨武布、蒙博托的本质。从此，卡比拉下定决心，与一切危害刚果的行为战斗到底。他终生实践了自己的诺言。

1996年10月，卡比拉在扎伊尔东部再次拉开武装斗争序幕后，即在其解放区将国名恢复为60年代的刚果民主共和国，称扎伊尔这个名字与蒙博托一样“太脏”。甚至“解盟”领导机构的设置、部门名称均与卢蒙巴的民族运动党机构相同。卡比拉掌权后，重新使用独立初期的国旗和国歌，任命卢蒙巴的女儿朱丽安娜·卢蒙巴为文化艺术部长。卡比拉对西方帝国主义列强残害卢蒙巴、危害新生刚果独立的劣行深恶痛绝，当政后一直保持高度警惕，基本上采取不合作态度。他就任总统后曾深有感触地对我说：“没有经济独立就没有政治独立。刚果今后要全力发展经济，以有效维护刚果人民得之不易的政治独立。”此外，卡比拉对自认为“危害国家利益”的言行，可谓“六亲不认”。卡比拉的老战友、原新闻与文化部长甘达和邮电部长金盖拉涉嫌贪污，财政部长盖塔拉“对叛军态度模糊”，均被总统安全顾问卡扎迪镣铐加身、投入监狱。

武装革命

卡比拉是枪杆子里面出政权的实践者。1961年9月，卢蒙巴政府遭到彻底失败。年轻的卡比拉认识到没有武装力量即没有政权、没有民族独立，从此积极投身武装斗争。基赞加被捕后，卢蒙巴的战友、前国民教育部长皮埃尔·缪勒尔在克韦卢省举起民族独立解放旗帜，势力扩展至东方省，并在斯坦利维尔建立爱国武装，继续坚持不屈不挠的武装斗争。1963年10月，刚果民族运动党、缪勒尔的非洲团结党等联合组成反对亲美政权的刚果全国解放委员会，卡比拉出任副主席。缪勒尔创建了刚果人民解放军并任刚果西线总司令。卡比拉在加丹加北部和基伍地区领导武装起义并出任东线总司令。

1965年4月1日，古巴革命家切·格瓦拉率100多名古巴革命者到刚果东线丛林与卡比拉并肩战斗。记得1965年2月3日，格瓦拉率古巴社会主义革命统一党代表团访问中国，中国共产党中央总书记邓小平，中央书记处书记、北京市委第一书记彭真到机场迎接。在机场举行了盛大的欢迎仪式，我作为北京外国语学院法语系学生参加了欢迎仪式。这是我从广东到北京后见到的第一位外国领导人。格瓦拉身材挺拔、风度翩翩，白皙的脸庞配以浓密油黑的大胡子显得那么威严和潇洒，给我留下了终生难忘的印象。不久，他放弃高官厚禄和优雅舒适的生活，重新投入丛林革命，去实践“只有解放全人类才能最后解放自己”的诺言，令我们这些当年的热血青年敬佩得五体投地。这位阿根廷出生的古巴革命家，曾因哮喘症被免于在阿根廷服兵役。在刚果东部的丛林里，他又为此病吃尽了苦头。他吃了苏联过期的治哮喘药品几乎死去，这是格瓦拉一生中最糟糕的时期之一。他在刚果的革命计划完全失败，六名战友葬身坦噶尼喀湖西岸。重病在身的格瓦拉一直坚持留在刚果战斗到最后一刻，要用生命为革命树立典范。最终，人们说服他离开刚果到捷克斯洛伐克治病。格瓦拉1966年3月抵达布拉格治疗。同年7月，经维也纳、日内瓦、苏黎世、莫斯科返回哈瓦那。1966年11月7日，格瓦拉抵达玻利维亚尼阿卡瓦苏河畔的游击队营地。1967年3月22日，格瓦拉以拉蒙为化名领导的“玻利维亚民族解放军”开始军事行动。10月8日，格瓦拉在龙罗山峡谷战斗中受伤被俘。10月9日，格瓦拉被杀害，时年39岁。斗争失败了，但是格瓦拉坚强的革命斗志对卡比拉产生不可估量的影响。

1964年8月和1966年6月，卡比拉两次率团访华，受到周恩来、陈毅接见。1968年，他再次来华。中国领导人向卡比拉介绍了紧密依靠群众，坚持长期斗争，建立巩固的农村根据地，以农村包围城市，枪杆子里面出政权的经验，使卡比拉坚定了坚持长期武装斗争的决心。1967年，他创建人民革命党，率领20余名骨干重返刚果东部基伍地区开展游击战争。从1967年至1986年，卡比拉及其战友在基伍省菲齐地区的原始森林深处巴拉卡建立武装割据根据地“赫瓦博拉（意为自由之地）”，又称“红区”。据卡比拉的亲密战友、总统安全顾问卡扎迪介绍，那里有自治政权、财政委员会等机构，有学校、医院。为克服经费不足，还做些黄金、象牙交易。蒙博托对这块红色根据地进行长达20年的军事围剿，并施以威逼利诱、分化瓦解、拉出去打进来、暗杀破坏、发布特赦令瓦解军心等手段，卡比拉最终被迫放弃根据地，分散打游击。卡扎迪曾对我说，当时困难到了极点，“我们今天晚上秘密开会做出决策，明天清早敌人的广播电台、报纸就报道了”。

在1966年刚果全国各地的武装斗争火焰熄灭后，卢蒙巴的战友缪勒尔、基赞加、苏米亚洛等或被杀或妥协或出走，卡比拉独自坚持游击战争数十年，其坚韧不拔、果敢刚毅的斗争意志不能不令人佩服。游击战失败后，卡比拉流亡乌干达、坦桑尼亚等地，仍坚持秘密斗争，其武装力量化整为零隐匿在民众之中。1990年，蒙博托在美国和西方刮起的波涛汹涌的民主浪潮压力下被迫邀请全国各党派代表举行全国对话会议。卡比拉拒绝与会，是全扎伊尔唯一未出席会议的反对派领导人。1996年10月，趁卢旺达、乌干达支持扎伊尔东部巴尼亚穆伦盖族造反之机，蛰伏已久的卡比拉振臂高呼，人民革命党旧部3000余武装人员一夜之间齐聚麾下，形成一支独立力量。后经穆塞韦尼、卡加梅撮合，与巴族三派组成“解盟”，开展轰轰烈烈的打倒蒙博托的武装斗争。七个月后，卡比拉终于实现了平生夙愿——用枪杆子推翻蒙博托夺取政权。

铮铮傲骨

卡比拉是义无反顾的革命斗士。经过长期斗争，1960年6月30日刚果（利）宣告独立。7月8日，比利时支持加丹加省长、隆达部族政党科纳卡特党主席冲伯宣布成立加丹加共和国。7月15日，美国为首的联合国军队开进刚果，以“维持秩序”名义，对抵抗比利时的刚果军民进行缴械。8月9日，在比利时唆使下，卡隆吉在开赛地区宣布成立开赛矿业共和国。年轻的卢蒙巴政府为维护国家的独立、主权和统一进行了不屈不挠的斗争。此后，在美国和联合国操纵下，卢蒙巴被软禁、逮捕和杀害。卢蒙巴的坚定追随者、年轻的卡比拉亲身经历了这场斗争，从此，卡比拉奋不顾身地投入到反对帝国主义、殖民主义的斗争中去，并在战火中练就了百折不挠的性格。几十年来，卡比拉不改初衷，一如既往地反对西方列强的霸权主义。

1997年4月，卡比拉领导的“解盟”大军解放了扎伊尔第二大城市、加丹加省会、“铜都”卢本巴希。一直支持卡比拉反对蒙博托的美国，为阻止卡比拉成为全国独一无二的强人而失去控制，坚持要求卡比拉停止进攻，与各派分享权力和国土。卡比拉识破这一图谋，“一意孤行”向西进军，遂取得全国胜利。在卢本巴希时，美国一家石油公司与“解盟”属下公司签定总额达10亿美元的矿业开发合同。胜利后，该公司为压卡比拉“推进民主化进程、尊重人权”，故意拖延资金投入。卡比拉盛怒之下宣布废除该合同，作为反击。1998年2月，克林顿总统特使、黑人牧师杰克逊访问刚果（金）。在得知杰克逊私下拜访了刚果著名反对派领导人齐塞凯迪后，卡比拉不但不见杰，还下令政府官员一律不得会见。卡比拉对卢蒙巴被害念念不忘，对卢蒙巴名言记忆犹新:“如果我倒下了,我将成为一个烈士,我的鲜血将溅在联合国的良心上!”1998年4月,西方国家推动联合国派遣调查团调查“解盟”军队西进时屠杀卢旺达胡图族难民情况,试图借此攻击卡比拉和刚果(金)的人权问题。卡比拉在极力反对未果的情况下,使出浑身解数,诱使联合国调查团在赤道省挖掘一个当地酋长坟墓引起公愤,又以一名加拿大籍团员持双重身份证为由将其驱逐出境并宣布终止该团在刚果(金)的调查。1998年8月战争期间,刚果(金)拒绝法国派军人和飞机赴金沙萨撤退侨民,并以法国军用飞机飞越刚果河、侵犯刚果(金)领空为由驱逐两名法国外交官。1998年10月3日,卡比拉拟在金沙萨非统村接受中国、英国、安哥拉、津巴布韦和美国等国大使递交国书。是日清晨,外交部礼宾司将各位大使请到非统村等候,美国大使斯温亦在座。两小时后,斯温大使首先被请出候见厅。大伙儿纳闷,美国大使到任最晚,难道卡比拉要打破外交礼仪,首先见他?礼宾司长的解释顿时令众外交官大跌眼镜。原来,2日晚,美国国务院发言人抨击了刚果(金)的人权问题。卡比拉盛怒之余,拒绝接受美国大使的国书,令斯温打道回馆。数周后,为缓解关系,礼宾司单独为美国大使递交国书做出安排。

卡比拉掌权后,铮铮傲骨凸显。他先后造访时遭制裁的利比亚和苏丹,向卡扎菲和巴希尔致敬。他仅有的两次非洲大陆外的国事访问是到中国和古巴。据说还拟访问伊拉克,向反美的萨达姆取经,因刚果(金)战争爆发未成行。卡比拉十分推崇卡斯特罗和卡扎菲,渴望自己能加入他们的行列,组成反美“三卡”。

想当初,卡比拉和蒙博托都是卢蒙巴的追随者。卢蒙巴政府成立后,卡比拉出任外交部副部长,蒙博托为总理府国务秘书。后经卢蒙巴推荐,蒙博托出任刚果国民军总参谋长,上校军衔。当时卢蒙巴兼任国防部长,维克多·伦杜拉少将为国民军总司令。但是,卡比拉、蒙博托两人有本质区别，卡比拉为国家和理想而死，蒙博托为权力和私利而生。1960年6月刚果独立后，卢蒙巴为赶走比利时入侵者、粉碎冲伯的分裂活动而四处奔波，伦杜拉指挥国民军在前线与冲伯等分裂分子作战，蒙博托留守后方并掌握着首都的军队。美国、联合国和卡萨武布都看中这位手握重兵又喜欢美元的总参谋长，在他身上花了不少银两。为自身的权力和利益蒙博托第一次变脸，于9月发动政变推翻自己的恩师卢蒙巴，被卢蒙巴谴责为"被帝国主义分子收买"。11月，蒙博托派兵将成功逃离首都的卢蒙巴逮捕并与卡萨武布合谋将卢及其战友递送给冲伯杀害。蒙博托无疑是杀害卢蒙巴的间接刽子手。此后，他参与搞垮斯坦利维尔基赞加临时政府的阴谋活动，残酷镇压刚果（金）全国各地的反帝爱国武装斗争，流放基赞加，诱杀缪勒尔。1965年11月政变上台后，蒙博托为巩固政权又一次变脸。他努力把自己打扮成卢蒙巴事业的真正继承人：缺席判处杀害卢蒙巴的刽子手冲伯死刑，接回在埃及流亡的卢蒙巴夫人及孩子，宣布卢蒙巴为刚果民族英雄；将首都一条主要街道命名为卢蒙巴大道，为卢树立巨型纪念碑。为彰显自己的民族主义精神，将首都利奥波德维尔改名为金沙萨，将国名改为扎伊尔。在蒙博托政权巩固后，他再次变脸，将"卢蒙巴主义"束之高阁，转而树立自己至高无上的淫威。

所有这一切都被卡比拉看在眼里，在卡比拉的意识里，不管蒙博托如何变脸，其帝国主义走狗的本质不会变。卡比拉一生反对帝国主义，一生反对蒙博托。他毕一生之力亲手打倒了蒙博托并看到蒙在亡命途中孤独死去，他应该死而无憾。

忠诚朋友

卡比拉是中国人民的忠诚朋友。卡比拉给外人的印象是桀骜不驯、冷酷无情。在接触中，我看到他性格的另一面：坦诚笃实，恩怨分明。卡比拉取得政权后，不忘20世纪60年代及游击战期间的老朋友：任命原刚果最高革命委员会执委会主席、斗争失败后在法国大学任心理学教授的耶罗迪亚·阿卜杜拉伊为总统府办公厅主任（后改任外交与合作国务部长、副总统），他经常代表卡比拉出席各种礼仪活动，成为卡的化身；委任“赫瓦博拉”根据地时期的老战友卡扎迪为总统安全顾问，号称影子内阁阁揆，予以生杀大权；任命曾一起战斗过的游击老战士、“老红军”卡布维为国家情报局长，掌管国家机密和安全事务。1998年5月，卡比拉邀请格瓦拉之女玛丽娅参加刚果（金）解放战争胜利一周年庆典，与玛丽娅谈笑风生，自称是其叔叔。卡比拉对毛泽东、中国和中国人民更是怀有诚挚感情。他终生实践着毛泽东的游击战和枪杆子里面出政权的论述，奋战不息，坚贞不渝。1997年5月，卡比拉在卢本巴希满怀激情地对我说：“刚果革命的胜利是学习中国革命经验的结果。”卡比拉掌权后出访非洲外的第一个国家是中国。据说，卡比拉夺取政权半年后即1997年12月中旬的某一天，卡比拉出行，为确保行程安全严格保密，随行人员上了专机，竟然还不知要去哪里，去干什么。待专机降落在北风凛冽、天寒地冻的北京首都机场，还穿着短袖衬衣的他们，只有裹上接待人员紧急“救济”的棉大衣后才敢走下飞机。访华期间，卡比拉不顾寒风刺骨、旅途劳顿，执意要参观其母校——南京军事学院。卡比拉在母校留言簿上写道：“在此6个月又21天的学习为刚果革命的胜利做出重要贡献！”经过几十年的风风雨雨，在南京军事学院学习的具体天数都记得如此精确详细，可见卡比拉是位粗中有细、对中国怀有刻骨铭心感激之情的朋友。

刚果（金）革命胜利后，总统府办公厅主任阿卜杜拉伊与卡比拉闲聊时谈到：1966年4月，阿卜杜拉伊以刚果全国最高革命委员会执委会主席身份率团访华，分别受到毛泽东、周恩来和陈毅的接见，毛泽东赠阿一套法文版《毛泽东选集》做纪念，并在第一卷扉页上题词："刚果人民革命胜利万岁！"卡比拉听后很感兴趣，要阿送来亲自观看。卡比拉看后感慨地说："毛泽东主席真伟大，几十年前就预言刚果革命会取得胜利！"卡比拉爱不释手地对阿卜杜拉伊说："这是珍贵的革命文物，就由我保存吧！"阿卜杜拉伊和卡比拉曾受到毛泽东、周恩来等中国领导人多次接见，这些当年的刚果革命青年不但学习中国领导人的革命精神，甚至对他们的衣着都十分迷恋。看到中国领导人不穿西装而着中山装，他们便不再穿西服。阿卜杜拉伊在法国教书，还娶白人女子为妻，后来就任卡比拉政权高官，但从不穿西服，常穿衬衣外加一件马褂。见到我们就用中文打招呼："你好！""你好吗？"卡比拉在中国的时间比阿长，可能太专心于学习游击战了，一句中文也不会。但是，他也从来不穿西装，不打领带，中国老一代革命家的形象已牢牢扎根于他的灵魂深处。

1999年2月，孙昆山大使（中）与卡比拉总统代表、总统府办公厅主任耶罗迪亚·阿卜杜拉伊（右）签署两国经济技术合作协议，何泗记（左）出席

卡比拉遇害后，1971年6月在"赫瓦博拉"从林出生的小卡接替老

卡就任总统，成为当时世界上最年轻的国家元首。小卡思想开放，头脑灵活，深知只有与西方大国和解，刚果（金）才能获得和平与统一。他审时度势，彻底抛弃其父的僵硬做法，执行灵活开放政策，受到国内外普遍欢迎。他迅速缓和与美国、法国、比利时的紧张关系，促使美国向乌干达、卢旺达施加影响和压力，迫使乌、卢从刚果（金）撤军。在西方大国尤其是美国的穿梭斡旋下，经过一年多的努力，刚果（金）政府分别于2002年7月30日和9月6日与卢旺达、乌干达签署关于刚果（金）停火、实现和平的“比勒陀利亚协定”和“卢萨卡协议”。在老卡两周年忌日前夕，刚果（金）已基本实现全国停火，外国军队全部撤离。经历四年多战乱的刚果（金）终于实现了和平与统一。此外，小卡决心子报父仇。在老卡遇刺两周年之际，刚果（金）军事法庭已逮捕、审判以老卡私人参谋长埃迪·卡彭上校为首的阴谋集团135人，其中死刑30人，无期27人，有期28人，无罪50人。

周旋在中非

出使中非共和国

初尝战果

2004年3月13日中午1时许，坐落在刚果河支流乌班吉河畔的中非共和国总统府复兴宫宴会大厅里，以弗朗索瓦·博齐泽总统为首的中非军政要员，以中国人民解放军少将、中国国防部外事办公室主任张邦栋为首的中国国防部外事代表团成员，以及我率领的中国驻中非共和国大使馆高级外交官，都在凝神倾听中非外交部长韦内祖维代表博齐泽总统的致辞。看得出来，中非军政官员显得神情轻松自如，在场的中国人则一脸严肃，正襟端坐。韦内祖维外长在致辞中大谈两国两军友好和友谊，衷心感谢中国政府和军队对中非政府、军队和人民的无私援助之后，高声宣布："请中国政府和人民放心，中非政府将继续坚持'世界上只有一个中国'的原则立场。"话音未落，大厅里爆发出热烈的持续不断的掌声。此时，位于博齐泽两侧的张邦栋和我脸上露出了舒心的微笑。庄严肃穆的大厅里顿时觥筹交错、欢声笑语，宴会厅洋溢着喜庆欢乐友好的气氛。

宴会前，博齐泽在复兴宫亲切会见了中国国防部外事代表团，并以中非共和国国防部长的身份与张邦栋团长共同签署了中国国防部向中非国防部提供军事援助的协定书。宴会后，出席宴会的博齐泽总统、贡巴副总统、加翁巴莱总理、全国过渡委员会（代议会）蒂昂盖伊主席、财政国务部长勒布代尔、中非武装部队总参谋长甘比少将等中非军政要员与张邦栋团长及团员、使馆政务参赞张国保、经商参赞王忠余和我合影。

2004年3月，中国国防部外事办主任张邦栋少将（左）在中非总参谋部拜会总长甘比少将（中），何泗记大使作陪

3月13日，那是一个令人难忘的日子。经过长达一年艰苦卓绝、前赴后继的斗争，我们终于初战告捷，在反对台独、巩固外交阵地的战斗中，取得阶段性胜利。

2003年3月中旬，在中非北部和乍得南部坚持武装游击战争的前中非武装部队总参谋长弗朗索瓦·博齐泽少将，指挥其麾下数千游击战士趁帕塔塞总统出国开会之机，兵临中非首都班吉城下，于3月15日一举攻陷班吉，夺取政权。

全人类刚刚跨入新的“千年”，素有“非洲中心”之称的中非共和国便结束了难得的数年和平与安宁，恢复了往昔政变频仍、动乱不断的状态。2001年5月和2002年8月，时任国防部长德马富特和武装部队总参谋长博齐泽，亲自指挥中非军队挫败和粉碎了前总统科林巴的两次政变阴谋，迫使科林巴逃离中非。在内乱基本消除后，文人总统帕塔塞则听信传言，怀疑平叛功臣德马富特和博齐泽与科林巴有染，宣布解除德马富特的国防部长职务，德只得流亡国外。当帕塔塞派兵逮捕总长博齐泽时，愤怒的博齐泽武力拒捕，于2002年11月率100余名子弟兵出走乍得。帕塔塞也乐见政敌流亡国外，未加阻拦。乍得总统代比热情收留了博齐泽，并为博此后开展的武装游击战争提供了全方位的支持。那时，乍得总统代比与台湾当局维持“邦交”关系，台湾驻乍得“大使馆”也极力与博齐泽套近乎。短短数月，博齐泽的队伍便从“十几个人七八条枪”发展壮大到数千人，其中不乏乍得籍战士。这对“有国无兵”，连自己的安全都交给利比亚卫队的帕塔塞无疑是极大威胁。

中非政权“3·15”易帜后，中国、中非两国关系处于风雨飘摇之中。1991年7月，时任中非总统科林巴被李登辉的“银弹”击中，中国、中非关系发生逆转。直到1998年1月，帕塔塞不再无视中国的存在，决定与中国恢复外交关系。复交以来，在双方共同努力下，两国友好合作关系发展良好，帕塔塞做出了很大贡献。某些中非官员认为他是中非统治阶层中最大的“亲华派”。现在帕塔塞被推翻，其继承人被指“与台湾陈水扁有染”，两国关系岂不危急？

两国外交关系处于紧急关头，中国党政军各有关部门决定全力攻坚克艰。中非经过数年政变战乱之后，政局混乱，社会动荡，经济崩溃，民不聊生，外国人的生命和财产受到严重威胁。联合国开发计划署、联合国粮农组织、世界卫生组织等机构人员已撤离。美、日、德等国决定撤退本国侨民和外交官，关闭驻班吉大使馆。非洲联盟通过决议谴责博齐泽武装政变上台。一时间，中非政变当局成了孤立无援的“国际弃儿”。

与此相反，中国决定不撤馆、不停援，外交人员和援外专家继续坚守岗位。大使馆外交官和援中非全体工程技术人员、医疗队员在王四法大使，张国保、王忠余参赞带领下，冒着生命危险坚持在中非的工作岗位上。中国人的表现成为中非混乱局面中一道亮丽的风景，中非人民和临时政府看在眼里，喜在心头。在战争和大抢劫的废墟上，中国政府援建的“百套住房”项目组、中非国家广播电台发射台项目组、勃亚利农场技术组和援助中非第十批中国医疗队的所有中国人，个个表现神勇。有的被抢劫后穿着背心裤衩逃出来，经过数天休整后继续上班；有的从外省撤到首都后，每天冒险驱车上百公里到地处外省的农场工作；有的工地上仅有中国人的身影，有的日夜守卫着国家财产。大使馆的外交官们则在混乱之中忙着寻找老朋友，结交新朋友。以王大使为首的高级外交官，反复地、坚定地向新当权者阐述中国的外交政策尤其是对中非政策，以及中国政府在台湾问题上的原则立场。

然而，中非政府始终游离于“两个中国”之间。中非外交部长韦内祖维以及博齐泽多次表示：“中非政府愿意与伟大中国发展友好关系。”但是，从不在“世界上只有一个中国，中华人民共和国政府是代表全中国人民的唯一合法政府，台湾是中国领土不可分割的一部分”这个原则问题上表态。2003年9月，博齐泽在纽约出席联合国大会期间，中国外交部长李肇星特意登门拜访。博齐泽热情接待，非常诚恳地对李部长说：“我们非常愿意与伟大的中国做朋友，只要你们不抛弃我们。”态度友好，言语恳切，就是不肯说出“中非政府坚持一个中国原则”这一关键词。

艰巨使命

我就是在这个艰难时刻被任命为中华人民共和国驻中非共和国特命全权大使的。2003年8月，全国人民代表大会常务委员会投票通过了对我的任命。9月，我参加了外交学院第五期高级外交官培训班。10月，外交部干部司正式通知我就任新职。接到通知，我既兴奋激动又着急焦虑。兴奋激动的是，我终于从中国外交界的普通翻译和职员走上了铺着红地毯的外交官最高台阶。这是中国共产党和祖国母亲给予我的最大信任和荣誉。着急焦虑的是，中国和中非共和国关系正处于危险之中，我肩负着扭转危局、巩固和发展两国关系的重任，自己能胜任吗？我心想，自己在外交领域工作了数十年，自认为经过风浪，见过世面，曾为国家做过些有益工作，千万别以“断交大使”的身份提前离岗退休，抱憾终生！临行前，我曾对同事们坦言：“我赴危险之国，面临的挑战大于机遇。”同事们笑称：“你是非洲通，这样危急的地方你不去让谁去？”

赴任前，我做了新大使例行的工作：去外交部非洲司了解驻在国情况，领取指示和建议；到礼宾司联系国书事宜；拜访外交部内各有关单位，和党中央、国务院有关部门负责同志商谈工作。除此之外，我还特意做了三件事情，一是约见商务部援外司李文明副司长，专谈对中非的经济援助工作，向他提出了诸多具体援助请求，寻求支持；二是约见国防部外事办公室何副主任，请求在对中非军援方面给予照顾；三是破例求见五位外交部领导，聆听教诲、领取指示、恳请支持。他们是，外交部长李肇星，党委书记戴秉国，纪委书记乔宗淮，负责非洲地区事务的部长助理吕国增，负责干部、行政财务工作的部长助理李金章。记得李肇星和戴秉国都是下班后在办公室见我的。曾在肯尼亚、莱索托常驻，作为部领导主管过非洲事务的李肇星部长对我说：“中非有政变和倒向台湾的传统，去后大胆干。”临别前送我一本《李肇星诗选》，并在扉页上赠言“祝胜任愉快，为国争光”，以资鼓励。戴秉国书记是我20世纪80年代外交部业余学校英语班的同班同学，他热情地对我说：“工作手段要多种多样，但要注意不授人以柄。”部长助理李金章的话特别耐人寻味，给我印象尤深：“我历来主张，要派能力强的大使到关系危险的国家去。这些同志要能上天入地。”部领导的话简短明了，给我以力量。我满怀信心地踏上征程。

2004年元旦的钟声刚刚敲响，在经过两个月的精神和物质准备之后，我和夫人张秀玲便于8日乘坐中国民航航班飞赴巴黎。在法国蒙彼利埃高等商学院就读的独生女儿何存也于当日赶到巴黎与我们相聚，为我们送行。在巴黎略作休整后，我们于10日晚登上飞往班吉的法航班机。飞机经停乍得首都恩贾梅纳后，于11日凌晨抵达班吉姆波科国际机场。在机场贵宾室，我们受到中非外交部秘书长伊兹马和中国驻中非大使馆政务参赞张国保夫妇，经济商务参赞王忠余及众多馆员和中国援助中非专家组、医疗队代表的热烈欢迎。

如此，我的艰巨使命正式开始。根据外交惯例，一国新任大使只有向驻在国国家元首递交了国书后，他的大使身份才得到驻在国当局和外交使团的认可，他才能以派遣国大使的资格开展各项外交活动。于是，递交国书即成为新大使赴任后的首要外交活动。

我稍事休息，便与张国保参赞交流工作情况。张国保是一位能力强、经验丰富的高级外交官，在我到达之前，他已为递交国书事宜做了妥善安排。我抵达使馆的第二天，即1月12日，在张国保参赞陪同下，拜会了中非外交部部长级代表（外交部第二号人物）莫斯基，向莫递交了国书副本，并商谈了递交国书事宜。莫斯基告，博齐泽十分重视中国新大使的到任，决定明天举行仪式，专门接受中国大使递交国书。会见结束后，我们又拜会了外交部礼宾司长穆萨·肯贝，请他详细介绍递交国书的程序、礼仪和注意事项。回到使馆，我又反复观看了使馆办公室吕京声二秘从电视上录制的日本大使递交国书仪式的录像带，不放过每个细节。

1月13日上午9时，在三辆开道摩托引领下，中非外交部礼宾司副司长史鲁尔班乘坐挂着中国国旗的汽车来到大使馆接我。递交国书是外交礼典中的大事，迎接新大使递交国书，驻在国外交部一般仅派礼宾司普通官员即可，中非外交部派礼宾司副司长来接，这是对中国大使礼遇有加。我身着深色国产西服，内穿白色衬衣，系红色花领带，脚蹬锃亮的黑色国产皮鞋，在史鲁尔班陪同下登上中非方的汽车。大使馆的大使专车上，端坐着陪同递交国书的张国保、王忠余参赞。两辆汽车在开道摩托引领下，风驰电掣般驶过班吉市的街道，顷刻间进入总统府。

总统府广场上，仪仗队整齐排列，军乐队乐鼓齐鸣。我在红地毯前下了车，早已等候着的外交部礼宾司长穆萨·肯贝陪同我踏上红地毯，检阅仪仗队。检阅结束时，仪仗队指挥官如仪报告，礼宾司长示意上前握手致谢，我立刻照办。我们沿着红地毯继续行进，来到总统府会客大厅前面的台阶下，面对中国、中非两国国旗庄严肃立，凝听军乐队高奏中华人民共和国国歌《义勇军进行曲》和中非共和国国歌《复兴》。随后，我们进入大厅。大厅里灯火辉煌，人头攒动，中非军政要员和总统府、外交部官员济济一堂，好不热闹。在礼宾司长指引下，我来到站在大厅中央的博齐泽面前，朗声说道："总统阁下，我向您递交中华人民共和国主席胡锦涛阁下任命我为驻中非共和国特命全权大使的国书。"与此同时，我上身前倾双手恭恭敬敬地将印有中华人民共和国国徽的红色国书信夹递到总统手上，总统接过后交给站在身边的外交部礼宾

2004年1月13日，何泗记大使向博齐泽总统递交国书

司官员，与我热烈握手寒暄。我向总统转达胡锦涛主席的亲切问候。博齐泽表示感谢，请我代转问候，并对我来中非任职表示热烈欢迎。接着，我来到麦克风前，高声朗读颂词。

仪式结束时，我与总统及出席仪式的总统府办公厅主任布里亚、外交部长韦内祖维、武装部队总参谋长甘比等中非高官握手告别。我仍由穆萨司长陪同走出大厅，沿着红地毯走到另一端。与穆萨司长握手告别后，史鲁尔班把我送回大使馆。至此，整个过程顺利结束。随后，中国大使馆在宴会厅举行简单酒会，中国大使馆外交官员和援助中非的中国专家组长举杯祝贺我正式履行使命。

奋力拼搏

风风光光、热热闹闹的场面过后，我便踏上了陡峭崎岖、荆棘丛生的险途。我非常明白，我的使命就是在中非共和国的领土上捍卫中国的最高利益，是在进行一场反对台独、坚守外交阵地、捍卫国家荣誉的斗争。为了夺取这场斗争的胜利，我必须殚精竭虑，团结率领全使馆人员和在中非全体中华儿女，形成坚强的战斗队伍，义无反顾地去拼搏、去战斗。

在与驻中非共和国大使馆政务参赞张国保和经济商务参赞王忠余谈完工作后，我于递交国书后的次日，即1月14日主持召开全馆大会。在大会上，我发表了“就职演说”和“战斗动员令”。我神情严肃地阐述：“在中非共和国，我们反对台独的斗争形势非常严峻。中非政变当局面对军队派系林立、相互对抗，国民经济崩溃、国库空虚、无能力支付军队和公务员工资，社会危机深重、犹如火山爆发前夜等混乱局面，对台湾陈水扁的‘银弹’十分期待。在台湾，陈水扁遭遇连战、宋楚瑜的联合攻势，在台湾‘总统’选战民意预测中处于下风。目前，距3月20日台湾‘总统’大选投票日益临近，陈水扁为拉动选情、扭转颓势，必定要花重金在国际上买‘邦交’，凸显其政绩，壮大其竞选连任声势。那么，中非就是陈水扁之流的重要目标。”我提高嗓门进一步说：“同志们，我们受祖国的派遣来到大使馆工作，那么，我们就组成了一个命运共同体。无论是大使、参赞，还是司机、厨师都是共同体的组成部分，一荣俱荣，一毁俱毁。我们就像沧海中的一叶孤舟，只有大家同心协力、奋力划桨，才能到达彼岸。否则，将淹没在茫茫大海之中，无一幸免！”

形势的确很严峻。2003年3月15日中非政变后，为了稳定两国关系，阻止中非政府倒向台独，中国国内领导机关和驻中非各机构同心协力、步调一致做工作，暂时稳住了中非政府。就在我于国内紧张筹备赴任事宜期间，11月，中国援建的“百套住房项目”竣工，移交对方；12月15日，中国援建的2万人座“中非国家体育场项目”重新奠基复工。12月底，国内有关单位便指示驻中非大使馆向中非方通报：胡锦涛邀请博齐泽2004年访华。

中国驻中非大使馆部分成员合影，左起：吕京声、张国保、何泗记、王忠余、方国庆

“就职演说”和“战斗动员令”一番慷慨陈词之后，我回到现实中。在没有新的竣工项目需移交和新的上马项目需开工的情况下，我和王忠余商量，必须抓紧搞好现有的勃亚利农业技术援助项目、中

非国家广播电台中转站技术合作项目、援助中非中国浙江医疗队卫生合作项目以及刚开工的“中非国家体育场”建设项目，并就尽快恢复姆波科农场技术援助做国内有关单位工作。该农场原来经营情况很好，2001年5月和2002年8月经二次兵变洗劫后已家徒四壁。由山西省国际经济技术合作公司派出的中国农业专家组不得不撤回国内，至今尚未返回恢复农场的经营工作。在“巧妇难为无米之炊”的情况下，我为自己的反对台独斗争确定两个行动方向：感情投资和体力投资。

所谓感情投资，就是从道义和情感上用真心打动博齐泽及其领导核心，使其明白中国才是真正同情和支持中非政府和人民的真朋友。博齐泽武力夺权上台后，受到国际社会一致谴责，处境十分孤立。中国则利用政治优势在联合国各机构、国际货币基金组织、世界银行等国际舞台上给中非以支持，使中非政府认识到，如倒向台湾，将失去作为联合国安全理事会五大常任理事国之一的中国的强有力支持，中非政权在国际上将陷入更加孤立无援境地。从全局上看，这对中非十分不划算。此外，我本人还在各种私下场合对博齐泽及其长子、国防部办公厅主任弗朗西斯晓之以理、动之以情，博得他们内心由衷赞许。2004年2月26日，博齐泽接见时，我对他说：“国际上对中非的孤立和制裁，粗暴干涉了中非的内部事务，这将把本已处于水深火热之中的中非人民推向痛苦的深渊。”我表示：“像中非这样动乱频仍、极度贫困的内陆小国，目前的动乱和贫穷是帝国主义、殖民主义长期掠夺和剥削的结果，一些大国以貌似公允的面目处理国际事件，而实际上则以其本国私利为出发点。”我敢说，这应该是身处逆境的博齐泽听到来自一个大国大使最贴心的话语，内心的激动和感激是不难想象的。

做夫人工作，是我们进行感情投资的一个重要侧面。经战争洗劫

2004年11月19日，何泗记夫妇出席向总统夫人莫妮克（右）赠送课桌椅仪式

上千名中非儿童参加赠送课桌椅仪式

后的中非首都班吉，贫穷和混乱是经历几十年和平与安宁的中国人难以想象的。我夫人张秀玲曾分别陪同总统夫人莫妮克、副总统夫人玛利娅参观她们资助的小学和幼儿园，并应邀成为这些机构的共同资助人，称为“共同妈妈”。张秀玲向使馆汇报：那里缺少课桌和板凳，大部分幼儿和学生光着脚丫席地而坐；看见她们到来便一拥而上，“妈妈，妈妈”叫个不停，眼神和喊声中充满了乞求和期待；一阵阵心酸和震撼冲击着“中国妈妈”的心灵。我们当即决定，利用大使馆可自由支配的“大使援助基金”，请中非国家体育场项目组的中国技术人员用优质红木制作500套课桌椅和1000张板凳，赠送总统夫人和副总统夫人，再转赠小学和幼儿园。中非政府为此举行了盛大的赠送仪式。仪式由教育国务部长梅卡苏瓦主持，总统夫人莫妮克、大使夫人张秀玲分别致辞，数千名中小学生出席。中非国家电台、电视台、报刊

做了广泛报道，影响远远超过了这些物件的实际价值。

我们深深懂得，感情投资光靠练嘴皮子是不够的，还必须选择适当项目将“心意”物质化。我到任后选择的第一个微小而重要的项目便是“修复两幢别墅项目”。

1966年1月至1979年9月，博卡萨执政期间，中非共和国首都班吉曾是“非洲—毛里求斯共同组织”总秘书处所在地。为了召开共同体首脑会议和接待共同体14个成员国的国家元首，中非政府在班吉城郊修建了14幢别墅大院，取名“十四幢别墅”，是中非的国宾馆。博齐泽还清楚地记得，塞内加尔前总统桑戈尔曾下榻二号别墅，科特迪瓦前总统博瓦尼曾住过八号别墅。十分无奈的是，博齐泽军队2003年3月进城时，该大院被洗劫一空。为了接待偶尔来访的外国国家元首或政府首脑，博齐泽坚持要修复这个国宾馆，并将修复的目标瞄向了中国。一时间，能否承担该项目，似乎成了是否支持博齐泽的试金石。3月8日下午5时，在总统府出席妇女、家庭和社会事务部长杜姆塔女士代表中非妇女向总统表忠心仪式后，我应邀陪同博齐泽前往“十四幢别墅”废墟参观。陪同人员有外交部长韦内祖维、城市建设和住房部长布鲁姆、新闻部长姆巴耶、交通运输部长萨尔和外交部部长级代表莫斯基。由此不难看出，中非总统和政府对此事的重视程度。我强烈意识到，这是一个十分棘手的难题。往昔富丽堂皇、装饰豪华的国宾馆，现在已是满目疮痍：院墙残垣断壁，院内杂草丛生，道路坑洼；房外锈迹斑斑，墙体断裂；房内上无片瓦，下无整砖，电线外露，污水横流。加之，别墅已过度使用近30年，在我看来已根本无修复价值。但是，面对总统的坚定言辞和恳求目光，我将如何应对？第二天，我请张国保、王忠余两位参赞和体育场项目组鲁波、吴天崴两位组长及数位建筑专家再次赴“十四幢别墅”实地考察，研究破解难题之道。

中非副总统贡巴（右）、城建和住房部长布鲁姆（中）、何泗记出席两栋别墅修复竣工移交仪式

在充分听取体育场项目组工程技术专家的意见和建议后，使馆反复研究认为，该修复项目与其说是经济援助项目，不如说是感情投资项目。经济援助项目规模较大，投入资金较多，注重经济、政治和社会效益。感情投资项目规模小，投入资金少，注重政治效益，目标是做核心人物工作。我们决定，选择房屋状况较好、投资较少的二号和十一号别墅，使用“大使援助基金”进行修复。目的是回应博齐泽的严重关切，帮助总统解决燃眉之急。我们同时分别请体育场建设项目组的中国工程技术专家和中非城建部对工程预算进行评估，结果是中国专家预算比中非专家预算高出一大块。为节省开支，也为了免去此后诸多麻烦，我们选择中非专家组的预算用于修复。为此，我于3月、4月多次约见城建和住房部长布鲁姆，商谈修复二号、十一号别墅问题。4月14日，我向布鲁姆提供一张非郎支票，用于修复二号、十一号别墅。博齐泽对此非常高兴，在内阁会议上多次研究该项目工程并曾亲往工地视察。工程竣工后，中非政府在二号别墅前举行了隆重的移交仪式。出席仪式的有副总统贡巴、外交部长韦内祖维、城建和住房部长布鲁姆、公职部长博迪。我和韦内祖维分别发表讲话。我讲话大意是，中国政府和人民永远站在中非政府和人民一边，坚定不移地支持中非进行战后恢复和

重建。韦内祖维高兴地表示：这是中非战后重建竣工的第一项工程，意味着中非在不断地前进。博齐泽、中非政府和人民十分感谢中国政府和人民的坚定支持和无私援助。随后，布鲁姆将两幢别墅的钥匙亲手交到贡巴手中。数月后，我向布鲁姆打听这两幢别墅使用情况。部长对我说："钥匙在总统手中，使用由他说了算。"可见，这样的感情投资可用一个字来评价——"值"。

所谓体力投资，就是不辞辛苦、不惜体力出席各种公共场所的礼仪活动，最大限度地占据中非政要和民众的听觉和视觉舞台。中非国小力微，没有充足的资金投入到传媒领域。仅有的广播电台、电视台都是官办的。官方报纸《公民报》日发行量500份，中非通讯社不定期出版《中非通讯》，日发行量仅50份。电视机普及率低，民众人手一个廉价收音机，这是他们了解国内外大事的唯一渠道。除传媒手段少得可怜外，新闻来源、节目数量均极其有限。常驻班吉的外国大使馆不足15家，其中常驻大使仅十位，常驻国际机构代表处共十家。因此，驻班吉的外交使团小之又小。使团长也不像别国首都依递交国书先后次序轮流担任，在这里，法国大使是永远的使团长。综上所述，外国大使出席各种公众活动往往被视为"重要新闻"，广播电台、电视台争相报道，有时记者还进行现场采访。我发现，这是一个宣传中国、体现中国无时无处不在的最好办法。我的体力投资灵感油然而生。

班吉地处北纬四度左右，也就是说在赤道边儿上。从每年2月起，中非进入最炎热的旱季，每天烈日当头，连脚上的皮鞋都被晒得烫脚。各类活动设备简陋，有时主席台仅搭个简单的台子以帆布遮顶，有的甚至无遮无拦是个露天台子，贵宾与民众均得到"阳光普照"，享受同等待遇。一般说来，各国大使和国际组织代表对总统出席的庆典活动较为重视，均能亲自出席。这类活动组织较好，临时主席台都有帆布遮顶。但是此类典礼往往延续四五个小时，冗长的讲话，杂乱的游行，名目繁多的表彰授勋，弄得人们头昏脑胀、疲惫不堪、昏昏欲睡。我们与总统一起西装革履，正襟危坐在主席台上。上午10点典礼开始时，气候凉爽，空气清新，太阳不直接落在身上，感觉还算惬意。中午过后，太阳绕过头顶上的篷布，斜照在坐在第一排的大使们身上。火辣辣的骄阳，先光顾穿着皮鞋的双脚，然后悄悄爬上大腿再普照全身，令人恨无地洞可钻。同排的总统身后无座位，随时可以向后移动，只是苦了我们这些特命全权大使，被迫享受赤道骄阳的特殊光照。

由议长、副总统、总理或部长们出面主持的活动也经常请外国大使撑门面。欧美和非洲国家大使、国际组织代表，均是有选择地出席，或委派其他外交官代替。为扩大中国影响，我总是有请必到。在这些场合现身，比出席总统的活动更显突出，新闻报道总把中国大使摆在显著位置，在现场也受到更好的接待和敬重。当然，这一类活动的设备更为简陋，受的苦更多。记得2004年4月12日，我应邀出席总统长子弗朗西斯支持的“克麦斯”青年联欢节闭幕式。仪式在一所学校的露天广场举行，阳光普照大地，也光照我们每位出席者。我受到青年们的特殊欢迎，乐队青年大汗淋漓拼命为我奏乐，主席将我安排在突出的位置上。同时出席活动的青年体育部长科林巴、家庭事务和妇女部长杜姆塔、城建和住房部长布鲁姆等，见到我异口同声地问道：“这样的活动您也出席？”我笑着回答：“别看老了点，但我也是中非青年的朋友！”他们听后都哈哈大笑，频频点头，因为他们也都是30多岁的年轻人。我坐在主席台上，主席和部长们讲了些什么确实没听清楚。我只是不停地用手帕擦汗，还明显地感到汗滴像小虫一样从脊背上往下爬。仪式结束时，我的手帕和衬衣都能拧出水来。我在中非三年半，因被汗水浸泡，光皮带就报废了五六条，这是一种难以想象的体力投资！

我的另一类体力投资是“跳舞”。有人会惊讶：“外交舞会是高雅的活动，为何与体力投资相联系？”在欧美国家、亚洲国家和部分非洲国家，重大的舞会的确是一项高贵典雅的活动。它们一般安排在灯火辉煌、装饰豪华的宽敞大厅举行。那里有阵容强大的乐队，高质量的音响设备，华尔兹、布鲁斯曲调优雅响彻舞厅。身着黑色晚礼服的达官贵人、富商巨贾、外交使节，携带服饰庄重漂亮的夫人，随乐而动，翩翩起舞，令人心旷神怡。然而，我在中非参加的高级舞会却颇具中非特色。

每年5月最后一个周日是中非母亲节。这是博卡萨皇帝定下的规矩，博卡萨垮台后被遗弃多年，博齐泽上台后又予以恢复。2005年母亲节上午，妇女部和妇女组织举行游行集会，然后在总统府二楼大厅举行冷餐招待会和舞会。总统府二楼大厅是个能容纳上千人的场所。大厅没有墙只有柱，四面透风，天花板上安装数十个巨型吊扇，通常一半不能提供服务。厅外有一个能容数百人的水泥露天高台，那就是舞场。招待会上午11时开始，在总统、妇女部长、妇女组织代表分别致辞后，接着是表彰授勋。人们把行动不便、年逾80岁的博齐泽老母请出来，授予其“中非英雄母亲”称号。中非军政要员、外交使节、妇女代表均上前表示热烈祝贺。宴会随即开始，主餐台旁自总统以下列队依次自取食品。其他餐台上则是另一番景象，大家一拥而上，片刻间，餐台就被打扫得干干净净。伴随宴会开始的还有舞会。那音量超大和节奏奇强的非洲音乐，突然如春雷滚滚而来，填满了所有空间。以刚果（金）乐曲为主的中非舞曲大部分为迪斯科，少有华尔兹、布鲁斯或拉丁舞曲。迪斯科节奏感强，速度快，适合于非洲人热情奔放的性格。总统夫人莫妮克是舞迷，博齐泽也称得上“业余爱好者”。酒足饭饱之后，总统夫妇开始登场。此时，外交部礼宾司长就来到使节席前游说："为使总统高兴，请大使和夫人们跳舞。"欧美大使们望着正午2点不戴墨镜不能睁眼的太阳，反应冷淡。阿拉伯国家大使和非洲国家大使也似有畏难情绪。我和张秀玲则从不放弃这种抛头露面、"与总统同乐"的良机。我们在舞台上尽情挥洒，与官同乐，与民同舞，博得阵阵喝彩和掌声。大家都看清楚了，这是舞台上仅有的两张黄面孔。

还有一种更加体现体力投资的庆典和舞会。每年12月1日是中非国庆节。2006年12月1日，中非国庆庆祝活动在中非西北城市布阿尔举行。11月30日下午，我乘使馆吉普车随外交使团车队朝200公里开外的布阿尔进发。经过近三个小时的颠簸，我们抵达目的地。外交部礼宾司安排我们住进风景优美的布阿尔神学院。这时我才发现，离开使馆太匆忙，准备好的西装没有带上。如果在庆典前排就坐的中国大使不着西装，这可是中非国庆节头条新闻，到时真会酿成不大不小的外交事件。外交部礼宾司官员告，法国大使吉尔玛和联合国秘书长驻中非特别代表西塞将军第二天一早乘小飞机来布阿尔出席活动。我像在绝望中捞到一根救命稻草，大舒一口气。谁知难题随之而来，中非移动通信十分落后，布阿尔的手机与班吉的不属同一网络系统，也就是说我带的手机无法与使馆联络。万般无奈的我找到一位波兰籍神父，借用他的手机与使馆办公室负责人钟礼生通了电话，请他将我的礼服送往法国大使馆。第二天早上9时，我已坐在典礼主席台上，但尚未见吉尔玛大使和西塞将军身影，心中十分焦躁不安。就在典礼开始前20分钟，两位"哥们儿"方姗姗来到。法国大使笑嘻嘻地对我说："您的西服在西塞将军的车上。"原来，是联合国代表处的车去机场接他们到会场的。我连忙请我的司机郎贝尔与西塞将军的司机联系索取。待朗贝尔将礼服送到我手上时，离博齐泽登台仅剩几分钟了。我急忙来到后台，换上白衬衣打上领带套上西服匆匆赶到前台，与正在登台的博齐泽碰了个正着。我连忙与他握手，微笑着向他表示热烈的节日祝愿，好像是我专门前来迎接他似的。于是乎，一场小危机化解了。

国庆庆典颇具中非特色。10时整，典礼开始。先是省长致辞，然后是社会贤达、群众组织代表讲话。在中国，如有类似活动，讲话内容将是整齐划一的赞美。然而在中非，在布阿尔，无论是省长还是群众代表，除略表欢迎之意外，通篇讲话都是诉苦。省长的苦水是预算不足，建设缺资金，外国投资为零，交通通信不畅等。群众代表则指责经常停水停电，学校停课大大多于上课，群众食不果腹云云，听得我浑身冒汗。我冷眼旁观静坐一旁的博齐泽，只见他满脸严肃，毫无怒意，我心稍安。是啊，首都班吉都破败不堪，更何况内地省份呢？地方官和民众好不容易见到总统，为什么不反映实情，争取中央政府更多关照和帮助呢？博齐泽的答辞也不含糊。他列举上台后所采取的稳定国家、整治混乱的措施及取得的成果后，语峰一转谴责国际社会、西方大国制裁中非，断绝援助，并暗示政府内部有人私通叛军，扰乱中非。实际上就是说，中非的困难是国际社会和内奸造成的，号召人民团结一致，反对这些坏势力。由于大多数当地群众不懂法语，博齐泽又用桑戈语讲了一遍。12时左右，阅兵式和群众游行开始。总统夫妇经常起身站立向军队和群众致意，有时还令警卫将游行队伍中的残疾人和小孩叫到身边，赠小费补贴生活。下午2时许，典礼结束，中非高官和外国使节陪总统共进自助午餐。3时半，我们先后出席妇女儿童中心揭幕和博齐泽大道揭牌仪式。5时，出席当地球队为庆祝国庆举行的足球友谊赛。7时，返回神学院休息。期间，各国使节曾与博齐泽闲谈聊天。使节们盛情赞扬布阿尔温和的气候、清新的空气和迷人的风景。美国新任代办巴诺斯建议博齐泽迁都此地。博齐泽笑着说：“那需要大量的建都资金，我们请美国提供！”巴诺斯眼珠一转，指着我说："现在中国最有钱，请中国提供吧！"我连忙回答："美国是世界首富，应该当仁不让！"大家开心地哈哈大笑。布阿尔市海拔约800米，是中非海拔较高的丘陵地区，气候凉爽，最低气温可至摄氏六度。布阿尔周围山上多有造型奇异的巨石和古柏，城市分布在数个小山包上，常有微风吹拂，是难得的中部非洲旅游胜地。所以，当年法国曾在此地建立过军事基地。

晚上10时，我们应邀来到省长官邸广场出席博齐泽举行的国庆冷餐招待会。官邸广场彩灯高悬，在坑坑洼洼的黄土地上，布置了长主桌、贵宾桌和普通官员桌。主桌和贵宾桌是大餐桌，普通官员是普通餐桌。总统夫妇、副总统夫妇，总理、议长及副使团长刚果（金）大使在主桌上就坐，其他大使和中非部长在贵宾桌就座。宴会结束舞会开张时已近子夜，高原晚风已充满凉意。主桌上，中非高官已随总统夫妇驰骋舞场，仅剩副使团长刚果（金）大使穆门吉拉独自留守。苏丹大使穆斯塔法、埃及新大使和我则在穆萨·肯贝司长的提醒催促下，毅然决然地走上舞场。舞场实际上就是广场中央一块水泥地。我们轮流向总统夫人莫妮克讨教非洲舞艺，莫妮克也是不吝赐教。然后，我这个"40后"又与矿业部长恩杜廷加伊、社会事务和妇女部长恩杜卡拉夫人等"70后"尽情欢舞。经过多轮狂欢，我们回到座位上休息时，这才发现，夜已深沉，阵阵凉风吹拂，顿觉凉意袭人。再往主桌上望去，发现我们的代表、刚果（金）大使穆门吉拉不见了踪影。几位大使当即决定"溜之大吉"。我们回到神学院就寝时，已是凌晨1点半。经过整整一天的折腾，疲倦很快把我们送入梦乡。第二天早上9点，我们相约到食堂就餐，偶遇穆门吉拉大使，双方互相抱怨昨晚被对方"抛弃"。经仔细申辩，还是副使团长的理由更加充分。因为他返回住处时已是凌晨2点半，比我们足足晚了一个小时。原来，昨晚我们溜走时，穆门吉拉正陪着总统夫妇在舞场上轻歌曼舞哩！

要说明的是，我的体力投资其实是从到任拜会开始的。在正常情况下，新大使到任拜会，除驻在国主要党政军领导人外，拜访数个主要部长或与中国业务关系较多的部长即可。而我不顾工作千头万绪和气候高温炎热，在十余天内密切拜访副总统、总理、全国过渡委员会主席、财政计划国务部长勒布代尔和教育国务部长梅卡苏瓦以及旅游部长达科、环境部长库旺巴等二十多位内阁部长或部长级代表。我的开场白总是："中非共和国是最早与中华人民共和国建立外交关系的非洲国家之一，两国人民有着深厚的传统友谊。中非是中国人民最先了解和熟悉的非洲国家。"我要最大限度地做工作，劝说他们珍惜两国友谊，不要做第三次与中国断交这种事！

雪中送炭

我心里明镜似的，在这场争夺战中，光靠感情和体力投资，无法战胜台独势力，还必须采取一些特殊措施。

与台湾当局相比，军事援助历来是我们的强项。军事援助共分两大类：提供装备包括武器装备和后勤物资；提供培训包括技术培训和军事培训。我们的军事援助，目的是帮助受援国更好地稳定和装备军队，提高战斗力，以保卫国家安全、捍卫民族独立和维护社会稳定，造福于受援国人民。中国的军事援助为非洲人民争取民族独立、捍卫国家主权、保持社会稳定的伟大事业做出过不可磨灭的贡献。中国的武器装备和后勤物资，对创建和装备非洲国家的武装力量发挥了不可替代的作用。中国的军事影响无处不在，毛泽东军事思想曾经而且继续影响非洲许多国家的政治和军事领导人。

和许多非洲国家一样，中非军队在国家政治生活中举足轻重。独立后，在原宗主国法国帮助下，中非创建了自己的军队。1979年9月博卡萨一世被推翻后，又在法国主持下改建了军队。全国军队兵力2300人，其中陆军2000人，空军300人。外加总统府卫队600人，宪兵700人，共和国卫队700人。据中非国家广播电台2005年5月报道，中非独立40多年来，共发生政变、兵变十余次，平均每四年一次。在所有动乱中，军队是主角。进入新千年后，先是科林巴策动两次军事政变，企图推翻民选总统帕塔塞；后又发生总参谋长博齐泽少将被迫出走，在中非北部扯旗造反，进行武装斗争。我曾陪张邦栋将军参加了会谈和参观，所见所闻令我怵目惊心。张邦栋大发感慨："我到过世界上许多国家，从未见过如此破败的军队！"是啊，这支军队内部四分五裂，有科林巴派、帕塔塞派、博齐泽派，还有博齐泽带来的乍得解放者派。中非军队还"有营无房"。营地是有的，而且辽阔空旷，但是那里只有残垣断壁、碎砖瓦砾，除了数幢可供办公的简易平房外，没有供军人住宿的房屋。早上，士兵们来此"上班"，傍晚下班后携带武器投宿百姓家中。首都驻军的营房有名无实，在中非外省62万平方公里国土上，在漫长的边界线上，中非军队的营房既无名更无实。也就是说，中非军队仅在首都拥有破烂不堪的营地和基地，在外省和边境地区仅设临时哨所或营地，由首都定期派兵前往驻扎和巡逻。这种模式的军队及边防设施，在全世界绝无仅有。

然而，就是这样一支军队，却在中非国家政治生活中起着决定性作用。如前所述，每次大动乱后，法国均帮助中非重建和培训军队。2003年3月，博齐泽武装夺权后，法国仍担当中非军队改组和重建的重任。当时，法国正在帮助中非组建和训练1800人的军队，同时，培训宪兵和警察的工作也在进行。但是，囿于法国本身和国际上的清规戒律，法国仅向中非军队提供后勤物资。法国驻中非大使馆武官阿尔诺上校曾对我称："法国和中国可在对中非军事援助上进行合作。"我微微一笑，算是对他的回应。我趁机向博齐泽说："没有武器的军队不是真正的军队。难道能让中非军人赤手空拳上战场保卫祖国和人民吗？”博齐泽连连点头称是。张邦栋访问带来的军事援助成为对博齐泽政权最好的见面礼。

在五星红旗下出生、长大的中国人，很难想象和体会中非现代人生活的困苦和艰辛。从20世纪80年代科林巴当政到新世纪开元，历届中非政府累计拖欠国家公务员40个月工资。这不是什么天方夜谭，而是我抵达中非后所了解到的第一个残酷现实。2004年3月至4月，积攒多年的中非社会矛盾走到了总爆发的边缘。工人罢工，教师罢教，学生罢课。位于中非首都主要大街烈士大道南北相对的中国大使馆和中非最高学府——班吉大学是最敏感最危险的地区。学生们的主业似乎不是上课读书而是街头闹事。3月初至4月中旬，学生们在校园内集会、演讲、破坏公共财物，在烈士大道上游行、设置路障、阻止人群车辆流通。军队和警察颇为头痛，经常以瓦斯催泪弹或实弹应对。在中国大使馆内经常听到密集的枪炮声或隆隆的爆炸声。除个别馆员偶尔拉开临街窗帘好奇地观看外，大部分同志都习以为常，埋头办公。

4月12日，更严重的事件在使馆西边十公里处的地方上演。那些曾追随博齐泽在北部丛林打游击的乍得籍“解放者”（他们自称是中非国家和人民的解放者），索要曾承诺“胜利后将获丰厚的奖赏”未果并遭遣返，愤而劫持前“战友加领导”、博齐泽长子弗朗西斯，总统堂弟恩杜廷加伊闻讯后紧急率队进行拦截，双方激烈交火，“解放者”重伤恩杜廷加伊。随后双方举行火线谈判，在领到一笔可观的现金和得到另一份口头承诺之后，劫持者终于释放了弗朗西斯，让恩杜廷加伊紧急赴巴黎“开刀取弹”。至此，延续两个月的动乱渐趋平静。

博齐泽安全度过了执政以来最危险的时期，终于松了口气。他心里明白，中国朋友为他摆脱困境提供了宝贵支持。

3月5日清晨，数日来紧闭着的中国大使馆铁门洞开，挂着鲜艳五星红旗的大使专用车缓缓驶出使馆，小心翼翼地避开路障、越过瓦砾前往中非外交部。我在外交部大楼前下了车，在张国保、王忠余陪同下，随早已等候在台阶前的外交部礼宾官上楼前往韦内祖维办公室。韦内祖维、莫斯基、外交部秘书长伊兹马和政治司长克蓬戈夫人从沙发上起立迎接。我与部长在长沙发中间就座。就在沙发前面的茶几上，我和部长分别代表两国政府签署了两国经济技术合作协定。我发表即席讲话说："应博齐泽总统阁下和中非政府的强烈请求，为了帮助中非人民减轻磨难和痛苦，胡锦涛主席和中国政府决定进一步加强两国在经济领域的互利合作。"韦内祖维也简短致辞，他声音低沉但铿锵有力地代表博齐泽和中非政府表示感谢。他说："正如大使阁下所亲见，中非政府和人民正经历最困难时期。目前全国工潮迭起、动乱不断，中非社会犹如一堆干柴，星星之火便将燃烧全国。如无财政手段安抚，则全国将陷入无法控制的大动乱。在此困难时刻，中国政府出手相助，真是患难识挚友！"我随即表示应该举行正式的仪式，向全国公开报道。韦内祖维答应予以考虑。

翌日，我应邀再次前往外交部。在部长办公室，除前一天所列人员外，中非政府负责财政、计划的国务部长勒布代尔、国际合作部长级代表博伊森贝等高官在座。勒布德尔代表博齐泽、中非政府和人民对中国给予的经济援助表示十分感激。他说："新政府执政以来，中国的种种表现和无私援助使博齐泽总统和中非人认识到，伟大的中国才是中非的真朋友。"使馆张、王两位参赞，吕京声二秘、随员方国庆出席了仪式。与前一日不同，中非所有媒体记者到场。我接受中非国家广播电台、电视记者采访时表示："目前，中非人民和政府遇到暂时的困难，中国是中非真正的朋友。朋友有难，我们岂能袖手旁观！""中国也是发展中国家，中国正在加快建设和发展，需要大量资金。我们能拿出的钱不多，但‘礼轻情意重’，我们的心是真诚的。”消息播出后，中非百姓感到欢欣鼓舞。在当时世界银行、国际货币基金组织、西方大国对中非实行严厉制裁的情况下，中国惠施援手，给予博齐泽、中非政府和人民宝贵的支持和极大的鼓励，这对此后抑制和平息中非社会动乱起到不可估量的作用。

日历指向三个月之后的7月5日。那天上午，位于首都近郊乌班吉河运码头的阿雅雅仓库外鼓乐轰鸣、彩旗飘飘。人们身着正装，来往穿梭，喜气洋洋，仿佛在出席盛大的节日庆典。中国向中非援助物资移交仪式在这里隆重举行。上午9时许，中非总理加翁巴莱亲率韦内祖维、农业部长姆巴耶，国际合作部长级代表博伊森贝、公共安全收缴武器部长级代表旺代等部级高官来到现场。我和博伊森贝分别代表双方政府签署交接证书后发表讲话。我讲话的大意是，中国政府和人民始终站在中非政府和人民一边，想他们之所想，急他们之所急。中非历经多年战乱，办公设备和手段奇缺。中非要稳定，要发展，就必须使政府等国家权力机构有效地正常运转。我们援助的这批物资就是以此为目的的。博伊森贝致辞表示感谢并保证各级机构分配好、使用好这些既平常但对中非来说弥足珍贵的礼品。仪式结束前，我陪同加翁巴莱等参观了这批物资。物资分为两部分：一是建筑材料，如瓦楞铁，用于修复国家机关办公楼或公共场所；一是办公设备，如电脑、文具、复印纸、自行车等。这些在中国最平常不过的物品，在当时的中非可是珍贵的宝贝。

人类进入21世纪的头三年内，中非于2001年5月、2002年8月和2003年3月发生三次大动乱，伴之而来的就是大抢劫，本已十分贫穷的国家还能剩下什么？这些大抢劫均发生在我到中非任职之前，没有亲身体验。但是我听到的故事实在太多了，在此略举一二。

华侨吕大夫行医卖药攒了几个辛苦钱，躲过了前两次大抢劫。3

月15日来临前，众多华侨均将钱财宝贝转移或埋入地下。吕夫妇却异常镇静地称，前两次都没事，这次也不会出事。谁料想，3月15日晚，吕夫妇在睡梦中被急促粗暴的敲门声惊醒，意识到情况不妙。吕大夫边穿衣服边叮嘱夫人携钱袋从别墅后面跳墙逃离。谁知，吕夫人在墙外脚刚着地就被早已埋伏在那里的训练有素的士兵逮个正着。一年以后，吕大夫向我们讲述时，仍显得一脸无奈。

吕大夫的同乡魏厂长讲述自己的故事时则是眉飞色舞、满脸兴奋。这位精明的魏先生，早在“3·15”之前，便将自己的中非原始钻石和非郎掩埋在自己的院子里，取下汽车的点火器，然后在家静候劫匪“光临”。3月15日下午，一伙持枪军人闯进魏家，用枪指着他要求拿出钱财。魏临危不乱、满脸堆笑，拿出五万多非郎买命钱。劫匪嫌少，向魏脚下和天花板开枪，魏仍不慌不忙，显得十分可怜，真诚地用半生不熟的法语和桑戈语表示：你们可以搬走这里的电视机、电冰箱，但是我没有钱。这伙强盗很是无奈，临行时想开走魏的红色小轿车，但打不着火，只好悻悻离开。魏厂长边讲故事边指着天花板不无得意地说：“瞧！那就是匪徒打的枪眼。”武装匪徒走后，又来了一批非武装匪徒。他们来到魏家大门前，用木棍、石头打砸魏家紧闭着的大铁门，高声叫着：“开门，开门！”魏听出是左邻右舍的“朋友们”到了。对付非武装匪徒，魏先生胆气更壮了。他将挖坑埋财宝用的铁锹抄在手中，冲向大铁门。铁锹拍打铁门的声音远胜过门外木棍石块的打门声，那些想发横财的邻居们只好知难而退，另寻软柿子捏。

与魏厂长一墙之隔的中国援助中非广播电台专家技术组就没有那么幸运了。3月15日前夜，一伙歹徒侵入技术组住的别墅，胡乱放枪威吓，技术组三人衣服未穿便逃往一路之隔的中国大使馆避难。在大使馆公寓楼三层的阳台上，仅穿短裤一条的王先生看着匪徒们从技术组的住地往外搬东西，突然高声喊道：“那是我的箱子！”眼睁睁地看着劫匪把自己的财物抢跑了。

大使馆的另一面正对着班吉市的外交公寓，那里住着外国外交官和国际组织或大公司代表。中国大使馆馆员亲眼所见，一批民众于3月16日上午前往该处发横财，但因大门紧闭无法进入而在附近徘徊。不久，大门洞开，从里面驶出一辆小轿车。早已等候在外的人群趁机一拥而入，门卫见状无能为力。不久，人们手推肩扛头顶战利品鱼贯而出，脸上无不绽放着开心的笑容。只有一位50来岁的妇女例外，只见她头顶一个煤气罐，右腋下还夹着另一个煤气罐，脸上挂着苦不堪言的表情。好不容易挨到门外，大概觉得这两件宝贝确实已属于自己，她便将腋下那件放在地下，用脚踢着滚动向前行进。这是在整个抢劫过程中，最富创意、给人印象最深刻的一幕。

那些没有人保护和照看的公共机构，经过数轮军、民、匪的光顾之后就更剩不下什么了。数日后，王四法大使应中非新任外交国务部长梅卡苏瓦之邀参观外交部。王大使眼光所到之处一片废墟。空荡荡的房间里一无所有，地毯被剪掉，办公桌椅、用具荡然无存。梅卡苏瓦苦着脸央求王大使说：“外交部是中非政府的重要部门，请中国朋友伸出援手帮助装修和配备办公设备，使其迅速正常运转。”于是乎，中非外交部成为战后中国援助的第一个受惠对象。大到电脑、办公桌，小到马桶盖，都是中国大使馆所赠。

上述种种努力，获得中非官民普遍认可。2005年7月30日上午，博齐泽在班吉军营举行部分军官晋升暨离任法国武官阿尔诺上校授勋仪式。根据礼宾安排，各国使节依次上前向法国武官表示祝贺。当我从座位上起立向前走时，周围群众发出阵阵欢呼。事后，埃及大使拉赫米夫人和中非第一副议长迪奥普称赞说：“中国大使阁下真有人缘！”

博齐泽访华

筹备艰难

在世界外交实践中，国家元首相互访问，是国家间最高级别的外交活动之一，其中又以正式国事访问为最高形式。国家元首来访，其实很多时候是一个曲折复杂、细致入微的系统工程，这从博齐泽访华的具体事例便可略见一斑。

截至2011年7月31日，世界上共有232个国家和地区，其中独立主权国家近200个，与中国有外交关系的共172国。在七大洲里，国家最多、与中国建交最多（49国）的大洲就是非洲（54国）。为了让国家领导人有更充裕时间集中精力处理国内外大事，外交部礼宾司根据领导意图制定每年的外国元首来华访问计划。一般来说，每年外国元首正式访问20余起，工作或友好访问20余起。这意味着，非洲每年只能有正式和非正式访问各五起。试想想，非洲国家元首来华访问，需要等待五年。也就是说，当一个任期的总统，也不一定轮得上。据说，非洲某岛国元首在任内15次提出访华要求，仍未能如愿。2003年春夏之交，中国不少地区闹非典型性肺炎，有些人取消了预定访华计划。当我们征询这位元首是否愿意此时访华时，他毫不犹豫地回答："我是中国人民的朋友，十分愿意与中国朋友一起共患难。”

博齐泽2003年上台执政后，为打破国际上对他实施的严厉制裁，很快就提出访华要求。经过七八个月的反复研究协商，国内领导机关在当年12月底终于同意邀请博2004年内赴华进行工作访问，具体时间通过外交途径商定。我赴任后的首要任务，就是确保中非总统顺利圆满地实现访华。到任一个月内的2月6日，我求见博齐泽，商谈中国人民解放军外事代表团访问中非和博齐泽访华事项。博指定其堂弟、外交与地区一体化、法语国家事务部长韦内祖维为其代表与我具体商谈有关访华事宜。

关于博齐泽访华，我的首要任务是商定访华的大概时段，也就是说在当年的春夏还是秋冬？因为中非政治、经济、社会不稳定，牵扯问题多、形势变化莫测，很难制订出总统数个月以后的活动安排计划。我们经过多轮磋商，韦内祖维直接向总统汇报，我则不断发电报请示，最后敲定在8月份进行。经过两个多月的辛勤工作，5月7日，我约见韦内祖维，亲手递交了胡锦涛主席邀请博齐泽总统于8月赴华进行工作访问的照会。我们两人击掌庆贺，欢呼这来之不易的劳动成果。韦内祖维更是兴奋不已。他说，总统听到这个好消息一定非常高兴，这是博齐泽执政以来，世界大国元首首次邀请总统访问，对打破对中非制裁有着重要意义。

从5月至8月三个月内，我的工作分为两大类：一类是向国内汇报中非的政治、经济、社会、外交总体形势，提出政治会谈、两国合作与援助以及访问日程等建议；另一类是倾听中非方面对总统访华的具体设想、要求和建议，就重大问题进行磋商和交涉。

对中国驻外国大使馆来说，驻在国国家元首访华是对大使馆工作的最重要的考验。所以，驻外大使回国述职时，对元首访问的接待工作是必须汇报的首要内容。为了做好博齐泽访华的接待工作，我们进行了全馆大动员。所谓全馆大动员，也就是全馆连配偶在内十七八个人围坐在使馆保密会议室大会议桌旁，由我讲述总统访华的大体时间、访问的意义和使馆要做的筹备工作，号召大家“养兵千日用兵一时”，“绷紧每一根神经，做好每一份工作”，“用自己的实际行动报效国家”。值得庆幸的是，我有两位经验丰富、才智过人、忠于职守的得力助手——张国保参赞和王忠余参赞，还有一个团结奋斗、不怕苦不怕死的团队。除我们夫妇外，这个团队的其他成员都经历过“3·15”大动乱、大抢劫的生死考验。

动员大会过后，大家便按照分工紧急行动。概括起来，我们进行了“汇报”“交涉”“进言”三大“战役”。

政治处的小伙子方国庆头脑灵活、善于学习、工作勤奋，来馆一年多便已初步掌握驻在国政治、经济形势调研的基本技巧。在张国保参赞悉心指导下，方国庆完成了中非总体形势这篇大作，打响了博齐泽访华使馆向国内文字汇报工作的第一炮。我记得主要观点是：中非总体形势是动乱，但乱中有治，博齐泽尚能控制局势，执政地位日趋稳固；经济财政困难、国库空虚、靠举债度日，但农村经济一贯自给自足，仍属稳定；军队重建获得进展，混乱局面稍有改观，政变可能性不大；社会矛盾异常尖锐、危机四伏，但是不会发生社会大动乱。这篇报告体现了大使馆作为中国政府在中非的代表机构对中非形势的总体评估，是国家对中非外交政策的主要参考依据之一，也是接待总统访华的重要政策参考。

随后，张国保撰写了关于政治会谈和参观访问的建议。主要内容有：第一，建议我国领导人在会谈中介绍我国外交政策，中国非洲关系和我国对中非政策，台湾问题与和平统一政策以及我国促进经济发展的政策和具体措施、做法；第二，为使博齐泽增进对我国的全面了解，建议安排其访问发达地区和欠发达地区，发达地区体现了我国的强大和富裕，欠发达地区说明我国仍然贫穷落后。这篇建议的主旨是要让博齐泽了解到中国是强大的国家，因此，“倒向台湾”的念头不应该有；同时，中国很多地区仍然贫穷落后，向她提出援助要求要适可而止，千万不可狮子大开口，更不能打台湾牌。

王忠余起草了《关于两国经贸合作的建议》。根据中非国家贫穷、技术落后、市场窄小、资源丰富等特殊情况，我们向国内提出多项建议，主要有：经济援助方面以搞好现有项目为主，今后在力所能及的条件下，宜搞些楼堂馆所如医院、学校等看得见、摸得着、能发挥长久效益的社会福利性项目，让中非国家和普通百姓长期受益，不宜搞短期的应景工程；贸易方面以现汇贸易为主，也可探讨以货易货的可能性，如中非购买我商品，以钻石、木材支付；互利合作方面要加强在电讯、水电方面的合作力度，积极寻求开展在石油勘探、钻石和木材开采、基础设施建设、工程承包等方面的合作。我们的指导思想是对中非的合作要根据中非的特殊情况，实事求是、具体问题具体分析，避免“用一个标准，搞‘一刀切’”。

此外，我也自己动手，起草了博齐泽访华的礼宾接待和参观项目的建议，这是根据总统本人的愿望和使馆的综合分析合成的。具体建议是：在北京参观科技或工业项目，体现我先进水平，在贵州参观农业牧业项目，重点讲述如何脱贫致富，在上海参观城市建设项目，显示我发展水平；建议请胡锦涛主席主持会谈与宴请、吴邦国委员长和温家宝总理予以会见，外省市党政第一把手会见和宴请。我们对博齐泽的起居习惯和饮食忌讳等生活小事都做了详尽描述。最后还不忘提醒制作一套博齐泽访华过程的DVD光盘和照片，赠送总统以资留念。以上可称为总统访华筹备工作的第一大“战役”，取名为“汇报”。

第二大“战役”以“交涉”冠名，主要是与中非方面的交涉。这部分工作以我为主，张国保协助。我的交涉对象是礼宾司长穆萨、外交部长韦内祖维和总统博齐泽。令我感到十分宽慰的是，中非在政治会谈、经贸援助与合作等方面没有提出过多要求，从而极大减少了我们的工作量和减轻了我们的心理压力。我于6月18日约见外交部长级代表莫斯基，6月22日、24日约见韦内祖维，就总统访华具体日期和赴华旅费问题进行商谈。我方提议8月19日至24日博齐泽访华六天，双方很快达成一致。

但是，对方还是抛出一个难题——请中方负担代表团往返机票。韦内祖维向我提出要求时面显尴尬，以恳求的口吻对我说："大使阁下，您亲眼所见，中非贫穷落后，百姓衣食无着。如果中国不帮助解决国际旅费，代表团将无法成行。"我平生第一次遇到此类问题，不知如何应对。我只好面带难色地表示："这不符合国际惯例，恐难解决。"但是允诺向中国政府报告。返馆后我马上电话向非洲司马福林处长讨教。马处长口气缓和但语调坚定地回答："国内无此笔经费，告对方自寻解决之道。"是啊，中非全国只有一架客机，而且年久失修，飞长途安全无法保证。博齐泽出访非洲近邻一般由对方派专机，如到远处去，则乘坐民航班机。中非一直沿用法国的做法，部长以上国外出差乘头等舱，司局长乘公务舱，其他官员乘普通舱。为节约开支，博齐泽当政后决定：部长及部长以下国外出差一律乘普通舱。怎么办？如不帮助解决，恐怕总统此次难以成行，这对两国关系发展不利。但是，我们有心无力，缺乏必要手段，这令我寝食难安。正当我焦头烂额、无计可施之际，一个大胆的想法在脑海里油然而生："何不动用大使援助经费？"我立刻请来张、王二位参赞共同商议，最终决定动用该经费为代表团主要官员购买往返机票，其他随行人员旅费自行解决。7月14日，就在出席法国国庆招待会之前，韦内祖维紧急约见我，向我递交两份清单——代表团成员名单和访华时要求经济援助清单。大使馆研究后决定，向代表团提供头等舱机票五张，即总统夫妇、女儿，外交部长，矿业部长；公务舱机票四张，即副总参谋长、礼宾司长、驻美国大使和总统特别顾问；普通舱机票六张，给予政府一般官员。7月17日，我约见韦内祖维，告知我们送给代表团这份厚礼，韦很是感谢。

关于经援清单，我向韦内祖维打预防针说："中国仍然是发展中国家，不可能完全满足清单所列各项。但是中国、中非是好朋友，我们会根据中非的需要和中国的能力，共同选好合适的项目。"韦表示理解，他说："我们完全了解中方的难处，你们在世界上有众多的朋友需要帮助，中非只是最需要帮助者之一，清单所列仅表明我们所需，但绝不强求。"在经援要求问题上，我和两位参赞一直觉得，中非虽然是非洲最穷国之一，但是，他们从不打台湾牌进行讹诈，也不提过分要求强人所难，博齐泽和中非政府是真正朋友。

一个难题破解后，另一难题接踵而至。按国内礼宾规定，外国外交部长访华，中国免费接待五人至七人三天至五天；国家元首访华，我国免费接待最多15人五天至七天。博齐泽访华时间不超，但人数多达21人。我和韦内祖维多次协商要求减人，但是部长认为代表团不大。总统出访要带医生、保镖、管家兼化妆师、秘书等。因为国内没有回旋余地，我只好硬着头皮抗争。韦内祖维一脸无奈。事后，他私下向我询问："为什么你们能帮助解决国际旅费却不能帮忙支付超编人员的住宿费？"我诚恳地说，财务方面的规定有时是不可通融的。同时，我给他支招说："你们可以找随行的企业家解决。"他满脸堆笑，连说："好招，好招！"还有些看似很小的事情，有时也会影响筹备工作的顺利推进，比如代表团人员临时变更。临行前一周，中非总统访华代表团成员名单尚未最终敲定，原因是总统某夫人所生年轻英俊的五儿子安德烈也要去。我们反复解释称，国内一切安排就绪，无法更改或增添人员，终于成功劝阻。从7月至8月，光是代表团各不相同的“最后名单”就收到四份。我们需要根据变化了的情况向国内报告，办理签证、机票，做反复无效劳动，增加不少工作量。

为使筹备工作和总统访华顺利进行少走弯路，我两次与博齐泽直接对话。7月1日，是中国共产党建党83周年纪念日，我用勤奋工作来庆祝这一重要节日。当日，我就访华事宜和两国合作事项拜会总统。我向博齐泽详尽介绍了中国接待外国元首访问日程、会谈、宴请、参观、签约等习惯做法，并根据以往接待非洲国家元首的经验和教训，重点阐述了中国的援外尤其是援非政策。我对博齐泽说：“近30年来，中国的经济飞速发展，综合实力不断增强，在全球经济中地位越来越重要。但是，中国的年人均国民生产总值仍排在全世界第130位。中国自称是发展中国家并不是自谦，而是对自身真实状况的清醒认识。中国尚有中部和西部广阔的欠发达地区急需巨额资金投入以加速发展。在国际上，我们有众多的亚洲、非洲和拉丁美洲好朋友，互相帮助、共同发展是我们义不容辞的责任。因此，总统阁下访华时，不提过分的援助要求，就是最大限度地做好中国领导人工作的最可靠保证。”此外，我还对博此次访华的名义进行了解释。我说：“总统阁下是通过非选举手段上台执政的过渡时期总统，目前还受到许多不公正的制裁。胡锦涛主席和中国政府，顶住国际上巨大压力，下决心邀请阁下访华，意在帮助中非朋友打破国际制裁。因而，这次访问只能是工作访问而不是国事访问。国事访问与工作访问的区别是，国事访问要举行正式欢迎仪式，工作访问没有正式欢迎仪式。希望总统阁下对此种安排予以谅解。”博齐泽衷心感谢胡锦涛邀请其访华，称这是世界大国中第一个友好邀请，将永远铭记。同时也对我的简要介绍表示谢意，他说：“中非理解中国在援助方面面临压力，我们只是列出需要清单，供中方根据需要与可能挑选项目时参考，绝不勉强。”

博齐泽学习使用中国筷子

会见在欢声笑语中结束。

另一次与总统的对话是在比较轻松的气氛中进行的。7月26日，利用全国政协委员、香港维德集团董事长庄启程访问中非之机，我邀请博齐泽来馆赴宴，博欣然应邀。席间，我继续就访华代表团最后名单、日程和联合新闻公报等问题与总统沟通，争取对方早日确定，以便国内及时准备。博齐泽总是以职业军人特有的气质爽快作答。博以手中的筷子为题幽默地说："中国的东西真神奇，以两根竹制小棍子就概括了西方不锈钢刀叉的功能。我即将访华，必须努力学会使用它，否则胡锦涛主席会笑话我。"我则打趣应对："若总统同意，我愿为代表团举办'学习班'，保证两天内使全体团员均能娴熟地使用筷子！"宾主听罢朗声大笑。

第三大"战役"冠名为"进言"。这也许是筹备工作中最精彩的部分。

"3·15"政变后，国际社会强加给中非的过渡期为两年。博齐泽及其新政权用了一年时间治理国内社会的乱象，整治分化反对势力，重建和控制军队，安抚全国百姓，初步巩固了自己的执政地位。从2004年5月起，博齐泽在继续进行上述工作的同时逐步将重点转向一年后的总统和议会大选。在全世界尤其是非洲政坛上，通过非和平手段上台执政的总统绝大部分在此后的民主大选中均获得胜利。对他们来说，民主大选只不过是执政合法化的一个过程。博齐泽也决意参选总统，以实现政权合法化。

然而，博齐泽一年来在百姓关心的财政经济上建树不多，继续拖欠工资，生产得不到恢复，社会矛盾突出。我和张、王两位参赞认为，博齐泽对访华寄以厚望，期待为其胜选增加关键得分。因此，我们建议国内领导机关，将今后五年对中非经济援助数额相加一次性做出承诺，给总统一个惊喜。我们解释称：第一，不因总统访华而增加援助数额，但是，把我们每年都做的事集中起来，提前做出一个承诺，给对方竞选总统创造条件，应是合理的。第二，这种承诺不是要把今后数年的援助，提前集中至今、明两年支出，不涉及年度的财政预算支出，不需要经过有关部门认可。第三，为了对外工作的需要，在不损害国家利益的前提下，我们需要创新方式方法。我们的“进言”被采纳了。

“进言”的另一个领域在新闻宣传方面。7月9日，韦内祖维约见我谈总统访华有关事项。他对我说：“为了体现博齐泽总统的访华成果，并遵照国际上的外交惯例，中非方提议访华期间由两国外长签署两国联合公报。”我认为是个好建议，但需要请示国内。返馆后，我们再次开会研究。我们判断，中非方此提议的意图是，要求中国在公报中明确表态承认中非当局并在国际舞台上给予坚定支持。这是我们做中非工作的政治优势，对我们并不困难。反之，我方则可要求对方在公报上白纸黑字地表明“中非政府承认世界上只有一个中国，中华人民共和国政府是代表全中国人民的唯一合法政府，台湾是中国不可分割的一部分”。我们认为，这对使中非在全世界面前明确自己“一个中国”的原则立场十分有利。同时，也公开向台独分子表明：“中非是中华人民共和国的坚定朋友。”

但是，按照有关规定，只有外国元首对华进行正式官方访问才能签署两国联合公报。博齐泽是过渡时期总统，进行的是工作友好访问，不能签署两国联合公报。经征询各方意见，最后，我们建议："双方用签署联合新闻公报的形式来表明各自的原则立场和访华成果。"此建议获得双方认可。

由于与各方磋商花费了不少时日，留给我和韦内祖维的时间已经不多。我们要在较短时间内，把联合新闻公报双方草案糅合在一起不是一件容易的事。一般来说，韦内祖维便有权就文本的修改做出决定。我这个特命全权大使却不行，要事事请示国内。直至8月11日和12日，我在使馆仍与在巴黎出差的韦内祖维通电话，推敲联合新闻公报文本细节。这是博齐泽访华筹备工作的最终末节。

一帆风顺

一切准备就绪。我漫长外交生涯中参与组织的最重要的外交活动大幕终于开启了。

2004年8月15日，我与张秀玲乘法航班机离开班吉赴巴黎。16日，乘中国民航CA934班机飞北京，17日上午抵京。18日上午，我马不停蹄地赶到外交部，与外交部非洲司主管司领导赵江平参赞和马福林处长洽谈工作，了解博齐泽访华的具体日程及有关注意事项。18日下午，我和张秀玲入住钓鱼台国宾馆专门接待外国国家元首或政府首脑的第18号楼。稍事安顿后，我们便参加了在18号楼内部会议室召开的博齐泽访华接待陪同团会议。会议由外交部礼宾司副司长杨广玉主持，出席的有外交部礼宾司、非洲司、翻译室、新闻司、公安部八局、钓鱼台国宾馆和中国驻中非大使馆等单位的有关领导和人员。会议由我介绍了博齐泽访华的简要情况，有关单位领导就总统访华的礼宾接待、安全保卫、饮食住宿、参观出行等具体工作做出详尽安排和说明。看得出来，除我们夫妇外，与会者都是各方面的专家和老手，他们对这些工作可说轻车熟路。大家听完介绍，没有进行例行的讨论和提出不同意见。会议仅进行40分钟即告结束，大家纷纷散去，按照分工和惯例分头执行。

走出会议室，我感到一阵轻松，便在院子里闲庭信步。新中国成立后，外国国家元首访华的接待工作发生了翻天覆地的变化。由于西方国家的抵制和封锁，新中国成立初期建交国不多。为了打开外交局面，中央对外国元首来访十分重视，毛泽东、周恩来往往亲自到机场迎接并陪同访问。随着国家外交事业的发展，建交国越来越多，来访的外国元首也逐渐增多，中方陪同团团长改由国务院各部部长担任。时至今日，陪同团团长的重任便责无旁贷地落到了中国驻该国大使肩上。于是乎，我这个从未参加过外国元首访华接待工作的外行就成了责任重大的陪同团的头儿。一个多月来，陪同团团长这个官衔压得我透不过气来。我深深感到，从官职、权威和专业知识诸多方面来看，我均难以胜任这个差事。参加完会议，看到这支接待总统的专业队伍，我真是如释重负，浑身轻松。我走出国宾楼，慢步于红花绿树之中。闻名遐迩、风景如画的钓鱼台国宾馆，在火红夕阳光辉的照耀下显得格外绚丽迷人。

钓鱼台国宾馆是坐落于中国北京海淀区玉渊潭东侧的一处古代皇家园林及现代国宾馆建筑群。国宾馆园区南北长约一公里，东西宽约0.5公里，总面积42万平方米，总建筑面积16.5万平方米，湖水面积5万平方米。金代时，这里位于京城西北，名为鱼藻池，水域很大，玉渊潭和钓鱼台连为一体。章宗皇帝完颜璟曾在此筑台垂钓，“钓鱼台”因此得名，迄今八百余年。

1958年，为隆重庆祝国庆十周年，中国政府决定，在古钓鱼台风景区的基础上扩大修建现代国宾馆园区，用来做来访国宾下榻及会晤、会议场所，责成外交部具体实施并于1959年建成。钓鱼台国宾馆是中国国家领导人进行外事活动的重要场所，更是中国接待各国元首和重要客人的超星级宾馆。自1959年建馆以来，这里先后接待了来自世界各国的总统、国王、总理近1000人次，是一处受到世界各国人民和媒体瞩目的地方。

扩建后的钓鱼台国宾馆区，有16栋设计风格迥异的现代化接待楼，全部为二层青砖红瓦楼房，共有客房四百多套，还有网球场、游泳池、健身房等。同时，对原有亭台楼阁古建筑重新修缮，外部保持原有风格，内部进行现代化装修。各楼从中心湖南侧起，沿逆时针方向，由“1号楼”编号至“18号楼”。其中，为尊重外国习惯，不设“13号楼”；为尊重中国传统习惯，不设17号楼。第18号楼为总统套楼，是楼群中的重点建筑。其外形是纯中国宫殿结构，黄色琉璃瓦铺顶，绿色雕梁画栋环绕，处处富丽堂皇、金玉交辉。楼内的总统卧室更是气派，大床和衣橱都用紫檀木精雕而成，落地宫灯分列四周，雍容瑰丽。卧室前的落地大屏风用红木精雕细刻并配以十余幅山水花鸟画卷，营造出浓浓的中国情调。除总统套楼外，其他15栋楼有西方别墅式的，有伊斯兰式的，也有东方民族式的，都是现代化建筑。原钓鱼台行宫和现代化的16栋楼连成一片，古今相映、珠联璧合。整个国宾馆古木茂密、碧水潺潺、绿草茵茵、柳堤弯弯、小径通幽，恰似人间仙境。

1959年“十一”前夕，应邀参加新中国成立十周年大庆的各国政要们，陆续住进了刚刚落成启用的钓鱼台国宾馆。12个社会主义国家的代表团，每个代表团入住一栋楼。率领苏联代表团的是赫鲁晓夫，在他所入住的18号楼前栽下了象征和平友好的纪念树，那是一棵白皮松。率领朝鲜代表团的是金日成，住进了12号楼，他与中方接待人员在楼前种下了一棵象征中朝永远友好的常青松树。以胡志明为首的越南代表团住在11号楼。齐奥塞斯库率领罗马尼亚代表团入住8号楼。其他如阿尔巴尼亚、保加利亚等东欧国家代表团也分别入住各楼，并在楼前栽树纪念。十周年大庆庆典过后，经过重新规划安排，18号楼始成最高规格的国家元首接待楼。元首以下贵宾一般安排在5号楼、6号楼、7号楼，这几栋规格大致相同。正因为有这次重新规划，我才有幸住进了18号楼。

2004年8月19日上午11时许，等候在北京首都机场贵宾楼前的人们听到从远处传来的飞机轰鸣声，不约而同地举目投向蔚蓝色的天空。一架银灰色波音747飞机飞临机场上空，随后打开着陆架，飞机平稳落地、滑行并停靠在楼前不远处。机场的“象鼻子”缓缓地伸过去与飞机接吻。不久，从“象鼻子”里走来春风得意笑容满脸的博齐泽总统、中非第一夫人莫妮克和他们的女儿艾丽丝，走在他们后面的是中非外交部长韦内祖维、能源矿业部长恩杜廷加伊、副总参谋长塞雷加扎上校及外交部礼宾司长穆萨等高官。我们夫妇和中非驻华大使克里斯托弗夫妇等迎上前，与来宾热烈握手表示欢迎。在外交部礼宾司官员引领下，我们与来宾进入事先预订的贵宾室休息。约莫一刻钟，一切入关手续办妥。博齐泽夫妇乘坐悬挂中非国旗的高级轿车，在中国国宾车队簇拥下，随着开道摩托车队浩浩荡荡向钓鱼台国宾馆驶去，我们紧随其后。进入钓鱼台国宾馆后，中非贵宾分别入住各自套房。博齐泽夫妇住进18号楼的豪华总统套房。

就在我转身欲进入房间歇口气时，在走廊里被匆匆赶到的韦内祖维和克里斯托弗拦住。部长和大使紧急向我转达博齐泽的急迫要求：“希望与胡锦涛主席进行面对面私下会谈！”我被这突然袭击打蒙了，一时语塞。克里斯托弗深切了解严格的中国礼宾程序和规定，解释说：“我知道这要求有些唐突，但总统阁下十分坚持，我们无法阻止。”我满脸严肃地说：“总统访华日程，双方一个月前便已商定。

今天下午两国元首就要会谈，临时改变或增加日程，恐难安排！”韦内祖维和克里斯托弗都是资深外交官，熟悉国际礼宾惯例。但是，在中非这样一个总统说了算的国度，谁敢忤逆他的“旨意”？他们只好把球踢给我，毕竟我在总统面前可以说“不”。他们离开后，我急忙把参与接待工作的非洲司领导赵江平参赞和马福林处长找来共商对策。赵参赞说：“这是不可能的。此事不用与礼宾司商量，更不用向主席办公室汇报。”我最后提出一个解决办法，获得二位一致赞同。我随即约见中非外长和驻华大使，表示：“今天晚上，胡锦涛主席将为博齐泽总统访华举行宴会。宴会期间，两位元首完全可以进行面对面的私下会谈，绝不会受到任何干扰！”两位中非高官大彻大悟，连声感谢我为他们解决难题。我也为自己能找到解决难题的办法感到庆幸。

8月19日下午5时，胡锦涛在北京人大会堂与博齐泽举行正式会谈。会谈开始前，我根据安排提前抵达人大会堂，要向胡主席汇报中非情况。出席汇报会的有：国务委员唐家璇、外交部长李肇星、商务部副部长魏建国以及外交、商务两部有关司领导。会前，李肇星部长特意叮嘱我：“用三五句话概括中非情况，主要是回答胡主席的提问。”胡主席来到会议室后，我汇报说：“中非的主要问题是穷。穷则生乱，越乱越穷，越穷越乱，台独则趁乱而入。中非独立四十余年，发生政变、动乱十多次；与台湾建交三次，与我断交两次。”汇报会简短紧凑。之后，我们依次进入会谈大厅。宾主双方面对面坐在摆成两条平行线形的谈判桌两旁，中间摆放着鲜花。胡主席右边依次是翻译、李肇星部长、魏建国副部长、外交部非洲司许镜湖司长等，左边是国务委员唐家璇、我、主席办公室陈主任、外交部新闻司孔泉司长等。谈判桌对面端坐着博齐泽及其代表团主要成员和驻华大使。两面中国国旗和两面中非国旗相间矗立在谈判桌靠墙一端，庄严肃穆。

寒暄过后，胡锦涛首先讲话。他回顾了两国关系的发展历程后说，发展中国和中非友好合作关系符合两国人民的根本利益和共同愿望，符合中国和非洲发展新型伙伴关系的大趋势，这是任何力量也阻挡不了的。他指出，“一个中国”的原则是中国同包括中非在内的世界各国发展友好合作关系的重要政治基础。我们赞赏博齐泽总统和中非政府重视发展对华关系，坚持“一个中国”的政策，支持中国的统一大业。

博齐泽发言说，得益于改革开放的中国迅速发展，赢得了国际社会的敬佩和尊重。在国际事务中，特别是维护世界和平方面，中国的影响日益扩大。在捍卫国家权益、推动建立公正的国际政治经济新秩序方面，中国的作用日益突出。博强调，中非政府和人民珍视与中国的友谊，坚定支持中国的统一大业，愿同伟大的中国发展全面合作。

胡主席表示，为了把两国关系的积极发展势头保持下去，建议从以下三个方面继续做出努力：政治上加强交往，增进互信，不断巩固两国的政治基础，推动两国关系持续稳定健康发展；扩大贸易往来，加强互利合作，促进共同发展，可将农业、基础设施和人力资源开发作为合作的重点，中方鼓励中国企业到中非投资，愿同中非方积极探讨两国在石油、钻石、铁矿、森林等资源开发领域的合作；加强两国在文化、教育、卫生等领域的交流与合作，以及在国际事务中的磋商与协调，不断丰富两国友好合作关系的内涵。博齐泽高度评价中国多年来在农业、基础设施和卫生领域向中非提供的援助和支援，称这些合作项目推动了中非经济社会发展，体现了中国人民对非洲人民的深厚情谊。他表示完全赞同胡锦涛就发展两国关系提出的建议，这些建议立足于切实推进双方的合作，造福于中非人民。中非将同中方共同努力，不断巩固和加强两国在各个领域的友好合作。

在会谈中，胡主席庄严承诺，在今后五年内，中国政府将向中非共和国政府提供不少于2亿元人民币的经济技术援助。这就是驻中非大使馆早先提出“将今后五年的经济援助额打包”赠送博齐泽总统的厚礼。

会谈进行50分钟后结束。两位国家元首步出大厅走向各自的休息室，准备出席双方文件签字仪式。我正随中方官员前往休息室，被急匆赶来的韦内祖维叫住。他把我领到博齐泽面前，总统微笑着对我说：“请你转告胡锦涛主席，我对会谈十分满意。”我急忙赶到休息室，向李肇星部长、魏建国副部长汇报。两位部长异口同声地要我直接向胡主席报告。我又匆匆赶往主席休息室，向胡主席做了详细汇报。主席满面笑容，连连点头。

下午6时，两位国家元首出席在人民大会堂举行的文件签字仪式。首先签署的是“中华人民共和国和中非共和国联合新闻公报”，由中国外交部长李肇星和中非外交、地区一体化和法语国家事务部长韦内祖维代表各自方签字。随后，由中国商务部副部长魏建国和中非韦内祖维代表各自政府签署《中华人民共和国政府和中非共和国政府经济技术合作协定》。两国联合新闻公报内容如下：

应中华人民共和国主席胡锦涛的邀请，中非共和国总统弗朗索瓦·博齐泽于二〇〇四年八月十九日至二十四日访问中国。访问期间，胡锦涛主席与博齐泽总统举行会谈。两国领导人在诚挚友好的气氛中就双边关系及共同关心的其他问题深入交换了意见，达成了广泛共识。

一、双方对目前两国友好合作关系在和平共处五项原则基础上顺利发展表示满意，决定继续保持政治交往，推进各项领域合作，加强在国际事务中的磋商，推动两国友好合作关系持续、稳定、健康发展。

二、双方表示相互支持对方为维护国家主权和领土完整、促进稳定与发展所做的努力。中非方支持中国实现国家统一，并重申，世界上只有一个中国，中华人民共和国政府是代表全中国的唯一合法政府，台湾是中国领土不可分割的一部分。中方赞赏并支持中非政府为维护国内社会政治稳定、恢复经济发展所做的积极努力，同时呼吁国际社会对此给予更大支持。

三、双方积极评价两国经贸合作取得的成果，愿进一步加强在农业、基础设施和人力资源开发等领域的合作，鼓励扩大双向贸易与投资，推动双方企业开展互利合作。中方重申愿意继续在力所能及的范围内，支持和帮助中非方为促进国家经济社会发展所作的努力。

四、双方认为，和平与发展仍是当今时代的主题。国际社会应加强磋商，维护世界的多样性，促进世界不同文明和不同发展模式相互交流与借鉴。双方呼吁发达国家承担应有的义务和责任，切实履行向发展中国家提供经济技术援助和减负债务等承诺，进一步开放市场，取消贸易壁垒。双方主张发展中国家联合自强，加强南南合作，并积极推动南北对话，促进建立和平稳定、公正合理的国际政治经济新秩序。

五、双方认为，维护稳定、消除贫困是非洲国家面临的紧迫任务。中方支持非洲联盟和非洲次区域组织为实现非洲大陆和平稳定、推进一体化进程发挥更大作用，支持非洲国家通过实施“非洲发展新伙伴计划”谋求非洲的振兴和发展。

六、双方高度评价中国与非洲的友好合作关系，认为中国非洲合作论坛是中国和非洲加强集体磋商、开展务实合作的有效机制。两国愿意在论坛机制框架内加强合作。

在通篇联合新闻公报中，我们最为看重的是第二条。中非首次以书面形式明白无误地承认“世界上只有一个中国，中华人民共和国政府是代表全中国的唯一合法政府，台湾是中国领土不可分割的一部分。”这是我国政府对“一个中国”原则最确切、最全面的表述。从当年3月中非口头承认“一个中国原则”到8月正式写入联合公报，博齐泽只用了五个月时间，而有些非洲友好国家却从未在外交文件中如此明确过。这也算是博齐泽此次访华赠送的一份厚礼。

晚上7时，胡锦涛在人民大会堂设盛大国宴热烈欢迎博齐泽访华。除参加会谈、签字仪式的双方人员外，胡锦涛夫人刘永清、博齐泽夫人莫妮克、女儿艾丽丝及中非驻华大使夫人、张秀玲等均出席。张秀玲陪同莫妮克坐在刘永清身旁，我则与恩杜廷加伊、魏建国为邻。席间，两位国家元首进行了亲密交谈。尤其是博齐泽，似乎毫不在意中方为其提供的美味佳肴，在略为展示自己并不熟练的筷子操纵技术之后，便一门心思投入到“面对面的私下会谈”中去。他向胡主席讨教了诸多治国理政的经验，介绍了中非的现状和困难。我则与年轻的老朋友恩杜廷加伊谈天说地，谈古论今。因重任在肩，我也未能仔细品味丰盛国宴菜肴的滋味。一个小时后，宴会结束。我随主客人走出宴会厅。在走廊上，我又被叫走，这次是胡主席派人把我叫到身边。他边走边指示说，明年中非要举行总统选举，博齐泽请求我们给予支持。在朋友困难的时候给予帮助，他会永远记住我们，会成为我们永远的朋友。我顿时明白了博齐泽当天中午刚抵京便匆忙提出要与胡主席举行私下会谈的主要动机。我又匆匆赶到中方官员休息室，把胡主席的指示传达给在场的中国外交、商务两部的有关负责人。

8月20日上午，我们夫妇陪同博齐泽夫妇及中非代表团参观长城。长城管理局负责人出面接待，博齐泽被告知是第242位登上长城的外国国家元首，并高兴地接过登长城证书。博欣然在留言簿上写道：“今天，我和我的代表团一起登上了长城，感到无限荣幸。长城是世界一大奇迹。祝充满聪明才智的中国人民万岁！”落款为“中非共和国总统、国家元首弗朗索瓦·博齐泽将军，2004年8月于八达岭”。随后，我们陪同总统一家及代表团成员攀登到长城东边的第二个烽火台。博齐泽饶有兴趣地指着山顶上的人群问道："他们是什么时候开始攀登的？"接待人员回答："大概是早上5点钟。"博齐泽跷起大拇指说："真了不起！"参观过程中我们和总统一家留下了不少珍贵的照片。我开玩笑地对总统说："毛泽东主席曾作诗称'不到长城非好汉'，现在阁下不但是中非的好汉，也是中国的好汉！"博齐泽总统风趣地说："我不但是中国的好汉，还是中国的好朋友、好兄弟！"可见总统当天有一副极好的心情！

2004年8月20日，何泗记夫妇陪同博齐泽一家游览八达岭长城。左起：张秀玲、艾丽丝、莫妮克、博齐泽、何泗记

带着这副好心情，总统刚回到钓鱼台，又给我出难题。他让恩杜廷加伊转告我，晚上他要会见中国石油天然气集团公司的领导。我连忙请马福林帮忙，马处长交代处里的同事"急事急办"。

下午2点，韦内祖维、恩杜廷加伊等前往商务部与魏建国会谈。中非军队副总参谋长塞雷加扎上校则赴总参谋部与中国人民解放军副总参谋长熊光楷上将会谈。我分身乏术，只好与总统一起待在18号楼养精蓄锐，等待温家宝总理会见。下午5点，我们的车队准时停在中南海北区紫光阁楼前。这是我所熟悉的地方。

十年前，在国务院外事办公室工作时，我经常来此地，或公干，或散步，甚至在中海和毛主席住处旁大名鼎鼎的“游泳池”游过泳。现在旧地重游，分外亲切。紫光阁坐落于中南海西岸北部，阁高两层。明武宗时为平台，台上有黄瓦顶小殿。明世宗时废平台，修建紫光阁。清康熙时重修，成为皇帝检阅侍卫比武之地。乾隆时两次增建，在内悬挂功臣图像及各次战役挂图并陈列缴获的武器。1873年六月初五，同治帝在紫光阁接见日本、俄国、美国、法国、荷兰、英国六国使臣并接受他们递交的国书。这是清朝皇帝第一次正式接见外国使臣。1949年后，紫光阁改建成国事活动场所，是国务院领导接见外国来访领导人的重要场所。

在北京西单到天安门城楼之间，沿着长安街路北，有堵数百米长，六米多高的红墙。在一排排绿树和红灯笼映衬下，红墙愈发显得有历史的厚重感。红墙外，游历至此的路人正在以之为背景拍照留念。红墙内，就是著名的中南海。这个位于中国首都北京中心位置的处所，是名副其实的中国政治生活的心脏。

温家宝总理早已在紫光阁会见厅前迎候博齐泽。这是一次礼节性会见，但是，温总理仍不失时机地做博齐泽的工作。温总理向总统介绍了中国的经济、社会发展情况，中国改革开放的成就及现时存在的困难，以及西部大开发的战略和现状。温总理说，虽然中国经济发展迅速，但是中国还是发展中国家，国内还有许多事情要办。中非是我们的好朋友、好伙伴。中国和中非经济互补性强，合作潜力巨大。希望双方加强沟通协商，选好重点项目，稳步推进务实合作。博齐泽感谢温家宝拨冗会见，对中国改革开放20多年来取得举世瞩目的成就表示祝贺，并感谢中国政府和人民长期以来对中非的无私援助。他说，中非对与中国合作深具信心，坚信两国合作必将向广度和深度发展。

晚上，在克里斯托弗安排下，博齐泽在钓鱼台18号楼总统套房外大会客厅会见了中共中央统战部副部长、全国工商联第一副主席胡德平。胡德平首先介绍说，中国的民营经济经过20多年的改革开放，从无到有，从小到大，现在已成为国民经济的一支重要力量，成为社会主义市场经济的重要组成部分。他说，中国光彩事业促进会决定和联合国开发计划署等单位共同组织成立一个中国非洲理事会，目的是动员中国民营企业到非洲开展贸易、投资开发。理事会成立后一定要组团去中非考察，推动两国经贸发展。博齐泽说，中非需要中国，中国也需要中非。中非也是一个发展中国家，那里的资源十分丰富，非常欢迎胡副部长率领中国民营企业家访问中非，以此带动更多中国民营企业家到中非投资。他保证中非将永远向中国投资者敞开大门。最后，胡德平代表光彩事业促进会赠送总统书法条幅“高瞻远瞩”，并详细介绍了条幅的含义。他说，希望站在中非可以看到中国，站在中国也能看到中非，共同推动两国经贸和友好事业更快发展。

就在胡德平赠送书法条幅之际，我陪同中国石油天然气集团公司副总经理周吉平、总经理助理兼中石油勘探开发公司总经理汪东进和两位石油天然气勘探专家进入总统会客厅。送走胡副部长一行后，博齐泽热情接待了周总等人。博对他们说，今年初，他曾访问苏丹，巴希尔总统详细介绍了苏丹与贵公司合作的情况并安排参观了一些项目，深受触动。博齐泽说，中石油有强大的经济、技术和人才实力，为苏丹石油的勘探、开发和加工立下了汗马功劳。中非与苏丹、乍得交界，这两个邻国已经成功地进行了石油开发，中非也应迎头赶上。中非2000年曾与美国一家名为格林的公司签署中非北部A区物探协议，但是，这家公司行动缓慢，成效不大。为了加速中非石油的勘探与开发，中非政府邀请贵公司帮助进行实地勘探。周吉平感谢博齐泽对中石油的信任，他简要介绍了中石油的情况，表示将尽快派员到中非考察和洽谈。此前，在候见室，我曾询问周总，中非到底有无石油？周总认为，中非值得一试。我则保证尽力帮助他们进入中非。

8月21日上午，我们夫妇陪同总统一家及中非代表团参观故宫博物院，外国人更喜欢称之为紫禁城。我们在导游带领下从午门进入故宫，沿着昔日明清两朝皇帝的专用道向前行进。博齐泽对这座拥有9999间房子的皇宫并不陌生。28年前，他作为中非独裁者博卡萨的副官，陪同博卡萨参观过故宫。令他难以忘怀的是，博卡萨当时为故宫的雄伟壮丽所折服，竟然要求中方仿照故宫的格式为他在班吉建造一座皇宫。访华归去两个月后，博卡萨抛弃了总统官帽戴上了皇帝桂冠，博卡萨总统改称博卡萨一世皇帝。自此，中非皇帝成为世人茶余饭后的笑料。大概是往事悠悠不堪回首吧，参观过程中，博齐泽默默无语，鲜有笑容，与家人和代表团成员惊讶赞叹的神情形成鲜明对比。

午餐后，代表团胜利结束北京之旅，乘中国民航CA4162航班赴贵州省访问。抵贵阳后，第一项活动是在贵州省常务副省长王正福陪同下，博齐泽一行参观了贵州省畜牧兽医学校的实验室和沼气生产示范基地。总统对示范基地十分感兴趣，询问得非常仔细，并希望学校今后能接受中非学生到此学习。我还记得，当解说员介绍将周围猪圈的粪便冲入沼气池经发酵产生沼气时，博齐泽立即插话说："那就是进行第二次发酵了。"众人不解地发问："总统阁下，何来第二次发酵？"他笑着回答："那些东西在猪肚子里已经发酵过一次了！"话音刚落，众人捧腹大笑。

晚上，中共贵州省委书记钱运录和省长石秀诗会见并宴请博齐泽一行。钱运录说，总统先生此次亲率贵国代表团到贵州访问，必将使中非与贵州的关系有突破性发展。钱书记介绍了贵州的资源优势和中国西部大开发的开展情况以及贵州近年来在经济发展、改善民生和扶贫攻坚等方面的成果、经验。博齐泽对钱书记表示，中国的迅猛发展和所取得的伟大成就源于自力更生和艰苦奋斗，中国的发展道路很值得中非借鉴。博齐泽感谢钱书记的会见和宴请，希望与贵州省建立起友好关系，并在农业技术、经济贸易等多方面开展合作。

博齐泽继续给我出难题。晚宴结束后，韦内祖维又找到我说："鉴于总统来中国之前访问了法国，至今已离开中非十余天，国内有急事需要处理。总统决定缩短访华时间，提前一天即8月23日离开中国飞巴黎。"我一听，气不打一处来，不顾应有的礼仪，断然拒绝道："距现在仅有两天时间，这是不可能的！"韦内祖维苦着脸说："我知道很让你为难，但这是总统的决定，我也毫无办法。"他最后说，至少要保证五位头等舱、两位公务舱共七人于23日乘飞机飞巴黎。我气呼呼地回到宾馆房内，请来马福林处长共商对策。马处长说，民航班机运送总统有一套严格的安保措施，尤其是在机械安全、机组人员、乘客挑选方面要保证万无一失。临时变更将彻底打乱航空公司原有安排，实在不可取。我解释说，博齐泽2003年3月武力夺权后，经过一年多努力，政局基本稳定。但是，他离开本国十多天，难免会有些人蠢蠢欲动，他急于回国亦可以理解。我方如能帮他解燃眉之急，亦属为他成功访华做出贡献。马处长答应尽量想办法。

8月22日，在王正福陪同下，博齐泽一行莅临安顺市访问。上午，在安顺市龙官镇石头寨村，总统不辞辛苦沿着青石板铺就的高低不平的小路攀登，拜访了贫困农户，走访了简陋的小学。石头寨村是典型的喀斯特地貌，条件十分艰苦。博齐泽询问当地农民生活状况，对当地人吃苦耐劳精神表示钦佩。在一位满脸沧桑、衣着不整、身材瘦小的老太太面前，博齐泽从西服内兜里掏出一张50欧元的纸币塞到老人手里，并拉着她的手说："需要到银行兑换成人民币后才可以使用。"随后，代表团一行来到安顺蜡染艺术馆，观看民族蜡染制作工艺和蜡染艺术品。艺术馆向总统赠送一幅安顺地方戏脸谱蜡染壁挂。博齐泽欣然为艺术馆题词:“希望与贵州人民的友好交往世代相传。”

中午,安顺市长设宴款待博齐泽一行并赠送一株当地楠竹。总统表示将把这株楠竹栽种在总统府院内,象征着中非人民与贵州人民的友谊之竹长青。

下午,在安顺市幺铺镇邵小村,博齐泽参观了水利、种植、沼气等主体农业项目。水稻专家现场介绍了水稻种植技术和生产情况。接着,代表团前往亚洲第一大瀑布、5A级国家风景名胜——黄果树瀑布游览。博齐泽兴致勃勃地沿着湿漉的石板阶梯下到谷底,贴近观看瀑布的壮丽景色。他由衷赞叹:“中国的大地河山真奇妙啊!”

黄果树瀑布,位于贵州省安顺市镇宁布依族苗族自治县,是珠江水系打邦河的支流白水河九级瀑布群中规模最大的一级瀑布,因当地一种常见树木“黄果树”而得名。瀑布高77.8米,宽101米。以黄果树瀑布为核心,在白水河上游和下游20公里的河段上,共形成雄、奇、险、秀等风格迥异的瀑布18个。黄果树瀑布以其雄奇壮阔的大瀑布、连环密布的瀑布群闻名于世,享有“中华第一瀑”美誉,是除美国、加拿大的尼亚加拉瀑布和津巴布韦、赞比亚的维多利亚瀑布外的世界第三大瀑布。黄果树风景名胜区分布有石头寨景区、天星桥景区、滴水滩瀑布景区、霸陵河峡谷三国古驿道景区、陡坡塘景区、郎宫景区等数个独立景区。这里瀑布成群、洞穴成串、峰峦叠翠、植被奇特,伏流、溶洞、石林、石壁、峡谷比比皆是,呈现出层次丰富的喀斯特山水旖旎风光。黄果树瀑布景色奇特。白水河河水从断崖顶端凌空飞流直下,正如瀑布对岸高崖上观瀑亭的对联所曰:“白水如棉不用弓弹花自散,虹霞似锦何须梭织天生成。”黄果树瀑布的形态因季节而变化。冬季水少时,它妩媚秀丽,轻轻下泻;到了夏秋,水量大增，那撼天动地的磅礴气势，简直令人惊心动魄。我们到访时，正是夏秋时节，有幸欣赏到壮观景象，瀑布激起的雪沫烟雾，高达数百米，漫天浮游，竟使其周围处于纷飞的细雨之中。瀑布后面的水帘洞更是绝妙。水帘洞位于瀑布40米至47米的峭壁上。134米长的洞内有六个洞窗，五个洞厅，三个洞泉和两个洞内瀑布。游人穿行于洞中，可在洞窗内观看洞外飞流直下的瀑布。据介绍，每当日薄西山，凭窗眺望，犀牛潭上彩虹缭绕、云蒸霞蔚，苍山顶上绯红一片、迷离变幻，这便是著名的“水帘洞内观日落”。洞内还有一个冰制的金箍棒。可惜，为安全起见，我们没有安排博齐泽当一次“齐天大圣”，到水帘洞里潇洒走一回。

瀑布下的犀牛潭溅起的雾珠上常挂着七彩缤纷的彩虹，随人游动，变幻莫测。古人云“天空云虹以苍天作衬，犀牛潭云虹以雪白之瀑布衬之”，故它有“雪映川霞”之美誉。犀牛潭上溅起的水花，如雨雾般腾空而上，随风飘飞，漫天飘游，高达数百米，洒落在瀑布右侧的黄果树小镇上。适逢艳阳高照之日，水雾蒙蒙，折映出金色光芒，似真似幻，那街道似乎是金色大街，形成远近闻名的“银雨洒金街”奇景。

在靠近瀑布底部最佳观景台前，我们偶遇一队身着少数民族鲜艳亮丽服饰的帅哥美女。上前一打听，原来是贵州省某歌舞团的成员结队旅游大瀑布。博齐泽在好奇之余，询问能否与他们一起合影。经征得该团同意，总统高兴地率全家人和代表团主要成员融入歌舞团之中，让围堵四周的专业或业余摄影师尽情拍照。该团一位小伙子，与总统夫妇的掌上明珠、优雅漂亮的艾丽丝小姐熟络起来。他拉着小姐的小手，手舞足蹈地比划着，还挽着小姐的胳膊歪着脑袋拍照。见过大世面的艾丽丝更不怯场，面带微笑，落落大方。在场的观众无不称赞中非总统一家平易祥和，与中国普通百姓融为一体，不摆大官架子。

2004年8月22日，博齐泽一行游览黄果树瀑布时与贵州某民族歌舞团成员合影。二排右二起：艾丽丝、博齐泽、莫妮克、恩杜廷加伊、塞雷加扎

在乘车返回贵阳的路上，马福林处长向我通报一则好消息："23日总统飞巴黎的机座有了着落！"我放下心来。为防止对方节外生枝，我们两人决定暂不通报，待当日早晨再说。23日早上8点半，我向韦内祖维通报这一消息。看得出来，部长欢欣之情溢于言表。

23日上午9时，我们陪同博齐泽一行乘中国民航CA4561班机从贵阳直飞上海，又从上海虹桥机场乘车直奔苏州。中午，江苏省和苏州市领导在苏州会议中心丰乐宫会见并宴请博齐泽一行。当地领导向客人介绍了苏州的历史文化和经济发展情况。苏州是座历史文化名城，已有2500年历史，同时也是制造业发达的城市。近年来，苏州经济和社会各项事业都取得突飞猛进的发展。苏州外向型经济发展很快，与世界各国之间的友好合作关系不断加强。希望今后苏州与中非各城市间加强友好合作，取得共同发展。博齐泽感谢苏州的热情款待。他说，苏州是座充满活力的城市，经济发展迅速，对外交流活跃。中非目前百业待兴，希望今后中国和中非、苏州和中非的友好合作充满活力、富有成效。席间，张秀玲询问总统夫人莫妮克，因提前一天离华，无暇采购，如需要，可以代劳。莫妮克对当晚结束访华离沪赴巴黎一无所知，思忖片刻，低声呢喃："我只想为总统采购若干衬衣。”下午，总统一行参观了香港维德集团在苏州设立的木材加工企业——维德木业苏州有限公司。全国政协香港委员、香港维德集团董事局主席庄启程热情接待博齐泽一行，向总统介绍了该公司概况，陪同参观了公司的进口原木码头、木材加工车间，并赠送总统一件珍贵的玉如意。

傍晚，我们的车队披着夕阳浩浩荡荡地奔驰在苏州至上海的高速公路上。代表团和全体陪同人员下榻上海香格里拉大饭店。这是一座崭新的、富丽堂皇的豪华酒店，足以令行走于欧美大地的博齐泽感到心灵的强烈震撼。放下行装，我们来不及休息，又匆匆赶赴上海市市长韩正主持的会见和宴会。我提前十分钟到场，向韩正做了中非情况和博齐泽访华的简短汇报。会见中，韩市长向博齐泽介绍了上海经济社会发展情况。他希望通过总统对上海的访问进一步加强和促进双方友好合作关系的发展。博齐泽表示，上海在经济建设中取得巨大成就，令人欣喜。中非希望加强和上海的经贸往来，学习和借鉴上海发展的许多成功经验。希望有越来越多的上海企业家去中非投资、合作办企业，使双方企业家在未来能不断开辟新的合作领域。宴会结束后，中非代表团及中方陪同人员返回饭店休息。

晚上10时，我们夫妇从饭店出发赶往上海浦东机场，为博齐泽一家及代表团主要成员送行。晚上11时半，博齐泽一行七人乘东方航空公司MU533航班离沪赴巴黎，圆满结束五天的访华日程。

8月24日上午，按原定安排，我和张秀玲陪同中非代表团其余成员参观上海市城市规划馆和东方明珠电视塔。下午，中非客人自行赴商场购物。我们与客人告别后，乘中国民航班机返京。傍晚，中非代表团其他成员离沪飞赴巴黎。我则匆忙离家赶往京西宾馆报到，出席次日开幕的中华人民共和国第十次驻外使节会议。

8月30日下午，在家待了不到一天的我又奉命赶往京西宾馆报到。这次是出席国务院对发展中国家经济外交工作会议。9月2日上午10时，我和张秀玲乘中国民航CA933航班赴巴黎。9月4日晚，我们乘AF884法航班机飞班吉。自8月15日飞离班吉起，整整20天，除了在巴黎中转休息两天外，我们都处在极度紧张中，没有得到过一整天的调整，有时不得不把乘飞机当作最好的休息。

难在落实

9月5日，我和张秀玲于凌晨抵达班吉。我们整整昏睡了一天。第二天，我向大家简单介绍了博齐泽访华和使节会议的大致情况，表示待国内指示到达后再详尽传达。

9月7日，总统府典礼局长打电话找我，称总统马上要见中国大使。我心里暗叹，总统的情报工作真不赖，我刚回来就被“盯”上了。我和张国保、方国庆匆忙赶往总统府。博齐泽容光焕发、兴致勃勃地谈论着此次访华的见闻和感想。他说：“28年前，我作为博卡萨总统的副官随总统访华，对中国印象深刻。然而，此次再访中国，令我十分惊讶，我几乎找不到过去的痕迹了。中国的发展真快啊！”这是总统由衷的感叹。他请我转达对胡锦涛主席的感谢和问候，并请我转交一封致胡主席的亲笔署名信件。博齐泽高兴地说，胡主席真挚笃信，诚恳待人，丝毫没有大国元首的架子。无论是正式会谈还是私下交谈，我们都谈得很好。我们已成为真诚的朋友。他说，还得感谢你，大使先生。博齐泽话锋一转，说道：“今后，我们的主要工作是落实两国元首会谈的成果。”随后，他介绍说：“为了更好地保持沟通，我指派总统府经济顾问加伊博纳努先生为我的私人代表，与大使探讨两国合作事宜。”我们告辞返馆。

2004年9月8日，恩杜廷加伊约见我，谈两国矿业石油合作问题。

时隔两周，我们仿佛是久别重逢的老朋友，紧握的双手久久不愿松开。恩高兴异常地对我说，中国之行对他触动尤深。过去，他所了解的中国贫穷落后，人们食不果腹。可是，实地一看，北京、上海崭新漂亮的高楼大厦比比皆是。他告诉我，代表团返回中非后，中非视听媒体对此访进行了大量报道。班吉的街头巷尾都成了议论中国的场所，简直就是中非政府自己主办了“中国周”。他向我表示，总统和中非政府盼望中石油集团能帮助他们尽快找到石油并马上予以开发，称这样中非这盘死棋才会全盘皆活。他把自己最私密的电话号码给了我，说如遇紧急情况，可以随时与他沟通。

与中非政权铁腕兄弟的会面和交谈令我喜忧交集。喜的是，通过此次访问，中国的迅猛发展与日益强盛已深深扎根于两兄弟心中，两国外交关系已确保无忧。也就是说，我赴任时所担负的任务已完成。忧的是，中非实在太过贫穷，对中国的期待值很大。一旦他们的愿望无法实现，两国关系的发展将面临严重困难。

我和两位参赞经过反复研究讨论认为，中非经济困难、财政拮据、民不聊生，但是地下地上资源十分丰富。要充分利用其政府对中国信任友好，国际社会对其制裁的有利时机，全力推动中国国有和民营企业来中非投资开发、合资合作，努力办好各项政府援助项目，以便取得更好的政治、经济、社会效益。

经过多方共同努力，当年12月末，以中国石油天然气勘探开发公司业务发展部非洲项目经理傅长生为首的考察组造访班吉。我陪同考察组会见恩杜廷加伊、拜会博齐泽和宴请矿业部秘书长、矿业局长等。中非对考察组来访十分重视，给予特殊礼遇。记得2005年元旦晚10点，中国使馆正在与援中非专家组、医疗队举行新年联欢，我与傅长生则等着总统接见。直至10时半，博齐泽才腾出时间见我们。中石油、中非均有非常强烈的合作意愿，作为中国大使，我当然非常希望立刻办成，可是直至我离任之时仍无结果。个中缘由十分复杂，非我微薄之力所能解决。早在2000年，帕塔塞政权曾与美国格林公司签订协议，把中非北部最具含油条件的A区交由该公司探索勘探。协议期限为五年。但是，自2001年起，中非发生多起战乱，勘探一度停顿。博齐泽当政后，急于在北部找到石油，意欲由中石油取代美国格林公司。然而，在这种情况下，中石油不会介入。中石油公司表明立场后，博齐泽另出一招，请求中石油公司先进入B区勘探。而中石油公司认为，B区含油可能性不大，至少不是富油区，不能贸然投入。2005年，中非政府宣布，中非前政权与格林公司签署的协议已到期，不再延期。美国格林公司则以中非曾经发生战乱该地区无法作业为由要求顺延两年。这样，在我任内，中石油与中非的合作没有成行。

两天后，即2005年1月3日，博齐泽又在总统府接见了另一批中国人。他们是中国深圳中兴通讯公司驻摩洛哥总代表张洋和翻译金薇。2004年的最后一天，张洋代表中兴公司、中非邮电部长萨拉奥代表中非电讯公司签署框架合作协议，主要内容是彻底改造、更新中非电话通讯设备，中非通讯公司筹措10%约200万美元，其余资金由中兴公司负责。此后，中兴公司进行先期投资建成试验站。然而，中非的配套资金难以到位，中兴公司想将其列入中国政府援助项目的希望也落了空，此项合作进展不顺。2005年4月22日，张洋总代表和萨拉奥部长又签署另一份协议，要合作实现中非政府部门的办公设备自动化。为此，总理加翁巴莱还特别接见了我和张洋。我还在大使馆设宴款待中非邮电部长萨拉奥、中非通讯公司总经理巴特、中非总统特别顾问纳萨里和张洋等人。由于中非什么都缺，尤其缺钱，很多便宜实用的项目都难以实现。

2006年3月24日，博齐泽在总统府接见了以中国路桥集团总公司国际合作部总经理沈学军为组长的中非水泥厂考察组，我和新任经商参赞李晶陪同会见。沈学军向博齐泽汇报了考察情况和该组的初步结论。第一，中非的三处石灰岩矿都有开采价值，尤其是靠近首都的一处是富矿，离首都近，陆路、水路运输均便利，运输成本低。第二，水泥厂生产需要大量电力，目前班吉市居民用电尚且严重短缺，工业用电更无从谈起。如果改成烧汽油或柴油提供动力，则生产成本成倍增加，成品水泥价格高昂，一般民众消费不起。第三，中非市场窄小，要销往邻国乍得、刚果（金）、刚果（布）、喀麦隆等国，或路途遥远，或路况很差，很难实施。在中国，年产5万吨的水泥厂已被淘汰。在中非，同等数量的水泥却无法销售。由此得出结论：在中非建水泥厂目前不可行。满怀希望的军人总统由此也学到了一些经济知识，不是有资源就能不顾一切地马上开发的。

2006年11月，中国、非洲合作论坛首脑会议在北京召开后，驻中非大使馆强力推动浙江省电力建设有限公司到中非考察博阿利三号电站项目。博阿利一号电站建成于20世纪50年代，由法国公司建设，已老态龙钟，事故频发。博阿利二号电站于1976年由前南斯拉夫援建。30年一晃而过，电厂设备的零备件无处可寻。然而，班吉及周边城市的用电就是完全依赖这两个病入膏肓的老电站，中非政府要求中国帮助建设博阿利三号电站的心情急迫。

20世纪90年代，由世界银行贷款，中国水电公司承建，在博阿利河的上游建起一座雄伟的水坝，形成一个十分壮观的人造湖泊。根据设计方案，中国公司筑堤坝时，预留了两个发电机组的位置，后因贷款难以为继，一直虚位以待。2007年1月和5月，浙江省电力建设有限公司考察组来中非考察。我于1月26日、5月29日先后听取了他们的考察报告。他们还与中非电力公司签定了合作协议。该公司考察组制定了一个庞大计划：改造、更新博阿利一、二号电站；重新规划和建设从博阿利电站至班吉的高压输变电设施；建设博阿利三号电站。总投资数亿元人民币。中非允诺成立一家合资公司共同管理生产和销售，从电费收益中还贷款。后因国际金融机构不同意增加中非的债务负担和其他一些原因，该项目也搁了浅。

博阿利水坝建成后，在上游形成高原湖泊，被半淹没的大树数十年不腐不倒，成为枯树湖奇景

中非盛产钻石，且质量上乘。但开采业不发达，大都是手工开采。由于工艺落后，规模微小，政府无法控制销售环节。据世界著名钻石市场比利时安特卫普的有关统计，每年来自原产地中非的钻石120多万克拉，而中非政府登记的仅40万克拉。河北亨豪集团曾成功进入中非开采钻石，可惜关键时刻总经理遭遇车祸，业务无法持续进行。我到任后，尤其是总统访华后，中国不少公司或个人都来中非考察钻石，均不成功。

除钻石外，中非另一项宝贵财富是木材。中非盛产热带名贵木材。森林主要分布为两大块。一块在国家的西南部靠近喀麦隆、刚果（布）边界的诺拉一带，木材可通过喀麦隆的铁路运往杜阿拉港。铁路运输费用较低廉。香港维德集团较早进入中非木材市场，拥有数百公顷以上的森林开采权。所采木材除供应该公司在苏州的木材加工企业外还能用在它处。为了保证公司的正常开采、运输和争取更大的开采份额，董事长庄启程两次携其子庄悦禄、企业代表何学俊造访中非，使馆均予以热情接待、积极配合。我们在使馆宴请博齐泽和庄先生一行，陪同庄先生拜访中非总统、议长、总理和森林部长等高官。其他中国公司来中非考察木材市场的，大都因为投资大、困难多、情况复杂而放弃。

中国商人在中非做生意的少之又少，仅数家规模很小的药店、百货店和一家餐馆，且都在惨淡经营。主要原因是：中非政局不稳，做生意有风险；国贫民穷、购买力低、市场窄小；中国人缺少国外经商经验且根基不深。我长期在非洲工作，对非洲的商业有所了解。在东部非洲和英语非洲，经商的除原宗主国英国人外；多为印度、巴基斯坦人，他们早年随英国人或独自到非洲经商，有的已历经数代打拼，语言熟练、根基深厚。在西部非洲和法语非洲，除法国、比利时人外，主要是黎巴嫩人。他们的情况与印度、巴基斯坦人相仿。在中非，黎巴嫩人的影响很大。据说，他们很抱团，他们的商会对某种商品定了价，谁都不得违反破坏。人们传说，黎巴嫩人在中非，如不喜欢某位商业部长，那他肯定得下台。

2005年1月12日，中非工商业部长埃帕耶女士特意约见我，谈发展中非商业问题。她说的两个观点，我至今印象仍深：中非商业从进货到价格，被黎巴嫩人控制，希望有更多中国人来开展贸易商务，繁荣中非市场；中非商务不发达的另一个原因是人口少、市场小。中非地域辽阔，可耕地650万公顷，已耕地60万公顷，仅占10%。希望从中国大批移民，以增加人口数量、提高人口质量，达到扩大市场、繁荣商业、增强国力之目的。埃帕耶要求中国移民中非以增强国力的观点并非其独创。早在20世纪80年代初，科林巴就曾向中国官方正式提出，请求中国向中非移民，帮助中非开发广袤肥沃的国土。

2005年4月，发生过一个与中国向中非移民有关的小故事。中非《燕子报》刊登一则消息称，中国将向中非移民2000名妇女，帮助中非推广水稻种植和纺织技术。并称，这是中国在中非邻国刚果（布）和喀麦隆的成功经验。这一消息立刻在中非城乡闹得沸沸扬扬。男人们高兴，妇女们沮丧。甚至有的男人恐吓老婆说：“再不听话，就把你休了。我要娶个中国老婆，又贤惠又能干！”特别是在中非广大农村地区，女人们见识少又老实巴交，有的人真是又惊又恐。一周之后，2000名中国妇女的数额经口口相传又变成了5000名。不但部分百姓信以为真，就连部分官员也将信将疑。中非外交部政治司长克蓬戈夫人曾打电话向张国保求证。总统府外交顾问库旺巴也向我询问。我们反过来问他们：“你们是政府外交高官，难道你们也相信这些谣言吗？请想想，4月1日是什么节日？”他们恍然大悟，在电话那端咯咯地大笑不已。

2004年9月，何泗记与博齐泽在总统府签署中国与中非军事合作议定书

经过长时间的诸多努力，我和两位参赞体会到，要落实博齐泽访华后续行动并非易事，很多互利合作、资源开发项目，能否顺利投资、成功实施，不完全由我们掌控。目前，我们拥有主动权的，就是政府间的援助项目：经济援助项目，如在建的2万人座“中非国家体育场项目”、宾博广播发射台技术合作、勃亚利和姆波科两农场技术合作以及赠送办公用品、生产工具等；医疗卫生项目，如派遣援中非医疗队、提供部分医疗器械和药品等；军事援助项目，如向中非军队提供武器、弹药、军需品，提供培训名额等；以及文化教育项目，如向中非

派遣团体操教练、提供留华学生名额等。事实上，这也是博齐泽及其政府最为看重的。在总统访华归国后不久的9月24日，为加快兑现张邦栋来访的承诺，我和博齐泽在总统府签署了《中华人民共和国国防部和中非共和国国防、武装力量重组部关于中国向中非提供无偿军援的协定书》。此后，我又与总参谋长甘比少将、副总参谋长塞雷加扎上校等就实施细则商谈和签署了多个文件。这些军援为重建中非军队、捍卫中非主权及领土完整做出了贡献。

我们三人认为，作为总统访华后续行动，必须搞好现有的援助项目，重点是保证中非全国极为关注的2万人座体育场项目保质保量保工期地顺利竣工。同时，要研究体育场建成后的后续重大建设项目。保证援建项目“常流水、不断线”是我们巩固外交阵地的重要原则和策略之一。我们曾考虑援建中非政府办公大院。中非总统府是个大四合院，以平房为主，仅少量二层楼，总统办公室设在平房里。总理办公地点不固定，四处打游击。各部办公室都是平房。一次，一阵狂风暴雨过后，我去拜会战后重建部长姆拜伊库瓦。他在会客室接待了我，然后带我参观他那硕大的办公室。部长办公室的房顶塌落，砸在办公桌上。所幸的是，时值夜间，部长得免于难。然而，就是重建部长的办公室坏了，也一时无法修复使用，没钱！建政府大院的主意深受中非高官的欢迎，可惜花钱太多，也还不是中非的燃眉之急，只好缓办。

我们另一个设想是维修中国援建的友谊医院。我第一次全面了解友谊医院，是2005年8月17日。那天，我和张秀玲陪同中非卫生部长杜姆塔夫人和埃及大使拉赫米夫人参观。埃及援中非的六人医疗队也在此院上班。之前，我听介绍说，这是中国援建的中非首都数一数二的医院。总建筑面积12450平方米，共198张床位，在建筑规模和医疗设备配置方面堪称班吉最大的医疗机构。该医院1985年9月开工，

1988年1月建成投入使用。医院离班吉市中心五公里，周围和院内绿树婆娑、青草如茵、鸟语花香，是个病人向往的好去处。然而，当时展现在我们面前的是一派破烂景象。经过近20年中非特有的风风雨雨，医院的主体结构已经破旧，医疗设备大部分或陈旧过时或报废无用。放眼望去，墙面斑驳，满目疮痍。木制门窗遭白蚁蛀空，随时可能掉落；电源开关槽大多缺损，电线裸露在外；消防栓门不翼而飞，器具任人触摸；完整窗玻璃难得一见，窗式空调仅剩破残外壳；室内桌椅摇摇欲坠，老式风扇声若电机；医疗器械锈迹斑斑，大部分早已趴坡。我见到引以为自豪的班吉友谊医院原来竟是这般景象，心头震撼之余，竟低头无语。拉赫米夫人嘴上“啧啧”声不断，感慨不已。倒是塔姆杜或见怪不怪，更可能是窃窃自喜——达到了她邀我们同行之目的。她若无其事，谈笑风生地陪我们前行。我们首先参观了浙江省援中非第11批医疗队的门诊部，见到赵高高队长、稽大夫和郭大夫等医疗队员。看到来自中国的白衣天使在如此恶劣的环境条件下工作，依然保持崇高的医德和乐天精神，我既感动又心酸。之后，我们又来到埃及医生的门诊办公室。他们的工作环境好于我们医疗队，因为埃及政府花钱进行了修缮。此行我彻底中了卫生部长的“圈套”——决心重新维修友谊医院。

回到大使馆，我立即请来张、王两位参赞商量，最终取得共识：在2万人座体育场建成后，与其利用经济援助贷款在中非另建大型项目，不如集中人力物力搞好友谊医院的维修。我们认为这样做的主要好处如下：第一，中非上上下下有此需要。中非缺医少药，班吉像样的医院仅有友谊医院和共同医院。共同医院设备较好，收费高，可谓富人医院。友谊医院是中国医疗队居住、工作之地，门诊费、医药费低廉，且医术高超、医德高尚，是政府中下官员和普通百姓的首选，在中非影响巨大。第二，节约投资，收效快捷。体育场项目需要资金较多，把多年积攒下来的对中非贷款和赠款消耗殆尽。如果在此之后再上马大型项目，则需要再积攒数年，这样就违背了“细水常流不断线”的原则，于大局不利。然而，友谊医院尽管外表破旧但主体结构完好无损，只需数千万元人民币和用时两三年，其功能便可成倍增长，何乐而不为？第三，往自己脸上贴金。现时友谊医院的惨状，虽不是中国之错，但不及时修缮，友谊医院将更加“堕落下去”，有失中国和中国援外政策颜面。维修它，某种程度上就是利用援外款项为恢复和弘扬中国形象服务。

一旦决定下来，我们三人便马上行动。王忠余立即召集体育场技术组专家前往友谊医院考察评估。然后，向中国商务部有关司局沟通汇报。再与中非经济计划、国际合作部探讨，征得中非同意与支持。张国保与中国外交部非洲司有关司处领导保持联络，汇报维修友谊医院的必要性和意义，争取支持。我及时与韦内祖维、加翁巴莱和博齐泽保持联系，必要时面对面磋商交流。

在各方共同努力下，此项目终于有了结果。2006年10月9日和10日，我与中非经济、计划和国际合作部长西尔万·马利科分别代表两国政府在班吉就中国政府援助班吉友谊医院维修和部分设备更新项目互致换文，以外交文书形式予以确认。这个成果可说来之不易，经商参赞从王忠余到李晶，政务参赞从张国保到顾正友，从赵高高队长的第11批医疗队到陈建民队长的第12批医疗队，历经四位参赞和两批医疗队，是大家团结一致、历时近两年不懈努力所取得的。该项目2008年7月20日正式开工，2009年10月31日竣工。2010年2月5日，在班吉举行了盛大的移交仪式。博齐泽夫妇、议长、总理及12位部长等在班吉的中非政要悉数出席。中非卫生部长多罗戈发表讲话称，维修后的友谊医院是班吉市最大的综合性示范医院。维修项目不仅使陈旧的医院面貌焕然一新，而且全面提高了医院医疗设备的现代化水平，这对提高中非整体医疗服务质量将发挥重要作用。博齐泽夫妇高兴地为医院重新启用剪彩。

谈到总统访华后续行动，人们不能忘记体育场项目的建设历程。班吉作为中非共和国首都，以前没有像样的体育场馆。南斯拉夫1976年援建的体育馆，于1979年博卡萨一世垮台时被愤怒的民众焚毁。因此，在班吉建一座大型体育运动和集会场所是中非几代人的梦想。1998年中国、中非复交后，中国便与帕塔塞商讨建设综合体育场问题。经过多年商讨和筹备，2003年2月17日，中国援助中非2万人座综合体育场在帕塔塞和中国大使王四法共同主持下在班吉奠基开工。然而还不到一个月，便发生了3月15日事件，体育场工地惨遭洗劫。八个月之后的2003年12月19日，还是王四法大使陪同中非总统进入体育场工地，这次帕塔塞换成了博齐泽，在劫后重生的工地上举行了简单的重新开工仪式。从此，体育场项目建设就在中非这块屡遭战争蹂躏的土地上艰难前行。来自中国全国各地的工程技术人员在赤道非洲阳光暴晒下施工，其艰苦可想而知。此外，他们还要忍受住房简陋、粮食短缺、蔬菜单一、疾病肆虐的困扰。由于中非全国没有像样的建筑工程，故当地市场上建筑材料如钢筋、水泥、管线以及电器、仪器设备十分紧缺且价格昂贵。

2007年2月8日，何泗记与加翁巴莱议长探讨预防偷盗猖獗问题

因此，该项目的建筑材料和仪器设备大部分从国内采购经海运和陆运过来。如采购或运输不及时，就有停工待料的危险。正因为材料设备短缺，偷盗就分外猖獗。那些“唯一”的东西一旦失窃，就会延误工期。

有一次，体育场项目组副组长吴天崴接连两天带人前往班吉大市场，见到中国建筑材料如管道、钢筋什么的就二话不说装上卡车运回工地，因为这些东西肯定是从体育场工地偷去的。两天后，体育场工地上的本地工人举行游行罢工，指名道姓地要求“疤痛吴（吴老板）”滚蛋。原来，体育场工地的某些人就是与大市场老板相通的内贼。吴组长的行动等于断了他们的财路，因此，他们要联合起来赶走这个拦路虎。项目组立马开除了两个贼头，闹事才算平息。后来，我曾与农业部长姆巴耶少校讲述这个让人匪夷所思的故事。部长笑着说：“大使先生，这样深层次的事你竟然都知道？”更有甚者，一次体育场工地丢了一件重要仪器，吴组长赶往警察所长办公室报案。刚进办公室，吴天崴一眼瞥见那件要找的东西竟然就在所长的办公桌上。他急忙跨步上前抓起那件东西说：“这是体育场的！”没承想，这位负责社会治安的所长情急之下端起枪，威胁吴放下东西走人，吴只好悻悻而去。体育场建成移交后没几天，测时测速的中央控制电脑便不翼而飞。此事传遍中非高层。一次外事活动，我和加翁巴莱在主席台就坐。在等待总统到来之际，议长发问：“大使阁下，听说体育场中央控制电脑丢了？”我无可奈何地摇摇头说：“是啊，那是体育场的神经中枢，没有它，就无法举办国际赛事！”加翁巴莱一声叹息：“现在提倡民主人权，抓住小偷无任何惩戒，不久就放掉。小偷便越来越多，偷盗愈加猖獗！”我抵中非履新之初，曾出席“十四栋别墅”中2号和11号别墅修复工程竣工暨移交仪式。我和韦内祖维分别致辞后，住房部长布鲁姆将两串钥匙郑重交到贡巴副总统手中。

然后，当着我的面，他俩进行了简短却十分有趣的对话。副总统问：“部长先生，还有什么需要交代的吗？”部长答曰：“其他问题都好说，就是偷盗难防。”又问：“不是有警卫和保安吗？”答曰：“他们都是串通好的。”副总统摇摇头，嘟囔一句：“噢，我得尽快把钥匙交给总统。”

可以想象，在旱季骄阳高照，雨季一片泥泞，物资短缺、偷盗肆虐的环境下，体育场项目的建设是何等艰难。假如没有强烈的爱国情怀，没有无私奉献和刻苦耐劳的精神，没有坚强的信念和意志，要完成这样艰巨的任务是不可想象的。经过两年半的努力，工程终于竣工。2006年6月16日上午，中非国家体育场披上节日盛装，喜气洋洋。当地民众载歌载舞涌入场内，出席移交仪式并一睹蒙面近三年的体育场芳容。多泰率14名在首都的部长出席移交仪式。我和总理分别代表各自政府致辞后，青年体育和文化部长科林巴与我分别在移交文件上签字。我把硕大的木制钥匙交到多泰手上，象征着把体育场完美地移交给中非政府。然后，由中非授勋局高官宣读总统令，授予14名中方工程技术人员特殊贡献军官或骑士勋章。仪式结束后，我和李晶陪同多泰参观体育场的主要设施。

2006年12月30日，中非政府举行盛大的体育场正式启用仪式。博齐泽夫妇、加翁巴莱、多泰等中非军政要

2006年6月16日，在班吉市举行中国援建的中非综合体育场移交仪式，何泗记将钥匙转交到多泰总理手中

员、各国驻中非使节、国际组织驻中非代表及班吉市民2万余人出席。我与战后重建部长姆拜伊库瓦致辞后，博齐泽夫妇拿起用红布包裹的剪刀，为体育场正式投入使用剪彩。总统高兴地为在场的每位要员分发剪下的彩带段以资留念并高声向大会宣布："共和国总统决定，将班吉市2万人座体育场命名为'波冈达综合体育场'。"全场顿时响起暴风雨般的掌声和欢呼声。总统朗声唱道："现在我宣布，波冈达综合体育场正式启用！"随后，进行了中非足球联赛冠亚军争夺战。博齐泽还为冠军"中非教职联队"颁发奖杯。看得出来，博齐泽为在其任内建成中非有史以来唯一的综合体育场感到无比自豪和激动。这不仅是其访华后续行动的成果，也是他执政后的最大政绩，是独立数十年来中非实现的最伟大工程之一。

2006年12月30日，在中非综合体育场正式启用仪式上，莫妮克（右一）、博齐泽（右二）、何泗记、多泰（左一）一同剪彩

大使圆满谢幕

总统授勋

2007年8月20日9时许，中非共和国总统府，鼓乐齐鸣、热闹非凡，这里正在进行一场隆重的授勋仪式。中非共和国总统博齐泽授予中华人民共和国驻中非共和国特命全权大使何泗记中非大军官勋章。

在总统府宴会厅外的广场上，齐整整地排列着身穿彩色军礼服的中非军乐队和仪仗队。丁字形红地毯把广场和宴会厅入口处连接起来。在宴会厅门外的台阶上，一侧站立着博齐泽夫妇、加翁巴莱、多泰以及外交部长祖马拉、国际合作部长马利科和总参谋长旺代等中非高官；另一侧则以我

博齐泽总统（前）、多泰总理（后）为何泗记大使授勋

和张秀玲为首，使团长法国大使吉尔玛、联合国秘书长驻中非特别代表西塞将军以及各国驻中非使节、中国大使馆顾正友参赞、杨树增参赞及使馆全体外交官依次站立。

仪式开始时，外交部礼宾司长兼总统府典礼局长穆萨·肯贝引导我站在红地毯丁字形中间。多泰站在我身后，博齐泽来到我面前。首先，由中非总统府授勋局长戈尔利泰上校宣读总统授勋令："鉴于中华人民共和国驻中非共和国特命全权大使何泗记阁下为发展两国友好合作关系做出特别贡献，现授予其中非共和国感谢奖大军官勋章。"博齐泽向前迈进一步，重复着授勋词，将悬挂着勋章的绶带亲手挂在我胸前，顺手帮我整理衣领。多泰在身后忙着系绶带。一切就绪，博齐泽伸出其健壮有力的军人大手，紧握着我这位文人略显纤细的小手，语言恳切地表示热烈祝贺。我连声道谢。随后，第一夫人莫妮克、议长、总理、部长、总长、总统府办公厅主任、总统顾问依次上前与我握手表示祝贺。然后是外交使团和中国大使馆的外交官轮番上前。看到我在烈日下长时间站立，总统让礼宾司长简化了程序。我终于得到解脱，回到宴会厅屋檐下。仪式结束前，中非军乐队高奏中国国歌《义勇军进行曲》和中非国歌《复兴》。

此前，博齐泽在总统府小会客厅单独会见了我。博齐泽首先请我转达对好朋友胡锦涛主席的亲切问候并表示希望尽快与他会面。然后，博齐泽对我作为中国大使对中非和其本人的支持表示感谢。我表示，对两国合作的发展前景充满信心和希望，感谢中非坚持"一个中国"的立场，感谢中非政府和总统本人对我履行职责的支持。我特别说明，除工作关系外，我们个人和两个家庭的关系也很密切，我将把与总统的友情牢记于心。

授勋仪式结束后，一行人陪同总统夫妇进入总统府宴会厅。总统夫妇、议长、总理、外交部长、外交使团长和我们夫妇在主桌就座。

中非方除前述高官外，出席宴会的主要是总统府、外交部、合作部的有关官员。由我邀请的客人共20人：除使馆外交官外还特意邀请中国援助中非医疗队的陈建民队长出席；其余应邀客人是各国驻中非使节和各国际组织驻中非代表处代表。偌大的宴会厅摆七八桌。总统府宴会以自助餐为主，桌席上只摆酒水。食品分两处摆放，一处专供主桌，另一处供其余客人。

大家就座后，外交部礼宾司长宣布，欢送中国大使的宴会正式开始。第一道程序是讲话。我胸前挂着总统刚授予的勋章致辞。现将致辞抄录如下。

国家元首、共和国总统先生阁下，

议长先生阁下，

政府首脑、总理先生阁下，

尊贵的客人们，

女士们、先生们、朋友们：

刚才，总统阁下为我举行了隆重的授勋仪式，我深感荣幸。这不仅是对我个人，同时也是对中国大使馆和我的祖国——中华人民共和国的极大信任和肯定。我愿借此机会向总统阁下表示衷心感谢。

我上任至今，三年半过去了。这期间，我们共同经历了协商共治、民主选举和经济起步等阶段。我们努力奋斗，度过了一段敏感、艰难和令人终生难忘的岁月。记得2005年4月，在第一轮选举行将宣布结果之际，社会气氛十分紧张。我们八位大使发表了共同声明，呼吁中非社会各界遵守“利伯维尔共识准则”，尊重选举结果，对缓和气氛起到很好的作用。三年半的共同战斗，我们结下了深厚的友谊。用毛泽东时代一句颇流行的话说就是，“我们是同一条战壕的战友”。这种友谊，我将永远铭记心中。

三年半来，我和总统阁下及中非朋友一起，遵循“工作、工作、再工作”的哲学，为中非的和平、安全、稳定、和解与经济发展繁荣，以及中国、中非的合作与友谊辛勤地工作。值得庆幸的是，我们的努力取得了令人满意的成果：中非的安全有了保证，政局相对稳定，社会矛盾缓解，经济振兴已露曙光，中非已经迎来新的发展机遇，中国与中非的友好合作也已取得长足的进步。

国家元首、共和国总统先生阁下，

女士们、先生们、朋友们，

在漫漫历史长河中，世界上没有任何国家可以保持永远富有强大，也没有任何国家会永远弱小贫穷。中非和中国有着相似的过去，我坚信，她们都会有光明美好的前途。让我们为此而共同努力。

祝中非共和国繁荣昌盛，人民幸福！

祝中国、中非友好合作关系不断发展！

讲话中文稿由我起草，由使馆政治处的年轻精英王茗译成法语，经顾正友修改后正式定稿。我的主要想法是，只讲大原则，不以施舍者自居；要讲客观规律，振奋中非民族精神；要讲两国友谊，不揭短。我的讲话博得全场热烈的掌声。“在漫漫历史长河中，世界上没有任何国家可以保持永远富有强大，也没有任何国家会永远弱小贫穷。中非和中国有着相似的过去，我坚信，她们都会有光明美好的前途！”这段话此后成为中非电台电视台反复播放的语句。

外交部长祖马拉接着讲话。他细细地罗列了我任大使以来中国政府和中国大使馆对中非的援助与馈赠清单。数字最能说明问题。而且这些数字由受赠人口中说出，则更具说服力。事后，总统长子弗朗西斯对我说，没想到中国给了我们如此丰厚的援助。

我与祖马拉的讲话配合得天衣无缝、相得益彰，这要归功于中非外交部办公厅主任贝莱。他事先请我提供讲稿，根据我的稿子起草外交部长的讲话，他成了我们的义务宣传员。

讲话结束后，大家开始就餐。我和张秀玲随总统夫妇在主桌食品台上挑选自己喜爱的食物。总统宴会自助餐菜式以西餐尤其是法国菜肴为主，有炸鸡、牛排、烤羊腿等，特别令我惊奇和难忘的是烧烤全鱼。那是一种名叫"上尉鱼"的乌班吉河土生土长毫无污染的鱼。鱼肉洁白细嫩爽口。鱼被一劈两半，鱼肚面向上，鱼两面被烧烤得焦黄，鱼肚上添放着被烧烤过的洋葱、胡萝卜、西红柿等五颜六色的蔬菜，可能烧烤时拌有黄油，人未靠近，醇香便扑面而来。整条鱼被放置在一只一米多长的特制银盘中，一经端出，全场哗然，无疑是餐台主角。中非菜肴成为配角。最令人印象深刻的是用木薯叶和中非香料炖煮的鸡块和牛肉，味道芳香。主食有中国人称为"马尿坑"（manioc）的木薯糍粑。制作时，先将木薯切片泡水晾干，磨成粉状，然后掺水揉搓，用芭蕉叶包裹，放置坛中密封发酵，数天后取出蒸熟即可食用。此物形状颇似中国的粽子，有韧性，但略带酸味，中国很多人忌讳其气味，我对它却情有独钟。总统宴会时，都请当地最有名的农妇为其制作，我曾当面请教过该妇人，故略知一二。在食品台前，博齐泽礼节性地为我夹了些鱼肉，然后笑着说："你自由了！"

2007年8月22日，多泰设家宴为何泗记夫妇送行

装满餐盘后，我们回到主桌上就座。席间，主宾觥筹交错，谈笑风生。总统问我今后

有什么打算。答曰："退休在家，或择时外出旅游。"总统问："没有想过耕种些什么？"又答曰："北京城里无地可耕。"总统大悟道："也是，北京只有人没有地。"我开玩笑说："总统颁布法令给我一片地耕种更好。"总统微笑不语。颇感意外的是，第二天，第一夫人莫妮克派礼宾官玛丽小姐来找张秀玲，询问我们需要多大的地块。她告诉张秀玲，总统夫妇特别乐意给我们找块土地，让我们留下来耕种，并能经常相聚。我们婉言谢绝了。我离任后，据说中非外交部曾照会中国驻中非大使馆，邀请我担任中非名誉领事，其目的是给我一份荣誉，给我一本中非外交护照，让我随意行走于两国之间。

宴会结束前，博齐泽夫妇向我们夫妇赠送礼品。过去，总统赠送离任大使礼品一般是中非木雕、蝴蝶画之类。也许是考虑到中国路途遥远，为携带方便，此次送我们的是象牙、野猪牙条条镶嵌成的图案。送礼毕，双方行贴面礼，我与博齐泽拥抱后，总统笑着问我是否可与张秀玲贴面，我点点头。我和总统分别与对方夫人贴面后，双方依依不舍，互道珍重。总统夫妇离开大厅后，整个大厅像炸了锅，中非高官们纷纷与我们合影留念。加翁巴莱、多泰、外交部长、合作部长、参谋总长等以及总统政治顾问、外交顾问、外交部办公厅主任、政治司长、礼宾司长等都一一与我们合影拍照，有的官员追到我的汽车旁。这一场场、一幕幕，我至今历历在目。

2007年8月23日，我告别了外交生涯的最后一个岗位，乘法航班机经巴黎返回伟大祖国的首都北京。

对外交友

在驻中非共和国大使馆工作的三年半时间，是我外交生涯薄积厚发的时期。此前，从使馆普通翻译、职员到政务参赞，虽经历了20

余年的历练，但始终是被领导的被动方，很少有以我为主，自由挥洒的机会。如今则不同，在远离祖国的遥远国度，我有了全面发挥自己聪明才智的机会。几十年来，在外交部内，我从领事司到非洲司；在外交部外，我从外交部到国务院外事办公室；在国外，我从法国到非洲；在非洲，我从西部非洲到中部非洲，从和平环境到战争环境再回到和平环境，经历了太多太多。仅仅在参赞岗位上，我曾先后在黄舍骄、何金才、孙昆山、许孟水和石同宁五位大使的领导下工作，学到不少本事和经验。所有这些，在中非均能派上用场，均有用武之地。

我到任后，经过数月的调查研究和统一认识，使馆领导班子一致认为，大使馆的根本任务是“坚守外交阵地”。完成任务的具体做法是：对陈水扁当局的阴谋进行无情揭露和坚决斗争；对博齐泽和中非政府坚定不移地争取。在张国保和王忠余两位参赞大力支持下，使馆确定了对中非外交工作以“坚守阵地”为中心的方针。着重于两个方面交朋友：一是与中非人民交朋友，一是与中非高官交朋友。这就是我们使馆工作的“一个中心，两个基本点”。与人民交朋友，主要是我们的经济援助、军事援助、文化合作等要着眼于人民，想方设法以四两拨千斤的效果，扩大中国和中国人民在中非人民中的影响，使中非老百姓认定，中国人民才是中非人民患难与共的真朋友。这对发展中国、中非两国人民的友谊意义重大。这需要使馆领导具有高屋建瓴的战略眼光。与高官交朋友则需要细致入微的具体工作，我们做了具体分工。在实际工作中，我们既有分工又有交叉与合作。

博齐泽1946年10月14日出生于加蓬穆依拉，与我同岁，可出道很早。1978年，在我为晋升随员而“沾沾自喜”的时候，他早已是博卡萨的少将副官了。博齐泽早年曾在多所法国军事院校学习。1973年至1982年，他历任中非国防部办公厅主任、空军司令、副总参谋长、国防部长、新闻和文化部长。1981年9月，科林巴政变上台后，博齐泽曾出任交通部长。后被控图谋政变，1989年入狱，1991年底获释，流亡多哥。1993年，博齐泽参选中非总统，仅获1.5%选票。1996年，帕塔塞任命博齐泽为中非武装力量总参谋长。2002年10月被解职，11月，逃往乍得。2003年3月，博齐泽终于如愿以偿，登上中非权力巅峰。2005年5月，博齐泽当选中非总统，2011年2月获连任。2013年3月24日，中非反政府武装联盟“塞雷卡”攻占班吉，博齐泽避难喀麦隆，在位十年整。

博齐泽在法国生活多年。看来，我们俩还有个相同点，就是了解法国和非洲。但是，博齐泽更像一个军人，忠厚诚实但有野心。我们熟悉博齐泽的喜好和性格特征，随时掌握其所急所需，有针对性地做工作、交朋友。

中国援建中非国家体育场的项目是上自总统下至平头百姓都热切关注的重大项目。总统、总理、议长轮番视察工地。大使馆将工程质量、工程进度当作头等大事来抓，认为这是争取博齐泽这个朋友、赢得中非民心的关键性工程。

在博齐泽要办的公事方面，我们做得毫不含糊。就是总统的生活琐事，我们也细心观察、关照周到。2004年8月，我们夫妇陪博齐泽夫妇访华。在行程即将结束之际，总统夫人莫妮克遗憾地告诉张秀玲说，没有时间为总统采购衬衣。张秀玲询问了具体号码尺寸。中非国小民穷，首都班吉竟然没有一个像样的高档服装店。可以想象，总统每天都是西服革履，需要多少衬衣、领带？因此，我们偶尔从国内采购些高级衬衣和领带，由张秀玲转交莫妮克夫人。每当此时，总统夫妇总是特别高兴。记得2006年10月10日，张秀玲又向莫妮克转交若干衬衣与领带。数天后，二人见面，莫妮克兴奋异常地说：“今天是总统60大寿纪念日，刚才总统穿上你送的衬衣，扎上你送的领带，高兴地到大厅接受议长、总理和部长们的拜寿去了。我叮嘱他一定要打电话向你致谢!”后来,莫妮克还追问总统是否打了电话。不久,我在大使馆宴请总统。席间,博齐泽当着众位大官的面,向张秀玲赠衣表示衷心感谢。2008年5月,已退休在家的我还从北京托浙江省电力公司老总给博齐泽带去衬衣与领带。

与博齐泽的一次交往,我至今记忆犹新。2006年3月25日是星期六。上午9时许,应博齐泽的盛情邀请,我和中国农业专家组长洪晓富与总统一起乘四人座微型直升专机飞赴中非西北部的总统家乡参观访问。

从班吉出发经过一个多小时的飞行,我们一行三人抵达建设中的总统山庄。山庄在距瓦姆省首府博桑戈阿约60公里的小山上,瓦姆河在山脚下静静流淌。一年多前,总统为远离嘈杂的都市和纷繁的军政事务,选中该处作为周末和节假日休养地。此时,别墅和生活设施均已建成,总统希望中国农业专家帮助规划果园和农场。在别墅稍事休息后,博齐泽亲自驾驶小皮卡带我们考察周围环境。总统介绍说,该处方圆15公里内渺无人烟,附近非洲羚羊、野猪等野生动物时常出没,静谧的瓦姆河是鳄鱼和河马的乐园。考察结束后,总统游兴未尽,驾车沿林间小道直奔附近的简易机场和小村庄。在村子里,总统带我们参观由他资助尚在施工中的小学校舍。博齐泽向闻讯赶来的村民们介绍中国大使,并笑着向村民说:“跟中国大使对话,要讲法语。”

返回别墅后,我们三人共进午餐。总统从班吉带来饭菜,他解释说:“平时都是带厨师来做,今天飞机座位不够,只好带饭了。”进食时,我发现总统的食物与我们的不同。我看着他的餐盘问道:“是中非菜吗?”他回答:“怕你们不习惯,给你们准备了法餐。你们愿意尝尝中非餐吗?”我说:“非常愿意!”于是,我们很高兴地与总统共享中非最高级别的美食。席间,总统两次提醒我要注意座后的台阶,以

2006年3月25日，博齐泽驾车陪同何泗记参观博桑戈阿总统山庄

防摔倒。

午餐后，博齐泽又陪同我们乘直升机飞临位于非洲丛林深处他老爸的出生村庄上空，盘旋数圈，边飞行边介绍其祖籍地周围的情况。然后，让飞机载着我们寻找丛林中他的牛群。20分钟后，博齐泽指着下面的一群牛兴奋地说："瞧！那就是我的牛群，共有200多头，我雇用了两个看牛人！"我心里默想，博齐泽在我面前不像个总统，倒像个因考试得满分而异常兴奋的中学生。下午返航时，总统一直把我们送上飞机，在烈日下冒着气流注视着飞机起飞才离开。离别前，博齐泽叮嘱飞行员："今天下午把中国大使送回班吉，明天下午再来接我。"

然而，第二天上午，飞机在军营停机坪爆炸起火，原因不详。这次爆炸在我返班吉之后、博齐泽回班吉之前发生。我和博齐泽均逃过一劫，真称得上"难兄难弟"。此后不久，我们把洪晓富规划的果园和农场草图递交给总统，算是为这位"难弟"的山庄建设助一臂之力。

出身军事世家的弗朗西斯，继承了乃父正直厚道的性格，没有太子的骄横和淫逸。他是父亲掌握军队、稳定政局的中流砥柱，也是我们与总统之间的桥梁和纽带。他从不向我们提什么要求，唯一例外的是，他与其他青年朋友要举办盛大的"青年联欢节"，曾请求使馆提供一些抽奖用的奖品。

有几件事给我留下深刻印象。那次恩杜廷加伊扣押了五本中国护照，中间商人、中非副议长帕科求遍所有能找到的高官都不灵，最后找到弗朗西斯。他对自己这位强势堂叔也无计可施，遂献上一计，让帕科找中国大使。为更好地做工作，我们请解放军总参谋部专门给弗朗西斯一个赴中国短期培训的名额。然后，我还得直接做博齐泽的工作，让他舍得放儿子两周假，到中国去学习。一切就绪，临行前，我到机场送行。法航班机已到起飞时间，弗朗西斯还未出现，早已登机的多泰指示再等等，直至弗登机飞机才起飞。是啊，国防部一、二把手研究国家安全大事，谁也没有胆量去打扰。弗朗西斯从中国回来后，我请他谈感想。他大谈在国防大学上课、观看中国军队军训和表演、到全国各地观光等活动，以及这些活动对他产生的强烈震撼。会见行将结束时，他有意无意地对身边的人说："中国人还能在餐桌上做菜。"我立刻明白，他想吃火锅了。我择日请他约几位青年朋友来大使官邸重温"在餐桌上做菜"。我知道，中非虽地处内陆，可达官显贵最喜爱的菜肴是大虾，就让厨师备足了料。宴请进行了两个多小时，青年们酒足饭饱后，感慨地说："原来中国餐还可以这样吃。开始时，我望着锅里的美味和餐桌上的几盘备料，心里在犯嘀咕，就这几盘小菜，能让我们填饱肚子吗？"乐得大家前翻后仰。

莫妮克生于1953年，为人诚恳，她是弗朗西斯的生母，"子贵母荣"，莫妮克在家庭中地位稳固，总统对她相当尊重。张秀玲的夫人工作，莫妮克是重点。莫妮克以总统夫人的身份在班吉成立一个中非妇女儿童中心，进行慈善救助事业。初始阶段，该中心连办公桌椅都缺，张秀玲便征得使馆同意，将使馆会客室替换下来的沙发及一些家具赠送该中心，帮助莫妮克渡过难关。作为总统夫人，势必有不少国内外重大活动需要展示自己的风采。这方面张秀玲可说是见多识广，眼光独到，经常给莫妮克提些建议。

在莫妮克陪伴下，张秀玲经常参加部长夫人以上的聚餐联谊活动。有时，张秀玲还带领大使馆的女同胞一起参加。她们身着非洲妇女鲜艳的民族服装，与部长夫人们同歌共舞，其乐融融。其中，副总统夫人玛丽娅、多泰夫人、矿业部长夫人、国际合作部长夫人等真正成了张秀玲的好朋友。我们卸任返京后，还经常接到来自她们的热情问候。

对外交友，除中非高官外，我还与各国驻中非使节、各国际组织驻中非代表交上了朋友。这对帮助我了解各国和各国际组织对中非政局和中非政府政策的看法非常重要。

在班吉，以联合国秘书长驻中非特别代表、塞内加尔人西塞将军为首，建立了“支助中非选举进程外部伙伴委员会”机制。这个机制包括西塞将军，法国、中国、俄罗斯等国大使，美国、德国等国代办，各国际组织如联合国开发计划署、国际货币基金组织、粮农组织等的代表，中部非洲经济货币共同体驻中非维和部队司令等约15个成员。该机制成员每两周在西塞办公室开会一次，就中非的选举和安全形势进行讨论、评估和通报，形成意见和建议后通报博齐泽和联合国秘书处有关部门。这个平台，对帮助我了解中非全面情况非常有益，每次开会我必到。2005

2007年5月23日，张秀玲参加中非部长夫人联谊活动，与交通运输部长姆巴耶夫人（前）、国际合作部长马利科夫人（后左一）、公职劳动部长博迪夫人（后左二）、邮电通讯部长恩吉安吉卡夫人（后右一）一起欢聚

年大选前和大选期间，形势错综复杂、瞬息万变，该机制改为每周开会一次。记得大选前，中非独立混合选举委员会主席应邀到会通报情况称，选举经费尚存较大缺口，西塞询问各国有何表示。我赶紧通报称，中国运来了大量办公用品如电脑、纸张以及自行车等，这将有利于改善大选的办公条件。其实，这是中国政府赠送中非政府的一批物资包括办公设备，是一年前就开始筹办的。我顺口就拿来堵住要求中国提供大选经费的嘴。大选过后，西塞建议该机制改名为“支助中非和平与发展外部伙伴委员会”，实际上它已成为使团和国际组织代表处讨论、通报中非全国形势的唯一平台。

法国驻中非大使是我需要交也必须交的朋友。由于法国与中非的特殊关系，法国大使就是驻中非外交使团的永远团长。我任职的前半段，法国大使是德斯图埃斯。这是位酷爱绘画的艺术大使，为人随和。与我一样，这位大使也在金沙萨当过首席参赞。我们在非洲、刚果（金）、中非等问题上有不少共同语言，交往顺畅。法国是支持博齐泽的，因为前总统帕塔塞撤掉了法国在中非阿布尔的军事基地，将中非北部最具石油品质的地块交由美国公司勘探，损害了法国利益。法国向博齐泽政权提供军事援助、政治支持和财经援助。法国大使对中非情报的把握准确且及时，与他交往常使我受益。2006年元旦，博齐泽颁布法令撤换前总统任命的驻华大使克里斯托弗，克拒绝执行命令仍霸占着中非驻华使馆。德斯图埃斯大使主动向我通报中非驻法国大使馆的情况。他叹气说：“中非管理混乱是出了名的，这些与贪污盛行一样，责任不在博齐泽。”

俄罗斯大使卡斯帕罗夫是我的好朋友。因为没有利害冲突，他对中非时局的分析有独到之处，这是我所需要的。卡斯帕罗夫是一位老共产党员。我有时恭维说：“俄罗斯现在经济恢复得不错，财政状况良好。”他说：“那是卖石油赚来的钱。工业、农业没有什么改观。”

中非与中国1991年断交时，刚建好的中国大使馆财产是请俄罗斯使馆代管的。因此，我们每年都举行一次两馆联谊活动。一般来说，因中国大使馆有宴会大厅、厨师和音响设备，活动都在中国使馆举行。俄罗斯使馆常年活动少，能来中国大使馆出席活动，年轻人特别期待。那些机要人员、后勤人员以及夫人们都精心打扮、盛装赴宴，他们送来的鲜花摆满中国大使馆前厅。在酒足饭饱之后，文娱联欢会随即开始，为增加现场气氛，我们请浙江省医疗队的帅哥靓女们一起参加。我们发现，中国人爱唱的传统苏联名曲，老一辈俄罗斯官员还能跟着哼哼，年轻人则从来没有听过，就连《莫斯科郊外的晚上》他们也闻所未闻。至于20世纪五六十年代苏联援华专家带来的风靡一时的经典交谊舞，大部分俄罗斯人也已生疏或干脆不会，年轻人只会跳迪斯科。我和俄罗斯大使夫人、张秀玲与俄大使、俄大使与李晶都愉快地跳起交谊舞。其他人也都八仙过海各显神通。这种完全没有任务、没有压力、没有忌讳的外交活动，大家都感到轻松愉快。人们唱歌跳舞、欢乐拍照、尽情挥洒。

要全面了解和掌握中非这个国家内外环境和内外政策，美国因素是必须要考虑的。据说美国前驻中非大使是位非洲裔美籍女士，她在博齐泽行将夺权前便因局势紧张关闭使馆返美。2005年初，美国驻中非大使馆重新开张，但是外交官仅有代办詹姆斯·巴诺斯一人。巴诺斯

2006年4月7日，中国、俄罗斯两国驻中非大使馆联欢

是希腊裔美国人，早年曾随叔父在班吉经商，后随叔父移居美国。巴诺斯保留着希腊人热情好客的优良传统。老头孤身一人来到中非后，找到一个伴。那是一位中非前农业部长的多哥籍遗孀。他俩相处融洽，代办经常带她出席外交活动，但不做介绍。久而久之，大家心照不宣。巴诺斯常在他宽敞的客厅里请客，我则更多与他饮茶喝咖啡。记得2006年六七月间，我们欲利用假期自费到美国旅游，要办美国签证。巴遗憾相告，他无权办签证。但他热情地帮忙联系美国驻巴黎总领事，确定了办证日期、时间、联系人。我们根据他的联络图，自行前往位于巴黎协和广场旁的美国总领事馆。美国总领事亲自接待我们，为我们办理签证手续。

内部和谐

小小大使馆，大大小社会，这是对大使馆内部形态的真实表述。使馆人员来自全国各地和社会各阶层。有司局级领导、教授、高级工程师、主任医师，也有司机、厨师、打工妹和大字不识的家庭妇女。这些人工作、生活在一起，能没有矛盾吗？如何搞好使馆内部工作，不但是中国的难题，也是世界的难题。我深深懂得使馆内部工作的重要性。试想，使馆领导班子不团结，如何领导全馆同志做好对外工作？使馆馆员之间，或你争我斗，或推诿扯皮，怎么能同心协力一致对外？我抱定三条原则来做使馆内部工作：正确认识自己、换位思考、创造和谐气氛。

正确认识自己，讲起来容易、做起来难。有这样的大使，刚上任便全盘否定前任的工作，推出自己的“新政”。这说轻了是自视太高，说重了就是无知和别有用心。后任比前任做得好，在于他继承了前任的长处，改进了前任的短处。全盘否定前任工作，等于否定了自己身边所有人的工作，因为除自己是使馆新人外，其余都与前任大使一起工作过。于是，新大使不知不觉便否定了一大片、得罪了一大片。在工作中，我十分注意观察。我很快发现：张国保法语水平比我好、处理事故能力比我强；王忠余、李晶经贸知识和经验比我丰富；顾正友行政管理能力比我棒、礼宾业务与知识令我感叹；吃苦耐劳、不怕牺牲的精神我不如吕京声、孙一平；仪容仪表、朝气蓬勃我比小方、小蔡差得太远；厨师写的自我鉴定段落分明、文字流畅、标点准确、没有错别字；其他馆员都各有优点和长处。有了这些发现很重要，能时刻提醒自己要谨慎，要尊重他们，要集思广益，不要独断专行。因此，使馆领导成员之间能相互尊重、优势互补，共同组成一个团结战斗的领导集体；在这个集体领导下，全馆同志能团结一心、勤奋工作、一致对外。

换位思考，意思是领导站在对方的立场上思考和处理问题。这是做好内部工作的关键之一。外交系统的许多领导同志都是从职员、翻译干起的，那时候的自己，平时都想些什么，希望些什么，自己最清楚。不要一旦成了一把手，就住进空中楼阁，不食人间烟火！

在驻中非大使馆短短的三年半时间内，几乎每年都有要求进步的同志入党，两位年轻人提前晋升随员，前后两批医疗队约十人顺利晋升职称。有一位从工人提升为业务干部的老同志，只在外交学院学了一年半载法语，工作起来难免会有困难。但是，该同志工作很努力，历经中非两次战乱，表现可圈可点。后来，在晋升职称时遇到障碍。我找到有关部门的相关同志说，不论该同志能力如何，也不论该同志资历深浅，单凭他在战争中的突出表现，就该为他晋升！在使馆，馆员休假、爱人探亲、家庭困难甚至子女上学、就业，馆领导都会尽量安排或尽可能协助解决。

在对馆员严格要求的同时，还要有一定的宽容。我常说，大家愿意到中非这个炎热、贫穷、疾病肆虐、战乱频繁的国家来工作，本身就说明有一定觉悟和奉献精神，但绝不能因此就懈怠懒惰。我常对使馆其他领导讲，我不是拔尖的大使，你们也不是数一数二的参赞和一等秘书。所以，不能要求下面的同志都那么精明强干，办事特别得力。要允许他们办错事、耽误事，只要能吸取教训，知错就改，勤勉工作就行。同时，作为领导，也要负指导和监督之责。我通常的做法是，值得表扬的好事，在全馆大会上大张旗鼓地表彰；对坏事，会在全馆粗略提醒，重在私下解决问题。

创造和谐氛围，分为硬件建设和软件建设。赴任前，我对中非环境条件之差曾有心理准备。但是，当我走下飞机，发现大使馆的条件比预想的还差。我心情沉重，感到对外工作压力巨大，内部工作也担子不轻。于是，我发出豪言壮语：使馆围墙外的环境和条件我们改变不了，但是，在围墙内，我们一定要为大家创造一个舒适和谐的小天地。

我们首先动手加高围墙。中非政变、战争、动乱频繁，治安状况极差。围墙加高后加上铁丝网约2.5米高，使馆正面略低。大家开玩笑说，我们是高级囚徒，整天被关在监狱里。话虽如此，可同志们工作、生活都有了安全感。这也算是中国驻中非大使馆的特色吧。其次，是整治游泳池。游泳池是建新馆舍时我们自建的，长约20米、宽10米。从面积上说，除了个别高级宾馆外，我们的泳池在整个班吉市也名列前茅。但是，由于断交期间长时间闲置及缺乏维修，换水系统早已损坏，馆员只能在污水中游泳。经整治后，恢复了部分换水系统功能，派专人负责定期播撒洁水药品和清洁泳池，水质有较大改观。中非终年炎热，清洁的泳池成为大部分馆员每天纳凉健身的好去处。最后，是修建篮球、羽毛球、网球一体化球场。这是馆员每日必进的又一个标准舒适的健身场所。

在方便生活方面，我们也有所行动。由于两国复交、大使馆重新开门时间较短，驻中非大使馆的家电家具配置与驻非洲邻近国家的兄弟使馆还有较大差距。我抵馆后，看到游泳池旁的更衣室附近常有馆员拿着小桶、脸盆在排队，我好奇地问："他们在干什么？"答案令我诧异："排队洗衣服。"原来，全馆只有唯一一台公共洗衣机！天啊，这是在21世纪的驻外大使馆吗？在四季皆夏的中非，十余家人共用一台洗衣机！这个问题当然要解决。在非洲很多国家，物资供应极差，买肉类食品更难。1998年，我在驻刚果（金）大使馆任参赞时，每个馆员家庭都配备有大型电冰箱一台、大型冰柜一台。有时，馆员购买整箱的鱼或十余公斤甲鱼或半只羊放在冰柜里慢慢食用。就这样，一位年轻馆员也曾经历过一个月不知肉味的日子。六年时间流失，在条件比刚果（金）还差的中非，馆员家里竟然没有冰柜？太不可思议了！这也是一个亟待解决的问题。更有甚者，在驻中非大使馆，无论是会客室、办公室、还是寝室，一色的21英寸彩电！我心灵受到极大震撼。我和张参赞商量，这种状况必须改变，而且必须马上改变！我立即与外交部财务部门通电话，要求增加预算。我们的困境获得了极大同情，外交部财务部门答应在下半年调整预算时为我们解决。此外，我们还通过中非国家综合体育场的中国专家从北京买来一套卡拉OK点歌机，完善了使馆的音响设备。

在加强硬件建设的同时，我们也不忘强化软件建设。使馆领导班子号召全体馆员要有大局意识，全局意识。指出，全馆就是一个命运共同体，只有全馆大团结才能完成好我们的对外工作，才能守住我们的外交阵地，才能保住我们的工作和饭碗。如果我们不能搞好团结，不能搞好协作，就搞不好对外工作，就守不住阵地。阵地丢了，饭碗砸了，那些你对我错的纷争还有何意义？同时，我们告诉大家，要想做好工作，就得有好的身体，要想有健康的身体，就得有好的心情。因此，大家一定要积极参加有益于身心健康的文娱体育活动，这也是对抗疟疾的最好办法。

值得庆幸的是，同志们都响应这些号召，踊跃参加各项文体活动。每天下班后，游泳池碧波荡漾，馆员们蛙泳、仰泳、潜泳、蝶泳、自由泳各展风姿。很多馆员就是在中非大使馆的泳池里学会游泳或学会多种泳姿的。在球场上，运动员们时而大呼小叫，时而高声欢呼，热闹非凡。使馆大厅内，每周五、六、日晚上，总是歌声嘹亮，通俗、民族、美声唱法各显千秋。还有打乒乓球的，等等。可以这样说，每天下班后和周末晚上，除加班外，几乎没有馆员待在家里或办公室里。我曾开玩笑地对大家说："今后回到国内，如果某个馆员说自己不会唱歌跳舞，我们大家都不承认他在驻中非使馆工作过。"为了方便在班吉受煎熬的中国同胞，也为了增加使馆的热闹气氛，我们本着资源共享的精神，欢迎援助中非的中国工程技术专家、医疗卫生专家、中兴和华为公司代表以及华侨来使馆参加文娱体育活动，受到广泛好评，同时也创建了在班吉全体中国人团结和谐的局面。

2006年7月8日，率外交部视察组前来检查工作的外交部国外工作局副局长王华根对我说："一个大使馆是否团结和谐，看看下班后大伙是否出来活动就明白。我看你们的人没有不出来的。"视察组用背靠背填表方式对全体馆员进行过调查。结果显示，对使馆领导班子和大使的满意度高达99%。王副局长说："在我本人的工作中，还没有碰到过如此高的满意度！"我心里感到十分欣慰。

后记

在我近40年的外交生涯中，有30年从事与非洲相关的工作。我以初出茅庐的青年翻译身份在非洲开始自己的外交职业，也以特命全权大使的职务在非洲告别自己热爱一生的职业。

1978年女儿在北京出生时，我在非洲。

1979年老母在家乡病重辞世时，我在非洲。

2000年爱人在北京动大手术时，我在非洲。

我把青春和心血奉献给了非洲。非洲也为我提供了尽情挥洒青春力量和增长外交聪明才智的舞台。非洲是我的第二故乡。非洲与我的外交生涯乃至生命紧密地联系在一起。

世纪之交，我重返中国驻几内亚大使馆工作，出任政务参赞。此后，若干年内，我的前任张文斌，我的继任李建国，我的顶头上司石同宁大使均先后患病以身殉职。在非洲长达十几年的艰苦岁月中，我和我的战友突破高温、艰苦、疾病、战乱的重重包围，脱险生还。

在非洲工作，有艰辛，有困苦，甚至有危险，但也有欢乐。

1994年7月，卢旺达战火刚熄灭，台湾当局引诱称：卢旺达战后缺钱，只要承诺与台建交，马上就可签发支票。卡加梅明确表态：“我们确实需要钱，但不能以出卖原则为代价。”

1996年初，台独分子在塞内加尔得手后，叫嚣要攻克几内亚这个堡垒，使西非“邦交国”塞内加尔、冈比亚、利比里亚、几内亚比绍与几内亚连成片。多年来，几内亚成为中国与台独争夺的主要阵地之一。但是，任凭台独掮客“狂轰滥炸”，孔戴总统总是憨厚一笑：“宁要中国一百万，不要台湾一个亿！”

1998 年 10 月，我们推动刚果（金）政府一举查封台湾驻刚果（金）地下大使馆，其“大使”离境前哀叹：“我们花了不少钱，在刚果（金）遭惨败。我们和政府均感到很累。”博齐泽从不承认到口头承认直至书面确认“一个中国”原则，仅用时 17 个月。我们这些长期在非洲“受苦受难”的人，看到辉煌战果，能不感到莫大的欢乐和安慰吗？

我愿借本书付梓之机，衷心感谢所有支持和陪伴我胜利穿越非洲战火的领导、战友和亲人们！

何泗记

2016 年 10 月 15 日